独立保函
中国理念与实践

陆 璐 著

东南大学出版社
SOUTHEAST UNIVERSITY PRESS
·南京·

图书在版编目(CIP)数据

独立保函：中国理念与实践/陆璐著．—南京：东南大学出版社，2023.12

ISBN 978-7-5766-1028-4

Ⅰ.①独… Ⅱ.①陆… Ⅲ.①担保法-研究-中国 Ⅳ.①D923.24

中国国家版本馆 CIP 数据核字(2023)第 254411 号

独立保函：中国理念与实践
Duli Baohan: Zhongguo Linian yu Shijian

著　　者	陆　璐
出版发行	东南大学出版社
社　　址	南京四牌楼 2 号　邮编：210096　电话：025-83793330
网　　址	http://www.seupress.com
电子邮件	press@seupress.com
出 版 人	白云飞
经　　销	全国各地新华书店
印　　刷	广东虎彩云印刷有限公司
开　　本	700mm×1000mm　1/16
印　　张	14.75
字　　数	280 千字
版　　次	2023 年 12 月第 1 版
印　　次	2023 年 12 月第 1 次印刷
书　　号	ISBN 978-7-5766-1028-4
定　　价	62.00 元

本社图书若有印装质量问题，请直接与营销部调换。电话：025-83791830

责任编辑：刘庆楚　责任校对：子雪莲　封面设计：陆璐　王玥　责任印制：周荣虎

前　言

　　独立保函产生于19世纪中后期英美法系国家的商业实践，是一种基于契约自由原则形成的特殊担保工具。区别于传统从属性担保，独立保函法律关系独立于基础合同法律关系。高效的商事功用性为独立保函的制度产生提供了实质的合理性基础，明确的运行规则又为其发展提供了形式的合理性保障。在中国，独立保函的制度发展历经了《担保法》《独立保函司法解释》《九民纪要》《民法典》《担保法司法解释》等阶段，本著作着眼于我国《独立保函司法解释》施行以来的周期性实践，以司法判例中诉讼纠纷的类型化为脉络，梳理了中国独立保函制度的规范史略，明确了"一带一路"倡议下独立保函在中国的发展向度；同时通过规范解读及案例分析显化中国实践下的独立保函问题，结合国际法学基础理论与时代背景，提出了系列具有实际可操作性的解决方案。

　　本著作正文部分共分五编。第一编是对中国保函实践的纵览与类型化分解，后文以此为纲要分四编对保函的独立性认定、保函欺诈与保函止付、保函单据和付款请求权、独立保函管辖权争议等五类保函纠纷进行了类别化分析，针对不同类别的纠纷做个体解读，通过对中国法规范的阐释结合对域外理论的比较法分析，中国保函实践中的具体问题得以显化。每编编尾为本著作基本观点之综括。本著作的末篇是对保函制度中国发展因应中国涉外法治发展之径路分析，强调保函风险的事前预防以及科技风险的法律规制，以期发现中国法域外适用的共性逻辑。

目 录

绪言　独立保函：功能与构造 …………………………………… 1
　一、非典型的商事工具 ……………………………………………… 2
　　（一）高效担保工具 ……………………………………………… 2
　　（二）多重风险分担机制 ………………………………………… 3
　　（三）工具化的金融信用 ………………………………………… 3
　二、双维三重法律关系 ……………………………………………… 4
　　（一）保函生成维度下的法律关系 ……………………………… 4
　　（二）效力维度下的独立保函法律关系 ………………………… 5
　三、独立保函的概念界定 …………………………………………… 6
　　（一）独立保函与担保 …………………………………………… 6
　　（二）独立保函与备用信用证 …………………………………… 6
　四、国际惯例与规则 ………………………………………………… 8
　　（一）《联合国独立保函与备用信用证公约》(《公约》) ……… 8
　　（二）国际商会《跟单信用证统一惯例》(UCP600) …………… 8
　　（三）国际商会《国际备用信用证惯例》(ISP98) ……………… 8
　　（四）国际商会《见索即付保函统一规则》(URDG758) ……… 9
　　（五）国际商会银行委员会意见(ISBP) ………………………… 9
　　（六）国际商会《跟单票据纠纷解决专家意见》(DOCDEX) … 9
　五、域外保函制度的差异化构建模式 …………………………… 9
　　（一）融入型建构立法——法国独立保函制度 ………………… 10
　　（二）个性化规则发展——美国的备用信用证制度 …………… 12

第一编　中国法之保函概览 · 15
一、独立保函制度的中国法回溯 · 16
（一）国内、国外独立保函制度的差别规制 · · · · · · · · · · · · · · · · · 16
（二）《独立保函司法解释》出台 · 17
（三）《民法典》下独立保函的典型工具化 · · · · · · · · · · · · · · · · · · 18
二、独立保函的中国实践图景 · 19
（一）年度结案量 · 19
（二）地域分布 · 20
（三）案件类别 · 20
三、类化冲突下的保函纠纷 · 21
（一）保函的独立性认定 · 22
（二）保函欺诈问题 · 22
（三）保函止付问题 · 23
（四）保函单据与付款请求权问题 · 24
（五）独立保函管辖权争议问题 · 25
本编观点——对功能性非典型金融工具的类别化规制 · · · · · · · · · · · · 25

第二编　独立保函之独立性认定 · 29
一、法理：保函之实质合理性——独立性 · 30
二、中国法：规范与理念——以"独立付款责任"为中心的实质性认定标准 · 32
（一）核心——"独立付款"的意思表示 · 33
（二）例外——主体资格审查 · 34
三、中国法：实践 · 35
【案例 2.1】 北海船务股份有限公司与中国光大银行股份有限公司南京分行、江苏熔盛重工有限公司担保合同纠纷案 · 37

【案例 2.2】 中铁十八局集团有限公司与信德唯实投资担保

　　　　　　有限责任公司保证合同纠纷案 ······················· 38

　　【案例2.3】 中国交通建设股份有限公司与西霞口集团有限公司
　　　　　　保证合同纠纷案 ······························· 40

　　【案例2.4】 长江岩土工程总公司与中国建设银行股份有限公司
　　　　　　温岭支行独立保函纠纷案 ······················· 42

四、域外：学术 ··· 43

　（一）英国关于"独立保函开立资格与独立性认定"最新判例法 ··· 43

　（二）美国的个性化规制认定 ······························· 45

　（三）法国的融入型吸纳认定 ······························· 48

本编观点——保函开立资格审查下风险防控目标的偏移 ··········· 49

第三编　独立保函：欺诈与止付 ······························· 53

一、法理："欺诈例外规则" ····································· 54

　（一）保函"欺诈例外"的源起 ······························· 54

　（二）"保函止付"规则的设定依据——"欺诈例外" ············· 57

　（三）"欺诈例外"的国际理论分歧 ··························· 59

二、中国法：规范与理念——保函欺诈例外的诠释与修正 ··········· 64

　（一）对英国"受益人欺诈"标准的吸收和补充 ················· 66

　（二）对美国"实质性欺诈"标准的审视与修正 ················· 66

　（三）欺诈止付双重证明标准的创设与补充 ··················· 67

三、中国法：实践 ··· 68

　【案例3.1】 扬州缤纷嘉年华投资发展有限公司与浙江江南新城
　　　　　　投资开发有限公司保函欺诈纠纷案 ················· 69

　【案例3.2】 东方置业房地产有限公司与安徽省外经建设（集团）
　　　　　　有限公司保函欺诈纠纷案 ······················· 71

　【案例3.3】 中国工商银行股份有限公司义乌分行与中国技术
　　　　　　进出口总公司信用证欺诈纠纷案 ··················· 73

　【案例3.4】 中国水利水电第四工程局有限公司与中工国际
　　　　　　工程股份公司独立保函欺诈纠纷案 ················· 74

【案例 3.5】 中国电力工程有限公司与中国能源建设有限公司
独立保函纠纷案 ·················· 75

四、域外：学术 ·················· 76
（一）大陆法系下欺诈例外规则的宽泛适用 ·················· 77
（二）英美法系下欺诈例外规则的适用冲突 ·················· 78

本编观点——"利益衡量"下保函止付的规则修正 ·················· 81
（一）我国"保函止付"的司法现状 ·················· 81
（二）"利益衡量"在"保函止付"域外规则中的适用 ·················· 88
（三）我国当前"保函止付"规则下应然的"利益衡量" ·················· 92
（四）"利益衡量"指引下"保函止付"的规则重塑 ·················· 96

第四编 单据与付款请求权 ·················· 99

一、法理：保函之形式合理性——单据性 ·················· 100
（一）表面相符 ·················· 100
（二）单据与单据相符 ·················· 101
（三）单据与付款条件相符 ·················· 101

二、中国法：规范与理念——单一形式化的表面相符审查规则 ·················· 102
（一）以"保函文本载明"为单据审核和唯一依据 ·················· 103
（二）独立保函的审单依据具有单一性 ·················· 104
（三）对保函单据的审核遵循表面相符原则 ·················· 104

三、中国法：实践 ·················· 105
【案例 4.1】 厦门金宝大酒店与紫金财产保险股份有限公司
厦门分公司保证保险合同纠纷案 ·················· 105
【案例 4.2】 现代重工有限公司与中国工商银行股份有限公司
浙江省分行保证合同纠纷案 ·················· 107
【案例 4.3】 杭州长乔旅游投资集团股份有限公司与
杭州银行股份有限公司西湖支行独立保函纠纷案 ·················· 111

四、域外：学术 ·················· 114

（一）信用证领域"严格相符"规则的弱化 …………………… 114
　　（二）独立保函领域关于"严格相符"的探讨 …………………… 117
本编观点——大数据赋能信用证"信用危机"的法制化解 ………… 119
　　（一）"数据孤岛"时代信用证频现信用危机 …………………… 121
　　（二）信用证的制度缺陷 ………………………………………… 122
　　（三）国际电子信用证规则的制定与修正 ……………………… 127

第五编　独立保函：司法管辖 ……………………………………… 135

一、法理：独立保函司法管辖及法律适用的基本原则 …………… 136
　　（一）民商事案件的司法管辖的一般原则 ……………………… 136
　　（二）独立保函管辖权的独立性 ………………………………… 137

二、中国法：规范与理念 …………………………………………… 137
　　（一）独立保函管辖权的独立性 ………………………………… 137
　　（二）独立保函纠纷一般管辖规则 ……………………………… 137
　　（三）独立保函欺诈纠纷的例外管辖规则 ……………………… 137
　　（四）平行诉讼中的国家主权原则 ……………………………… 138

三、中国法：实践 …………………………………………………… 138
　　【案例 5.1】印度 GMR 卡玛朗加能源公司与山东电力基本建设
　　　　　　　总公司涉外保函欺诈纠纷案 ……………………… 138
　　【案例 5.2】中国葛洲坝集团股份有限公司与意大利裕信银行
　　　　　　　股份有限公司上海分行独立保函纠纷案 ………… 142
　　【案例 5.3】澳大利亚杜罗·费尔格拉私营股份有限公司与
　　　　　　　大连华锐重工国际贸易有限公司信用证欺诈纠纷案
　　　　　　　……………………………………………………… 144

四、域外：学术 ……………………………………………………… 147
　　（一）国际平行诉讼管辖权冲突下"阻断"与"禁令"的制度屏障
　　　　　………………………………………………………………… 147
　　（二）"反禁令"逻辑下阻断制度的基本原理 …………………… 150
　　（三）规则错位下"禁诉令"与"阻断反制"的实践拉锯 ………… 151

本编观点——涉外法治实践下的中国阻断反制机制 ……………… 153
　　　（一）"海事强制令"的阻断功能及其局限性 ………………… 153
　　　（二）司法实践下行为保全制度的反制功能拓展 ……………… 155
　　　（三）法治互动下阻断反制的协调联动机制 …………………… 156

结束语　制度型开放下的中国保函法制发展 ……………………… 159
　一、中国保函：法制范式 …………………………………………… 160
　二、保函风险：事前预防 …………………………………………… 161
　　　（一）严格资信调查 ……………………………………………… 162
　　　（二）谨慎设置独立保函条款 …………………………………… 162
　　　（三）付款条件的单据化 ………………………………………… 163
　三、"FinTech"与金融法制的动态革新 …………………………… 163
　　　（一）"区块链"赋能贸易金融行业变革 ……………………… 164
　　　（二）"数据信息"引发的"科技金融"发展障碍 …………… 170
　　　（三）"科技金融"法律规制的需求扩展 ……………………… 173
　　　（四）"数据信息"驱动下科技金融法律规制的动态革新 …… 173

本书涉及的主要法律、法规、司法解释与惯例、公约相关重点条款 ………… 181

主要参考文献 ……………………………………………………………… 206

独立保函：功能与构造

> "从最广泛的意义来说,法是由事物中的性质产生出来的必然关系。从这个意义上,一切存在物都有它们的法。"
> ——孟德斯鸠《论法的精神》①

---

① [法]孟德斯鸠著:《论法的精神(上卷)》,许明龙译,北京:商务印书馆,2017年,第9页。

一、非典型的商事工具

"法律是社会中各种利益冲突的表现,是人们对各种冲突的利益进行评价后制定出来的,实际上是利益的安排和平衡。"① 某一法律制度总是存在制度利益,而正是这一共同的制度利益与理念形塑某一法律制度,使它具有与其他法律制度不一样的性格与特征。② 随着商事全球化的发展,国际商事交易的规则落点早已从交易质量、价金向同样重要的要素上平移,即商事主体赋予交易安全和信用的能力及意图。③

(一)高效担保工具

独立保函是异于传统从属性担保的一种独立于基础合同法律关系的特殊信用担保形式,具有典型的商事功用性。独立保函高效的商事功用性体现的实用价值为其制度发展提供了实质的合理基础,明确的运行规则又为其发展提供了形式的合理保障。在传统的从属性担保关系下,债务人和担保人的权利依附于基础合同,债务履行常常由于效力、存续、抗辩权等为理由出现"合法化拖延",在科技与经济迅猛发展的时代背景下,债权人也继而卷入旷日持久的诉讼当中,不能迅速地受偿。独立保函独立于债权人和债务人间的基础合同的独立性优势,适时填补了传统担保的功能性缺失,成就了单一法律关系下商事担保快捷化和安全性的统一。在独立保函法律关系中,保函受益人与担保人之间的权利义务关系完全依据保函条款而存在,基础合同条款对于独立保函中的权利

---

① 何勤华:《西方法律思想史》,上海:复旦大学出版社,2005年,第255页。
② 根据利益衡量的需要,利益可分为"当事人的具体利益""群体利益""制度利益"(即法律制度的利益)和"社会公共利益"。"制度利益"直接联结当事人利益与社会公共利益,它的衡量是利益衡量的核心所在。"制度利益"类似于社会公共利益,是指一项法律制度所固有的根本性利益。参见梁上上:《利益的层次结构与利益衡量的展开——兼评加藤一郎的利益衡量论》,《法学研究》,2002年第1期,第54页;梁上上:《制度利益衡量的逻辑》,《中国法学》,2012年第4期,第76页。
③ Jason Chuah. Law of International Trade. Seer & Maxwell, 2009:389.

义务关系不具有任何的法律约束力,担保人不再享有传统担保法律关系中援引基础合同对受益人主张抗辩的权利,基于独立保函而产生的担保责任也不会受到基础合同的影响,除非保函文本中直接援引基础交易合同的条款。但即使交易合同条款被保函文本援引,相关条款对于当事人的约束力也是以该条款在保函中的存在而独立产生法律效力,与基础合同无直接关系。"所有……独立保函都是以禁止担保人援引被担保债务人的主要债务所产生的抗辩及主债务人个人所产生的抗辩为目的,以确保担保在危机来临时及时、高效地发挥功用。"[1]

(二)多重风险分担机制

在合同履行,特别是在大型国际工程、跨国融资业务等继续性合同的履行过程中,债权人可能会面临债务人带来的各种违约风险,且不具备制约途径。而独立保函则通过"先付款,后争议"的前述机制形成了风险的多重分担。依据独立保函法律关系,一方面,基础交易项下的债权人,同时作为独立保函关系的受益人,可以通过付款请求权的实现将风险转移至保函开立人;另一方面,作为开立人的银行等金融机构,其优质的信誉为受益人随时提出付款请求并获得付款提供了保障。此外,"先付款,后争议"的前述机制,也让申请人意识到基础交易瑕疵可能引发的赔付风险。多重的风险分担机制在给予受益人交易安全保障的同时也会对申请人形成巨大的履行压力。传统工程领域通过保证金等方式确保履约,但保证金资金占用率高,变相增加了交易成本,也易引发履约监督障碍。在独立保函法律关系中,这一问题也通过保函开立人优质的信誉得以纾解。

(三)工具化的金融信用

与传统从属性担保相比,独立保函还具有很强的金融属性。在见索即付保函中,保函受益人行使付款请求权的单据要求通常极为简单,高确定性的索款权利为受益人提供了颇具意义的融资担保价值,在合法的约定条件下,受益人可以通过转让保函项下款项或收益权进行金融交易或者设定担保。此外,保函开立人优质的资信也是对申请人信用状况的正面背书,信用优良的担保银行开

---

[1] 沈达明:《法国/德国担保法》,北京:中国法制出版社,2000年,第15页。

出的独立保函本身就可成为申请人商业信用的重要加持。①

二、双维三重法律关系

(一) 保函生成维度下的法律关系

1. 基础交易关系——保函之成因

根据独立性原则,受益人和担保人之间的独立保函法律关系是独立于基础交易关系的,然而在任何保函关系中,相应的基础交易都是其生根的土壤,基础交易合同通常是保函法律关系生成的原因。基础交易法律关系,如建设施工合同关系、货物买卖合同关系、借贷合同关系等,是交易双方签订的基础交易合同所形成的法律关系,也是独立保函的原因关系。基础合同法律关系仅存在于基础交易双方当事人之间,通常是保函的申请人与受益人之间,基础合同关系仅约束基础交易双方当事人,其争议及其解决不会扩展至独立保函纠纷。基础交易合同中当事人的约定,包括争议解决条款均不能适用于独立保函纠纷。

2. 保函申请法律关系——保函之依据

保函申请下独立保函的开立依据基础交易的内容和条件,交易一方往往会作为保函的申请人向银行等金融机构申请开立独立保函。独立保函申请法律关系存在于独立保函申请人和开立人之间,仅约束保函申请方当事人。申请人和开立人之间的合同通常被视为委托担保合同,合同条款由申请人与开立人自治订立,但通常根源于申请人和受益人的基础交易中,明确和清晰的独立保函条款是开立人与受益人权利义务关系的依据。

3. 保函下的独立付款承诺——保函之核心

依据国际商事惯例,独立保函实质上是开立人的一种承诺,即开立人在受益人提交的单据符合独立保函的条款要求时第一时间付款的承诺,开立人的付款承诺是不可撤销的。在这一承诺下,开立人与受益人之间形成了全新的独立法律关系,这是独立保函下的核心法律关系,也是保函项下受益人请求付款的

---

① 根据我国《商业银行法》第35条的规定,商业银行贷款,应当对借款人的借款用途、偿还能力、还款方式等情况进行严格审查。

核心依据。如果开立人不当拒付,受益人可依据保函项下的付款请求权单独提起诉讼。

(二)效力维度下的独立保函法律关系

1. 交单索款法律关系

独立保函一经担保人出具或开立就应当生效,除非独立保函另行载明了生效日期或事件。在生效的独立保函法律关系中,付款请求权是受益人最重要的权利。受益人的付款请求是以保函条款下涉及单据的条款为依据的,理论上说,受益人一旦开始行使付款请求权,就对其提交的单据承担了默示担保义务,担保其提交的单据符合保函项下的索款条件,如果受益人违反了默示担保义务,担保人则有权主张权利救济。

2. 审单付款法律关系

基于独立抽象原则,保函一经开立,保函项下的付款承诺就成为保函开立人对受益人的独立债务,其与保函开立前的基础交易并无法律关系。开立人作为独立担保人有权独立审核单据的相符性,而审慎审单同时也是保函开立人的义务,违背审慎审单的义务构成保函项下的违约。后续如果出现不当拒付,受益人有权提起付款诉讼,反之,如果开立人违反审慎审单义务继而不当付款,申请人可在开立人追偿时行使抗辩权,开立人追偿权的实现将受到阻碍。

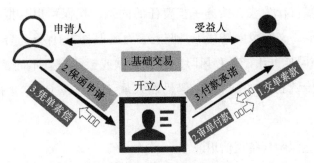

图1 独立保函法律关系

3. 独立保函的追偿机制

在独立保函法律关系中,开立人依照申请人的指示开出独立保函,在受益人提出付款申请时开立人须进行单据审核,自主作出单据相符与否的判断。开立人正确履行审单义务,付款后可向申请人追偿。独立保函的追偿机制是以开立人对受益申请人的指示合理履行审单义务为前提的,因此如果保函开立人违反审单义务,申请人可在开立人追偿时行使抗辩权,继而阻却开立人追偿权的实现。

三、独立保函的概念界定

(一)独立保函与担保

独立保函突破了传统担保的从属性特征,因而不再适用传统担保中的保证人保护规则。① 但从法律功能的角度,无论是基于物的担保还是人的担保,其最终功用都在于填补债权人因债务人不履行债务而遭受的损失,具有补足信用的功能。在法律上,用以表示担保的术语包括"security""warranty""guarantee""guaranty"等等。美国《统一商法典》第九篇的标题为"security interest",《布莱克法律词典》将"security"的功能解释为"确保债务的履行"②,从概念上讲,这与我国法上的担保最为相似,泛指确保债务履行的抵押、保证以及独立保函等。尽管在实践中,在英国及英联邦国家多使用"guaranty"表示独立保函,而以"surety-ship"表示从属性担保③,但作为法律工具的"担保"一词多强调增强其信用的功能。"担保是一种转移风险的金融工具,是指担保人为其他自然人或者实体的履行行为或者债务承担责任的同意。担保可以与抵押、保险、衍生工具等其他广义的风险转移工具归入一类。但是,担保是无资金基础的交易,这一点与同样可用于转移风险的直接贷款或银团贷款不同。"④尽管独立保函突破了传统担保的从属性,但仍然隶属于担保工具,这是由其功能决定的。

(二)独立保函与备用信用证

联合国国际贸易法委员会曾指出,"当进入到保证(guarantee)、保函(bond)

---

① 沈达明编著:《法国/德国担保法》,北京:中国法制出版社,2000年,第61页。
② Bryan Game. Black's Law Dictionary (abridged 7th edition). West Group, 2000: 1090.
③ Kevin Patrick MeGuines. The Law of Guarantee (2nd edition). Czrswell Legal Publish, 1996: 23.
④ The World Bank Group Guarantee Instruments (1990—2007)(《世界银行担保机制评估报告》), p.4.

以及银行或其他机构发出的相似担保(security)的领域时,人们不得不面对让人困惑的术语、不确定的概念以及扑朔迷离的分类方式"[1]。在欧洲银行的商业实践中,独立保函常依据其功能下的交易被冠以不同的名称,比如"Demand Guarantee"(见索即付保函)、"Bank Guarantee"(银行保函)、"Performance Guarantee"(履约保函)等,而在北美地区则普遍被称为"Standby Letter of Credit"(备用信用证),在国际工程承包合同担保领域又常被称作"Performance Bond"(履约保函)。尽管多样化的称谓常常引发语义上的混淆,但并不影响其法律属性。在《联合国独立保函与备用信用证公约》(简称《公约》)[2]中,"Independent Guarantee"(独立担保)和"Standby Letter of Credit"(备用信用证)两种称谓被同时沿用,《公约》将二者统一为一种独立的承诺(independent undertaking)。

在美国,不以监管为目的将备用信用证和独立保函归入"担保"之中几乎已成为商业惯例。[3] 基于商事自治原则产生的备用信用证制度,自建构之初就具备了自由的血液,在此基础上产生的独立性认定规则也是生动而有个性的。备用信用证本质上是美国商人对具有支付功能的信用证进行了二次创造,信用证作为古老支付工具被赋予了新的担保功能。[4] 在绪言的第五部分将对备用信用证制度作详细介绍。简言之,在美国的法律体系中,独立保函与备用信用证并无差异,备用信用证和商业信用证作为商事工具的事实目的也常常被忽略,信用证是出于担保还是支付价款的商业目的并不影响其担保的功能特征。鉴于我国司法解释对独立保函的明确称谓,在学术研究中,从独立性与单据性的规范属性上将"独立保函"作为同类规则的统一称谓是合理的,事实上,在英国的普通法上备用信用证的称

---

[1] Standby Letter of Credit and Guarantees: Report to the Secretary-General. 21 UNCITRAL at 9, U.N. Doc. A/CN.9/301(1988).

[2] 《联合国独立保函与备用信用证公约》(United Nations Convention on Independent Guarantees and Stand-by Letters of Credit)于 1995 年 12 月 11 日在联合国大会通过,《公约》旨在促进独立保函和备用信用证的使用,《公约》还加强了对独立保函和备用信用证共同基本原则和特点的承认,并因此而减少了在国际贸易中使用这些票据的不确定性。《公约》于 2000 年 1 月 1 日生效。

[3] Boris Kozolchyk. Bank Guaranees and Letters of Credit: Time for a Return to the Fold. 11 U.Pa J.Int'l Bus.L.1. 1990.

[4] 刘斌:《美国备用信用证制度的演进与借鉴》,《河南财经政法大学学报》,2016 年第 2 期,第 158 页。

谓也几乎是不存在的。与名称相比,保函文本对付款条件的具体描述更加关乎其实质。

四、国际惯例与规则

(一)《联合国独立保函与备用信用证公约》(《公约》)

在国际法上并没有统一的独立保函交易规则,尽管《联合国独立保函与备用信用证公约》是由联合国大会通过的国际公约,但根据意思自治原则,只有在当事人约定适用《公约》或将该公约有关内容作为交易规则订入保函适用时,该公约方才适用。《公约》在适用上与其他国际规则无明确差别。我国目前还没有加入该公约。

(二)国际商会《跟单信用证统一惯例》(UCP600)

UCP600是国际商会第600号出版物,在2007年被修订。UCP是为解决国际贸易中商业信用证纠纷而制定的,但随着备用信用证的广泛使用,为了适应时代发展的要求,从1983年的UCP400开始,备用信用证被纳入UCP的适用范围。① 因此,UCP不仅适用于商业信用证,而且适用于备用信用证,在见索即付保函中,当事人也可以选择适用UCP600。

(三)国际商会《国际备用信用证惯例》(ISP98)

在备用信用证适用UCP的过程中,跟单信用证制定的规则与备用信用证差异日显。据此,国际银行法与惯例研究所于1998年起草了一套专门适用于备用信用证的新规则,命名为ISP98,于1999年1月1日生效,是世界范围内备用信用证使用的基本规则。

ISP98是世界范围内被普遍接受的有关备用信用证的惯例。作为备用信用证规则,它对履约备用信用证、预付备用信用证、投标备用信用证、反担保备用信用证、融资备用信用证、保险备用信用证、商业备用信用证等相关概念均作出了定义。基于意思自治,ISP98也可以适用见索即付保函。

---

① UCP400第1条规定:"这些条款适用于所有信用证,包括其可以适用的备用信用证,并对一切有关当事人均具有约束力,除非信用证中另有明确规定。"

(四) 国际商会《见索即付保函统一规则》(URDG758)

URDG758[①]是由国际商会修订的关于见索即付保函的规则,自 2010 年 7 月 1 日起生效,它的前身是 1992 年版的 URDG458[②]。在我国 2016 年 12 月 1 日起实施的《独立保函司法解释》中明确规定,在适当时候可以参照 URDG758 等独立保函国际交易示范规则审理保函纠纷案件。

(五) 国际商会银行委员会意见(ISBP)

国际商会银行委员会出于教育目的和促进国际商会规则比如 UCP、URDG、《国际贸易术语解释通则》以及《关于审核跟单信用证项下单据的国际标准银行实务》(International Standard Banking Practice for the Examination of Documents under Documentary Credits, ISBP)的正确使用,规定任何人都可以向国际商会银行技术与惯例委员会(也称为银行委员会)提交有关国际商会规则的查询请求。而对于《国际贸易术语解释通则》的查询,则应向国际商会商法和惯例委员会提出,委员会的答复称为"意见",《国际商会银行委员会意见》(ICC Banking Commission Opinions)定期由国际商会汇编出版。

(六) 国际商会《跟单票据纠纷解决专家意见》(DOCDEX)

ICC Rules for Documentary Instruments Dispute Resolution Expertise(以下简称 DOCDEX)是国际商会银行委员会提供的一种称为跟单票据纠纷解决专家意见的服务,是一套解决信用证及见索即付保函纠纷的快速程序,为适用的国际商会规则(UCP、URR、URC、URDG 等)提供了独立、公正和迅速的专家决议。除非当事人约定采用 DOCDEX 处理争议,否则 DOCDEX 意见对当事人没有拘束力,仅为提供参考意见。

五、域外保函制度的差异化构建模式

任何法律活动,不论立法、司法还是行政,都不可避免地是"穿行于事实和

---

① See "URDG 758 -A Facelift for the Demand Guarantee Rules", https://www.reedsmith.com/enperspectives/2010/07/urdg-758-a-facelift-for-the-demand-guarantee-rule, February 15, 2020.

② 1992 年版的《见索即付保函统一规则》(国际商会第 458 号出版物),即 URDG458。

法律之间"的过程。① 尽管国际商事领域对独立保函作为必要工具的特殊功用已无异议,但独立保函制度在不同国度、不同的社会历史条件下仍呈现出差异性的适用实践,而资本主义生产方式中所隐含的目的因子也深深影响了独立保函具体规则发展的基本向度。备用信用证和见索即付保函都是独立保函的衍生形式,但由于实践中欧美国家的商事发展需求差异,北美更习惯于适用《国际备用证惯例》(ISP98),欧洲则倾向于适用《见索即付保函统一规则》(URDG758)。各国国内立法对其的规制形式也各有差异,这与独立保函制度在不同区域经历的复杂的演进过程有关,其演进过程中体现的需求导向充分反映了"资本主义生产方式中所必然隐含的目的理性为主宰的自然因子"②。

（一）融入型建构立法——法国独立保函制度

尽管独立保函制度最早产生于英美法系国家的商业实践③,但20世纪中后期国际商事的流动性使得欧陆国家很快吸收了这一制度。但基于大陆法的同源性,独立保函在大陆法发达国家的早期发展相对错综曲折。以法国为例,早期法国法对在"国内市场"和"国际市场"适用不同规则,这与我国非常相似。2006年法国担保法改革中,"独立保函"作为一种新型的人的担保在《法国民法典》中被固定下来,但传统精神依然得以保留。与我国不同的是,虽然独立保函于法国首先出现于"国际市场",《法国民法典》第2321条所确立的"独立保函"的适用范围却仅限于"国内市场",这与独立保函于法国市场的主要功用相关。与英美国家对信用证担保功能的积极应用不同,20世纪60年代开始,法国大型企业运用独立保函的主要目的是替代国际合同订立中所必须设立的押金。早期,法国企业在中东和拉丁美洲的工程招标中都需要提供高昂的押金作为履约担保,为了减少数目不菲的经济压力,企业尝试以银行信用替代押金给进口方提供保障。④ 在相当长的一段时间里,由于法国银行以及出口企业十分注重国

---

① 谢晖:《中国古典法律解释中的目的智慧——追求法律的实用性》,《法学论坛》,2005年第4期,第54页。
② 严存生:《法的合理性研究》,《法制与社会发展》,2002年第4期,第39页。
③ 关于信用证制度的产生于英美法的商事实践,其起源难以明确考证,但自19世纪中后期的案例中就不乏对商业信用证的功能性论述。参见: Richard King. Law of Bankers' Commercial Credits. Europa Publication Limited, 2001: 3.
④ 李世刚:《法国担保法改革》,北京:法律出版社,2011年版,第63页。

际声誉,法国参与的独立保函商事实践较少发生争议,这也使得法国最高法院对涉及国际商事实务的独立保函法律规制呈现较为宽松的态度,习惯于以"担保合同文书的内容"为基本依据,在当事人约定不明的情况下,法院则援引《合同法》的一般规则加以判断。整体上,法国法院对独立保函制度于国际商事领域的效力认定基本无障碍,法官多根据其独立性和不可抗辩性加以判断。然而,当独立保函制度由国际商事领域转进入法国国内市场,情况发生了改变。在法国国内市场出现的独立保函,虽然也如同国际市场领域一样具有一定的押金替代功能,但其更重要的设立目的是债权人逃脱传统"人的担保"设计的诸多抗辩对抗。换言之,法国国内市场出现的独立保函更符合当前国际上对独立保函的概念认知。

法国传统的保证制度是基于"人的担保",在此类保证中,提供担保的主体常常不是金融机构,而是普通企业或者自然人。法国法长期贯彻的保护弱势保证人的原则,使得此类保证中的债权人在主张债权时可能面对诸多抗辩,比如债权的从属性、保证人对风险的不确定性,这样的保证形式在高效率的商业时代被金融机构视为一种束缚和麻烦。于是,"独立保函"作为一种快捷、有效的担保手段被引入法国国内市场。法国法院初期对独立保函效力的承认也存在如中国法一样的保守态度。保函欺诈、违法、基础交易无效等诸多因素均为独立保函制度在法国发展的主要障碍,更重要的是,由于独立保函于法国国内法出现初期就存在着替代一般性"人的担保"的意图,立法者当然存在债权人滥用独立保函造成具有从属性的保证制度被架空的顾虑。在2006年法国担保法改革之前,法国法院对国内独立保函的效力承认一直呈现较为摇摆的态度。直到2006年3月,法国法将"独立保函"作为一种新型的人的担保在《法国民法典》中固定下来,根据规定"独立保函人不能主张基于被担保的债务所生的抗辩"。独立保函人的付款义务与被担保债务的独立性被予以明确,原则上独立保函人不能引用任何抗辩理由对抗受益人。这也表明,法国法正式将独立保函作为一种特殊的担保形式融于法国担保法律制度加以规制。

法国法对独立保函在国际和国内商事的差异性的规制充分体现了具有严格担保法律体系传统的大陆法系国家对独立保函制度的保守态度,事实上同为大陆法系的德国法,其对独立保函制度的法律规制也呈现严格化态势。在德国见索即付的保证中,保证人和受益人之间的权利结构仍然是基于保证关系,但是排除了保证人就受益人索款提出基础交易项下抗辩的权利。即是说,虽然独立保函具有一定的独立性,但是见索即付保证的保证人仍然可以主张保证法上的其他权利。① 当然,法国法对独立保函制度采用融入型建构方式在很大程度上是源于法国国内独立保函的基本渊源不同于美国法的商事习惯。独立保函制度在法国法中自始就没有脱离传统担保制度的功能机理,因此出于法国内发性的需求,其自然被融入担保法体系加以严格规制。与此相反,基于商事自治基础且源于信用证制度的英美法独立保函,则在制度建构之初就具备了自由的血液,特别是在美国的商业体系中,备用信用证与独立保函的应用并无差异。

(二)个性化规则发展——美国的备用信用证制度

备用信用证是美国法上的独特产物,富有创造力的美国商人对具有支付功能的信用证进行了二次创造,给信用证这种古老支付工具赋予了新的担保功能。② 传统观点认为,备用信用证是美国商人为了规避法律的禁止性规定而借用信用证的外衣发展出来的担保工具。1864年修订的《国民银行法》对银行业务能力进行了授权性的规定,其中不包括担保业务,联邦注册银行和各州银行无权就债务提供担保。为了规避这一限制,美国的银行开始通过为汇票背书或者开出信用证的方式提供担保。然而事实上,20世纪50年代初期,备用信用证在美国的产生并不是单纯的银行担保业务的替代品。基于信用证制度在欧美商事实践中的广泛适用,美国国内的银行很早就开始根据商事实践需求探索信用证更为广泛的商业工具价值。二战后,由于战略物资缺乏,货币体系初建,一些贸易公司希望能在出口贸易活动中以相关商品直接换取等值的战略物资。这一物物交换的交易方式,在当时具有相当的风险性,于是贸易公司企图通过银行寻求保障,确保在出口商不能交付约定物资时依然可以获得一定金额的付款。此种类似担保的贸易需求实际上是一个第二顺序的付款担保,只有在出口商不能履行交货义务时方发生效力。美国商业银行根据此类需求开出了一定数量的信用证,在一般情况下,如果出口商按照约定履行了合同义务,交付战略物资,那么美国国内的贸易公司就允许银行取消前述信用证,否则,公司将有权

---

① Norbert Horn. Bank Guarantees, Standby Letters of Credit, and Performance Bonds in International Trade, in The Law of International Trade Financing. Kluwer Law Press, 1989:32.
② 刘斌:《美国备用信用证制度的演进与借鉴》,《河南财经政法大学学报》,2016年第2期,第161页。

利获得信用证项下的付款。这一类信用证事实上是对传统商业信用证功能的扩展,其存在目的虽然不是付款,但却是用以保障付款。由于只有当原先的合同约定无法履行时,此种信用证条款才发生效力,其作为救济功能的"随时待命(standby)"性也成为其称谓形成的依据。为了区别商业信用证基本功用的重要差别,美国人为此类信用证选择了最为符合商事外观原理的称谓"备用信用证(Standby Letter of Credits)"。旧金山联邦储备银行在1986年发布的数据显示,当时美国的银行开出的备用信用证总额即达到了1532亿美元。其中,资产规模在100亿美元以上的银行占到总份额的75%。①

美国备用信用证业务的盛行,与美国银行业规避禁止银行提供担保这一古老规则不无关系,但更是高度商事自治下信用证高效功用性引发的市场自然选择的结果。"商法的功能就是允许商人在其所能及的范围内自愿进行商事交易,而不必局限于那些他们认为陈旧不堪的传统。"②而基于商事自治原则产生的备用信用证,使得美国的独立保函制度规则在建构之初就具备了自由的血液。作为美国最具权威的独立保函成文法规范《美国商法典》(UCC)第5篇,从1952年首部出台之始就将备用信用证与商业信用证置于同一范畴下统一规制。在美国的法律体系中,还倾向于忽略备用信用证和商业信用证作为商事工具在事实目的上的差异,正如美国著名银行法专家Henry Harfield所言:"备用信用证用于担保的目的并发挥担保的功能是无关紧要的,包括用于货物销售情形下付款的信用证同样具备担保的特征,甚至早期的一些信用证被法院归为担保之列。某一工具用于何种目的以及实现了何种效果不应该对该工具本身的法律属性构成影响,特别是在其效果是完全合法的情形下。"③在此后UCC的多次修订中,对于备用信用证的规则修订也多倾向于适应其商事功用的多元化、细致化发展,增加了电子信用证相关条款、延期支付的基本规则等等,至于备用信用证的独立性及其美国担保法体系的位阶问题从未成为困扰美国司法界的话题。美国法从未将作为独立保函重要衍生物的备用信用证置于传统从属性担保的范畴加以规制,原因在于基于商事实践产生的备用信用证制度自

---

① Federal Reserve Bank of San Francisco. Economic Review 20 (Winter 1986).
② Kum v. WahTat Bank Ltd. 1971.1. Lloyd's Rep 439.
③ Henry Harfield. The Increasing Domestic Use of the Letter of Credit. 4 U.C.C.L.J.251. 1972.

产生之初就是商事内发需求导向下信用证业务的扩展个性化产物,此一明确的目的因子也表示其从未成长于传统担保制度的土壤,当然也无须受到传统担保法律制度的束缚。① 英美法系判例法的自由基因又进一步在发展中赋予了独立保函百花齐放的功能扩展,使其得以跨越国际、国内的界限被应用于电子商务、建筑工程、融资租赁等各个方面。

---

① 在英美法国家的法律实践中,尽管信用证与独立保函功用存在差异,但均被视为现金,适用类似的法律规则。这一点在英美法系国家的大量判例中均有统一体现。See: Edward Owen Engineering Ltd. v. Barclays Bank International Ltd. [1978] Q.B. 159; United Trading Corp SA v. Allied Arab Bank Ltd. [1985]2 Lloyd's Rep 554(CA); Tukan Timber Ltd. v. Barclays Bank Plc.[1987]1 Lloyd's Rep 171.

第一编

中国法之保函概览

> "解释反馈于实践,改变实践的形态,新的实践形态又促成了进一步的再解释。这样,实践产生了令人注目的变化,但前进中的每一步,都是对前一步之结果的解释。"
> ——德沃金《法律帝国》[①]

[①] [美]罗纳德·德沃金著:《法律帝国》,许杨勇译,上海:上海三联书店,2016年,第12页。

一、独立保函制度的中国法回溯

"从族群法到城邦法,从国家法到国际团体法",人类法律的发展从来都是人类社会发展不断驱动的结果。在世界上根本不可能寻找到一种超越于不同民族、地域、国家和时代的完全同一的实在法演进历史,个体法律制度的形成也从不是在各地域同时完成的。独立保函制度在不同法系、不同国度中的经历和试错过程,充分体现了其制度发展对于本土商事实践的内发适应性需求。

(一) 国内、国外独立保函制度的差别规制

起源于欧美发达国家的"独立保函"制度,其产生与发展的基本向度均密切服务于欧美不同历史时期的商事发展需求。[①] 尽管自20世纪80年代,我国司法界就出现大量以"独立保函"为债权担保方式的案例,但在长时间的国内司法实践中,独立保函区别于从属性担保的独立性特征并没有得到确认,法院主要是参照国际惯例解决涉外独立保函纠纷。[②] 在1986年颁布的《民法通则》中,担保合同被明确为主合同的从合同。1995年颁布的《担保法》第5条第1款在肯定了主从合同法律关系的基础上,提出"担保合同另有约定的,按照约定",但在其后2000年的最高人民法院《关于适用〈中华人民共和国担保法〉若干问题的解释》中,并没有对此但书做出明确的解释。《担保法》第5条的但书虽然给非从属性担保的法律效力留下了一定空间,但并没有承认独立保函的独立性。此后,1996年中国人民银行的《境内机构对外担保管理办法》提出境内机构可

[①] 独立保函作为商事工具最早以备用信用证的形式产生于20世纪50、60年代美国的国内市场,70年代以后,随着欧美发达国家建筑工程、公共设施、工农业工程以及国防工程项目市场的繁荣而不断发展。Bertrams R. Bank Guarantees in International Trade. Kluwer Law and Taxation,1996:1.

[②] 在1986年颁布的《民法通则》中,担保合同被明确为主合同的从合同。1995年颁布的《担保法》第5条第1款在肯定了主从合同法律关系的基础上,规定:"担保合同另有约定的,按照约定",但在其后2000年的最高人民法院《关于适用〈中华人民共和国担保法〉若干问题的解释》中,并没有对此"但书"作出明确的解释。换言之,此项"但书"并非对独立保函独立性的承认。

以备用信用证对外提供担保,但将"债务人未按合同约定偿还债务"作为担保人履行偿款义务的先决条件。①

由于早期立法上的含混不清,独立保函在中国国内的有效性多次被我国法院以判决的形式否认。② 但与之相反,在涉及国际商事交易的多个案件中,独立保函的独立性特征多次被最高人民法院肯定。国际商会《见索即付保函统一规则》作为国际惯例在我国涉外独立保函案件中的适用同样获得确认③,涉外独立保函承兑中的表面审查原则也在相关案件中被接纳。④ 在近 30 年的时间里,国内商事交易和国际商事交易中独立保函的适用一直呈割裂化状态。在我国独立保函立法仍处于空白的情形下,出于对独立保函风险不确定性的担忧,暂缓对国内独立保函效力的认可,一定程度上有利于我国独立保函制度循序渐进的发展。然而,从立法的角度,面对蜂拥而至的独立保函的涉外商业应用,否认独立保函不同于传统担保的独立性特征,是完全不符合国际担保法律制度发展方向的。伴随着"一带一路"倡议以及企业"走出去"的国家战略的持续深入推进,独立保函更成为我国企业参与境外交易和签署合同的重要条件之一。

(二)《独立保函司法解释》出台

2016 年 11 月 22 日,应我国独立保函纠纷案件逐年增多的实践态势及法院对制定独立保函纠纷裁判规则的迫切需求,最高人民法院公开发布了

---

① 这从一定意义上直接否定了备用信用证的独立性特征,与国际上对备用信用证的法律特征的界定背道而驰。
② 在"湖南机械进出口公司、海南国际租赁公司与宁波东方投资公司代理进口合同案"[(1998)经终字第 184 号]中,当事人关于保函独立于涉案"代理进口协议"的约定被最高人民法院认定无效,这一案件也成为最高人民法院明确认定在国内的民事活动中不采取独立保函方式的标志性案件。
③ 在"意大利商业银行诉江苏溧阳莎菲特非公司"[(1998)经终字第 289 号]中,最高人民法院就支持了原审江苏省高级人民法院的判决,认定对于保证行意大利银行应当承担的责任。
④ 在"马来西亚 KUB 电力公司诉被告中国光大银行股份有限公司沈阳分行见索即付保函案"[沈中民(4)外初字第 12 号]中,辽宁省沈阳市中级人民法院根据本案所涉保函中中国投资银行沈阳分行关于付款条件的表述,判定该保函的索赔仅需凭表面上符合保函规定的文件(这些文件一般限于受益人的索付声明,表明导致银行付款的事实条件发生与否,不需要银行加以证实)即付,对照该规则中的相关定义可以判定本案保函属于独立性保函中的见索即付保函,因此保函虽然提及了沈阳机械设备进出口公司与本案原告之间的合同,但是根据独立保函的性质可以判断出此保函与其基础合同无关。

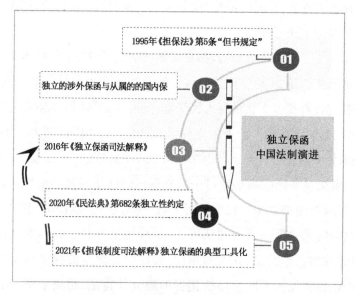

图 2　独立保函中国法制演进

《最高人民法院关于审理独立保函纠纷案件若干问题的规定》(以下简称《独立保函司法解释》),该司法解释全文共 26 条,自 2016 年 12 月 1 日起实施。这一规定将独立保函从以从属性为基石的担保法中独立出来,为我国独立保函业务的全球化发展提供了法制保障,也结束了学界和实务界十多年来国内交易项下独立保函有效性的争论。①《独立保函司法解释》同时开启了中国商事规则的本土化篇章,连同 2016 年 5 月公布的新《国内信用证结算办法》和 2005 年 10 月公布的《信用证司法解释》,中国独立保函制度已初见雏形。

(三)《民法典》下独立保函的典型工具化

2019 年 12 月 23 日,最高人民法院发布了《全国法院民商事审判工作会议纪要》,在关于担保的一般规则中对"独立保函"进行规定,明确了国内商事领域中独立保函的效力,并认定银行或非银行金融机构之外的当事人开立的独立保函排除担保从属性的约定为无效,即否定此类担保的独立性,将其认定为从属性担保。

---

① 陆璐:《保函欺诈例外:一例国际商事规则的中国式创新诠释》,《河南师范大学学报(哲学社会科学版)》,2018 年第 1 期,第 72 页。

2020年出台的《中华人民共和国民法典》(以下简称《民法典》)第682条规定,可以通过法律规定的形式排除担保的从属性。2021年《最高人民法院关于适用中华人民共和国民法典有关担保制度的解释》(以下简称《担保制度司法解释》)中共有3个条款涉及保函,其中第2条第2款强调因金融机构开立的独立保函发生的纠纷,适用独立保函司法解释。至此,2016年独立保函司法解释,被认定为我国司法实践中审判独立保函类纠纷适用的主要法律规范。

二、独立保函的中国实践图景

我国《独立保函司法解释》于2016年11月18日公布,自2016年12月1日起施行。面对共享经济和网络金融的迅速发展,我国银行独立保函业务的持续扩张[①],序言部分明确了其制定目的,即"为正确审理独立保函纠纷案件,切实维护当事人的合法权益,服务和保障、建设'一带一路'倡议,促进对外开放"。这一目的点明了中国独立保函制度的建立初衷是适应国际商事新发展冲击下,独立保函业务于我国的发展,而"一带一路"倡议又进一步为其发展指明了方向。《独立保函司法解释》作为"一带一路"的战略配套法则,同时也是中国法在涉外商事立法上的重要探索。

(一) 年度结案量

根据裁判文书网的数据库,以"最高人民法院关于审理独立保函纠纷案件若干问题的规定"作为搜索的关键词,自《独立保函司法解释》实施之日起至2023年9月10日止,搜索到全国法院已审结且涉及《独立保函司法解释》内容的裁判文书共有397份,结合一审、二审和再审情况,除去重合部分,将涉及同一案件的在不同审判阶段和同一审判阶段作出的所有裁判文书合并按一个案件计算,以最高审级为准,合计219个案件(其中以裁定书结案71件,以判决书结案148件,涉执行类案件18件)。从数据上看,伴随着海外工程、互联网金融的快速发展,自2017年起独立保函纠纷年结案数量一直较为稳定(见下图),在2019年最高院公布的"一带一路"建设典型案例集中,涉及独立保函纠纷的

---

① 陆璐:《保函欺诈例外:一例国际商事规则的中国式创新诠释》,《河南师范大学学报(哲学社会科学版)》,2018年第1期,第76页。

更达到1/3以上。①

（二）地域分布

整体而言，在统计的219例案件中保函纠纷案件的地域分布较不平衡，涉及25个省市自治区，且分布地区较为集中，涉及案件较多的分别为福建省48例、北京市22例、广东省23例、辽宁省14例、江苏省13例、山东12例、湖北省10例、上海市10例、天津和河南省各8例，其余的44案件分布于15个省市自治区。需要说明的是，考虑到最高人民法院汇集了全国各地的二审或再审案件，由最高人民法院审理的案件共计29例，分别以其一审地做地域统计（具体地域分布占比见下图）。值得注意的是，我国独立保函纠纷案件的地区分布并非集中于经济发达地区，这似乎与独立保函富含的国际商事基因并不相符。

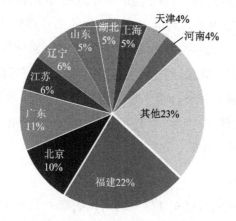

图3　独立保函纠纷案件的地区分布（百分比为约数）

（三）案件类别

从纠纷的具体类别看，尽管2021年《民事案件案由规定》第八部分与公司、证券、保险、票据等有关的民事纠纷项下新增了独立保函纠纷这一新案由，在这一新案由下新设7个子案由，分别为独立保函开立纠纷、独立保函付款纠纷、独立保函追偿纠纷、独立保函欺诈纠纷、独立保函转让金纠纷、独立保函通知纠纷、

---

① 人民网：最高法发布涉"一带一路"建设十起典型案例，载 http://legal.people.com.cn/n1/2017/0515/c42510-29276815.html，2019年5月16日访问。

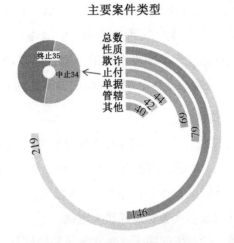

图 4 独立保函纠纷案件类别

独立保函撤销纠纷。① 但从裁判文书网的查询结果看,自 2016 年 12 月《独立保函司法解释》正式实施以来,涉及的 219 例独立保函纠纷案例多集中于五类案由,分别为独立保函性质纠纷(146 例)、独立保函欺诈纠纷(79 例)、独立保函止付纠纷(69 例)、独立保函单据纠纷(44 例)以及独立保函管辖纠纷(42 例),其他涉及独立保函转让、通知、撤销追偿类的纠纷总共 40 例(参见图 4)。此外,在统计的 219 例独立保函纠纷案件中,有超过 50 例同时涉及信用证法律纠纷,有 47 例直接以信用证纠纷案件的相关案由录入。

三、类化冲突下的保函纠纷

《独立保函司法解释》)正式出台,结束了学界和实务界十多年来国内交易项下独立保函的有效性的争论。然鉴于 2020 年 5 月 28 日,第十三届全国人民代表大会第三次会议通过的《民法典》并没有以立法形式对独立保函的法律效力予以直接确认,而是在其后的《担保制度司法解释》第 2 条第 2 款中阐明因金融机构开立的独立保函发生的纠纷适用《独立保函司法解释》,独立保函在中国功能化的单行规制模式愈发清晰。以单列的形式确认独立保函特殊的商事工

---

① 在此之前,并无专门的案由予以规定,只是分散在各类案件中,如借款合同纠纷、侵权责任纠纷、保险纠纷、信用证纠纷、申请保全案件等。涉及的保函类型包括履约保函、预付款保函、反担保、借款保函、质量保函、留置保函等。

具性,实际上更接近于英美法个性化规则的立法形式。这一方面揭开了中国商事规则国际化探索的新篇章,另一方面也说明了中国独立保函实践会不可避免地面临法系差异下国际独立保函制度发展的普遍性障碍,实际上《独立保函司法解释》周期实践中的类案冲突也是独立保函中国问题的显性化过程。

(一)保函的独立性认定

在统计的 219 件独立保函纠纷中,对于保函独立性的认定纠纷数量达到 146 例,占比超过 65%。这充分说明,尽管早在 2017 年我国国内保函发生额就达到 14 841 亿元,涉外保函发生额已达到 4113 亿美元,作为独立保函存在基石的独立性特征依然对我国实务界造成较大困扰。

在独立保函的独立性认定问题上,《独立保函司法解释》只在第 1 条以独立保函订立程序的角度,定义了独立保函的基本内涵,但并未就独立保函的司法认定作出明确规定,而是在第 3 条列举了保函文本中载明其为独立保函的文字表示。[①] 但实务中涉及的条款千差万别,部分保函的措辞对保函属性的描述并不清晰,保函究竟是独立保函还是传统的从属性保证经常争议很大,而保函属性的认定会直接影响其法律后果。特别是在国际实践中,保函名称差异化和保函条款的复杂化,都加大了独立保函性质问题的认定难度。在中国由法系差异引发的从属性与独立性担保制度冲突,以及凭单付款的付款条件又在付款条件中设定被担保人违约的限定条件,独立的付款责任与保函系连带责任保证的混同表述,往往也成为认定保函性质的障碍,实践中的判决也不尽一致。与此同时,因《独立保函司法解释》将独立保函开立主体限定为银行或非银行金融机构,司法审判中在认定由非金融机构或可能属于金融机构中分类不明确的主体所开立的保函的性质时,存在不同看法。种种涉及独立保函性质认定的问题有待在中国的保函实践中明确。

(二)保函欺诈问题

在《独立保函司法解释》生效至今的实践中,保函欺诈纠纷占 79 例,占总纠纷的 36%,数量仅次于性质认定纠纷,独立保函欺诈纠纷是最常见的独立保函纠纷之一。独立保函制度伊始,受益人欺诈索赔就被称为困扰法学界的"最大

---

① 《独立保函司法解释》第 1 条、第 3 条。

难题"之一。独立保函不得不面对的各种欺诈风险，同时也是欺诈例外规则于欧美发达国家应运而生的原因。

"欺诈例外"案件中对欺诈的认定也成为审理独立保函案件的最大难点。由于各国法律对欺诈的定义与认识有所不同，URDG对欺诈例外规则予以回避，因此这个领域主要是由各国国内法予以规制。各国也基于不同的法理基础形成了宽严不一的欺诈例外规则，并不断发展与完善。

我国《独立保函司法解释》第12条，借鉴美国《统一商法典》（UCC）以明确立法形式将独立保函的欺诈例外成文化，对保函欺诈例外进行了创造性诠释，采纳了信用证欺诈例外规则于独立保函领域适用，详细规定了欺诈例外的主要情形，相对减少了保函欺诈认定争议。① 这体现出法律规制的详细性于司法裁决的确定性的积极作用。然而不同历史时期社会背景下社会问题所引起的法律纠纷也存在差异。《独立保函司法解释》公布后的司法实践中，第12条所规定的5类情形依然存在相当大的适用异议。实际上，作为在信用证制度诞生地的主要英美法国家，美国与英国对欺诈认定的标准问题也依旧存在分歧。② 我国《独立保函司法解释》作为国内企业、银行"走出去"的重要法律依托，在欺诈例外的认定标准上固然应该参考欧美发达国家主导下多项国际规则中的认定标准，但更应当针对新的历史形势，结合本国商事实践中的具体问题，对规则内容进行适当调整。

（三）保函止付问题

"保函止付"申请是独立保函开立申请人为防止受益人欺诈索款，向法院寻求司法救济的措施。止付案件涉及多重法律程序问题。"保函欺诈"不是保函止付的唯一依据，但却是"保函止付"裁定的下达的主要依据之一，故在分论部分将欺诈和止付合并为同一类型进行讨论。《独立保函司法解释》从第12条至第22条分别对实体和程序问题做出了详细规定，特别是第14条明确了法院裁定"保

---

① 在2013年前后，独立保函的欺诈问题在我国曾呈现爆炸性增长趋势，2017年之后保函欺诈纠纷明显减少。
② 在英国欺诈例外条款适用的标志性案件The American Accord中，大法官Diplock在终审裁决中明确否认了上诉庭提出的"half-way house"理论，实质性地拒绝了对美国实质性欺诈标准的采纳，也形成了英国"受益人欺诈"理论，即对受益人主观的欺诈故意的证实成为英国欺诈例外适用的关键，如果不能证明受益人的主观故意，即便证实受益人的付款请求不实或提交单据虚假，付款行也不能据此拒付。

函止付"必须同时具备的条件,即欺诈的高度可能性、情况的紧急性、损失的难以弥补性以及担保的足额性,同时将其下达标准与第20条①的终止支付标准作出了区分,二者项下对欺诈认定的证明标准分别为"高度可能性"与"排除合理怀疑"。根据对中国裁判文书有关"独立保函纠纷"案件的整理,截至2023年6月,涉及"保函止付"问题的案件达69起,在保函纠纷整体数量中占据了相当高的比例。从审判结果数据上看,保函中止支付的申请有34例,一审获批准21例,批准率逾60%。法院仅以"涉嫌滥用该权利的可能性"为依据就裁定中止支付的情形较为普遍,法院任意下达"保函止付"裁定的现象极为严重,这在很大程度上破坏了独立保函的独立性原则,未能清晰领会《独立保函司法解释》的立法目的和制度衡量。

(四) 保函单据与付款请求权问题

独立保函源于欧美信用证制度,同信用证一样,保函一经开立便独立于基础交易,受益人是否依照独立保函要求提交单据成为申请人或担保人支付与否的唯一判断标准。"见索即付保函担保人的付款责任与基础交易双方当事人无关,与基础交易债务人是否履行合同无关,与基础交易债务人是否有过错亦无关。"②《独立保函司法解释》第6条第1款规定:"受益人提交的单据与独立保函条款之间、单据与单据之间表面相符,受益人请求开立人依据独立保函承担付款责任的,人民法院应予支持。"根据该规定可以得出我国立法采用的是"严格相符""表面相符"的标准。换言之,开立人只负责审查单据的表面真实性,即只要受益人提交的单据与独立保函条款、单据与单据之间在表面上相符,开立人就必须独立承担付款义务,开立人不得利用基础交易或开立申请关系向受益人提出抗辩。

然而相较于信用证,独立保函项下的大多数单据都较为简单。当受益人提交之单据符合保函要求时,银行就应当付款。所谓的"表面相符"是要求单据与保函条款之间、单据与独立保函保持完全一致,还是只要单据与保函之间、单据与单据之间不存在矛盾和歧义即可视为相符?这也是单据审核引发付款请求

---

① 《最高人民法院关于审理独立保函纠纷案件若干问题的规定》第20条规定:人民法院经审理独立保函欺诈纠纷案件,能够排除合理怀疑地认定构成独立保函欺诈,并且不存在本规定第14条第3款情形的,应当判决开立人终止支付独立保函项下被请求的款项。

② See Peter S.O'Drscoll. Performance Bonds, Bankers Guarantees, and the Maeviiction. Journal of Interrnationa/ Law & Business 7, 1985: 389.

权争议的重要原因。截至 2023 年 6 月,单据审核引发付款请求权争议案件共 44 例,其中涉及的司法判决中也不乏争议,在国际保函领域,审单标准先后经历了镜像原则、实质相符、表面相符等多重阶段,单据审核标准与付款请求权的确认依据于我国司法也有待进一步明晰。

(五) 独立保函管辖权争议问题

基于独立保函独立性的本质特征,独立保函案件管辖权的独立性也是独立保函本质特征的重要体现。独立保函案件的管辖不受基础交易合同中仲裁或诉讼管辖条款的影响。一般认为独立保函开立人所在地或营业地法院是具有管辖权的法院。如果独立保函中载有争议解决条款(包括仲裁条款及法院选择条款)或虽没有拟订争议解决条款,但当事人在事后达成了仲裁或诉讼管辖协议,则应当在确定管辖权时对上述协议优先适用。我国《独立保函司法解释》第 21 条规定,受益人和开立人之间因独立保函而产生的纠纷案件,由开立住所地或被告住所地人民法院管辖,独立保函载明由其他法院管辖或提交仲裁的除外。当事人主张根据基础交易合同争议解决条款确定管辖法院或提交仲裁的,人民法院不予支持。从《独立保函司法解释》实施后的 42 例保函管辖纠纷看,独立保函欺诈纠纷案件的性质认定、平行程序中独立保函纠纷案件管辖权确定,以及因基础合同引发的管辖权争议等问题的裁判标准仍有待探讨,特别是美国次级制裁与英美法禁令等引发的独立保函管辖权新问题亟需进一步明确。

本编观点

——对功能性非典型金融工具的类别化规制

从我国独立保函制度建构的宏观角度看,《独立保函司法解释》作为独立保函的单行性规范,不仅开创了世界范围内就独立保函进行单独规范之先河,其连同 2016 年 5 月公布的新《国内信用证结算办法》以及 2005 年 10 月公布的《信用证司法解释》,使得我国独立保函制度初现雏形。虽然《独立保函司法解释》的出台是国际商事习惯冲击的自然结果,这与美国银行业对信用证的多样化功能探索存在区别,但其作为单行规范的存在形式也表明了其与传统担保脱离的发展方向。与法国不同,我国独立保函制度的产生目的决定了其脱离大陆法系传统担保的需求。尽管出于对信用证和独立保函作为商事工具的目的性差异考量,我国针对二者出台了单行的司法解释,但这也从另一个侧面体现了无论是信用证还是独立保函在中国均是脱离传统担保体系独立存在的个体。比较《独立保函司法解释》与《信用证司法解释》也不难发现其在独立性、欺诈例外等多项涉及二者基本特征的条款上的一致性,二者同为独立保函制度衍生物的身份可见一斑。"一带一路"倡议实施以来,作为与国家战略相配套的金融工具的独立保函,成为我国对外经济关系中的先导性业务。我国正处于"从贸易大国迈向贸易强国"的稳步加速阶段,在贸易、投资、工程承包等领域不断增长的规模和提升的国际地位,决定了保函业务的未来发展态势。基于中国商事发展的实践需求考量,从《独立保函司法解释》的细化条文入手,着眼于包括信用证、备用信用证等各类独立保函衍生物在内的独立保函制度的宏观建构应当成为我国独立保函法律规制的发展方向。

独立保函是不同于传统从属性担保、独立于基础合同法律关系的特殊信用担保形式。在运作模式上,独立保函实际上完全借鉴和吸收了信用证的运作机制,独立保函和信用证有着许多共同特征,有着提供信用迅捷付款等相似功能。独立性和单据性是信用证和独立保函的共同特征,独立保函的欺诈例外制度也与信用证欺诈例外一体双生于英美判例法。

在我国信用证与独立保函均有各自相对应的司法解释。然而自《独立保函司法解释》实施以来,在涉及独立保函纠纷的多起案件中,都不可避免地涉及信用证问题。[①] 尽管信用证与独立保函在交易范围、具体单据以及交易风险等方面存在差异,但伴随着《担保制度司法解释》对独立保函典型化、工具化的确认,信用证和独立保函均建立在独立的单据交易之上,从交易类型和交易目的角度分析两者在国际商事领域的共性特征与个性化适用,对弥补贸易后发性特质的中国商事规则发展与限制束缚意义斐然,更可成就涉外法治发展下中国积极参与全球治理机制和构建国际新秩序的良好契机。

随着独立保函多样化功能的不断发展,欧美国家对于独立保函的研究开始

---

① 在统计的219例独立保函纠纷案件中,有超过50例同时涉及信用证法律纠纷,有47例直接以信用证纠纷案件的相关案由录入。

呈现微观化特征,针对独立保函运用于电子商务、建筑工程、融资租赁等不同领域产生的法律问题进行有针对性的研究。① 而在国内,共享经济和网络金融的迅速发展,使得信用证和独立保函的商事功用性一再扩展,特别是在贸易金融领域,商业银行也不遗余力地推动贸易金融资产证券化的发展,这必将成为独立保函业务发展的又一高潮期。此次《独立保函司法解释》最大的遗憾是没有提及备用信用证,在发达国家的商事交易中,所有信用证,无论是商业信用证、备用信用证,还是国际信用证、国内信用证,都是信用证,都可以适用同一套规则。在 2015 年,我国工农中建四大商业银行保函余额已达到 24 450 亿元,保函业务已发展成为银行涉入贸易投资领域的主流业务,其中包含着与商业信用证、备用信用证、独立保函等在内的各种业务类型。我国目前重形式表现、轻实质功用的法律规制方式在一定程度上增加了司法实践的辨析成本。

---

① Joshua Stein. An Update on the Bankruptcy Law of Large Letters of Credit for Leases. Real Property, Probate, and Trust Journal, 2010(2); Casius Pealer. The Use of Standby Letters of Credit in Public and Affordable Housing Projects. Journal of Affordable Housing & Community Development Law, 2005(3).

第二编
独立保函之独立性认定

> "自然状态有一种为人人所应遵守的自然法对它起着支配作用;而理性,也就是自然法,教导着有益遵从理性的全人类。"
>
> ——洛克《政府论》①

---

① [英]洛克著,叶启芳:《政府论》(下篇),翟菊农译,北京:商务印书馆,1982年,第6页。

一、法理：保函之实质合理性——独立性

在典型的保函业务流程中，独立保函的担保人应申请人的申请开出担保文本，当受益人提出的付款请求符合担保文本要求时，独立保函的开立人，即担保人则承担担保责任，此项担保责任独立于基础交易。独立保函的商事功用性在我国"一带一路"倡议指导的经济形势下作用显著。比如，中国某建筑公司"走出去"与沿线国家(以老挝为例)业主签订一项建筑工程合同，为了确保中国的建筑公司能够履行合同，老挝的业主要求承包商提供有力的担保，建筑公司向中国银行申请开出以建筑工程合同违约为条件的履约保函，根据保函规定，在中国的建筑公司违约的情形下，中国银行根据老挝业主的请求依照保函约定的金额偿款。在这一担保关系中，中国银行即为独立担保人，我国建筑公司为保函申请人，老挝业主为受益人。担保人承担着无条件的、不可撤销的付款义务，保函的受益人只要提交了符合保函规定的单据或请求(一般为违约声明、第三方单据等)，担保人就必须付款，担保人只能通过对保函中单据的审核判定是否应予以付款，无义务调查了解基础合同的实际违约情况，这也就是独立保函法律关系中的独立抽象性原则——Autonomy。

独立保函不同于传统的从属性担保，是一种独立于基础合同法律关系的特殊信用担保，具有典型的商事功用性。高效的商事功用性为独立保函制度的存在提供了实质的合理基础，明确的运行规则又为制度发展提供了形式的合理保障。在运作模式上，独立保函实际上完全借鉴和吸收了传统商业信用证的运作机制，以独立性、单据化为基本特征。[①] 在独立保函法律关系中，担保人(银行或者其他

---

① 在英美银行的商业实践中，独立保函常被称为"Demand Guarantee(见索即付保函)"或者"Standby Letter of Credit(备用信用证)"；在国际工程承包合同担保领域又常被称作"Performance Bond(履约保函)"。本书中提及的独立保函包括见索即付保函、备用信用证、履约保函及其他具有类似法律效果的担保文书。本书中除另有说明外，独立保函和保函贯通使用，无意义差别。

金融机构)承担着无条件的、不可撤销的付款义务,独立保函的受益人只要提交了符合保函规定的单据或请求,担保人就必须付款,即担保人只能依据对保函中单据的审核,判定是否应予以付款。[①] 担保人并无义务调查申请人在基础合同中是否存在违约的情形,基础合同的效力、变更、履行情况,甚至基础合同中债权人放弃对债务人的某些权利(如抵押权),对独立保函本身的效力均不产生影响。独立保函的法理内涵正是通过其独立性和单据性两大特性得以体现的。

在独立保函这样独立于债权人和债务人间的基础合同而单一存在的法律关系中,保函受益人与担保人之间的权利义务关系完全依据保函条款而存在,基础合同条款对于担保合同中的权利义务关系不具有任何的法律约束力,除非担保合同条款中直接援引基础交易合同的条款。但即使在这样的情形下,相关条款对于当事人的约束力仅限于该条款在保函中的存在而独立地产生法律效力,与基础合同无直接关系。因此,基础合同的效力不会影响到担保人基于独立保函合同而产生的担保责任。更为重要的是,在独立保函法律关系中,担保人不享有传统担保法律关系中援引基础合同对受益人主张抗辩的权利。正如沈达明先生指出的那样:"所有这些独立保函都是企图禁止担保人援引被担保的债务人的主要债务所产生的抗辩及主债务人个人所产生的抗辩。"[②]在经济全球化迅速发展的时代背景下,传统的从属性担保在效力、存续、抗辩权等方面对基础合同的依附性使得其早已无法满足大型国际工程、跨国融资业务中高效率担保权益的需求,与基础合同过多的联系往往成为债务人和担保人拖延甚至逃避债务履行的借口,依靠传统的担保合同,债权人常常不能迅速受偿,还无意中卷入旷日持久的诉讼当中。商事效率与交易安全作为后危机时代商事发展最基本的理念,在独立保函制度的保障下得以顺利实现,也正是独立保函制度合理产生和得以存在的实质基础。与一般保险机构提供的信用保险相比,独立保函又减少了烦琐而耗时的理赔程序,从而降低了受益人无法获得赔付的风险性。在建筑工程、公共设施等具有时限、空间特殊要求的商事项目中,独立保函"先付款,后争议"的赔付原则,在为受益人争取了信用保证的同时,也保证了高效的商业运作。符合

[①] 陆璐:《独立保函国内适用难题研究——以信用证欺诈例外规则的引入为视角》,《苏州大学学报(哲学社会科学版)》,2014年第6期,第86页。

[②] 沈达明:《法国/德国担保法》,北京:中国法制出版社,2000年,第15页。

商业时代信用与效率的双向法理需求，银行等金融机构良好的信用和充足的财力更使得其成为独立保函主体的优先选择。基于独立保函的独立性优势与其商事功用的核心地位，国际商会、联合国等出台了一系列国际规则，如《见索即付保函统一规则（URDG758）》《国际备用证惯例（ISP98）》《跟单信用证统一惯例（UCP600）》《联合国独立保函与备用信用证公约》，尽管对独立保函类型定义各有差异，但均对独立保函的独立性进行了明确的规定。《国际备用证惯例（ISP98）》还明确了备用信用证项下义务与基础交易项下义务的独立关系[1]，我国《独立保函司法解释》的第1条和第3条确认了独立保函的独立性，但对规则的适用采用了意思自治原则[2]，表明了我国独立保函制度作为国内商事立法的宏观约束性，同时也反映了由内发性需求催生的我国独立保函制度的包容性。

二、中国法：规范与理念——以"独立付款责任"为中心的实质性认定标准

> **《独立保函司法解释》**
>
> 　　**第一条**　本规定所称的独立保函，是指银行或非银行金融机构作为开立人，以书面形式向受益人出具的，同意在受益人请求付款并提交符合保函要求的单据时，向其支付特定款项或在保函最高金额内付款的承诺。
>
> 　　前款所称的单据，是指独立保函载明的受益人应提交的付款请求书、违约声明、第三方签发的文件、法院判决、仲裁裁决、汇票、发票等表明发生付款到期事件的书面文件。
>
> 　　独立保函可以依保函申请人的申请而开立，也可以依另一金融机构的指示而开立。开立人依指示开立独立保函的，可以要求指示人向其开立用以保障追偿权的独立保函。
>
> 　　**第二条**　本规定所称的独立保函纠纷，是指在独立保函的开立、撤

---

[1] 《国际备用证惯例（ISP98）》第1.06条（c）款、第1.07条。
[2] 《最高人民法院关于审理独立保函纠纷案件若干问题的规定》第5条。

销、修改、转让、付款、追偿等环节产生的纠纷。

第三条 保函具有下列情形之一，当事人主张保函性质为独立保函的，人民法院应予支持，但保函未载明据以付款的单据和最高金额的除外：

（一）保函载明见索即付；

（二）保函载明适用国际商会《见索即付保函统一规则》等独立保函交易示范规则；

（三）根据保函文本内容，开立人的付款义务独立于基础交易关系及保函申请法律关系，其仅承担相符交单的付款责任。

当事人以独立保函记载了对应的基础交易为由，主张该保函性质为一般保证或连带保证的，人民法院不予支持。

当事人主张独立保函适用民法典关于一般保证或连带保证规定的，人民法院不予支持。

（一）核心——"独立付款"的意思表示

上述涉及独立保函独立性识别的典型案件中，人民法院均依据"保函文本内容"运用自由裁量权对保函的性质进行判定，《独立保函司法解释》本身对独立性的规制思路和规制方法在司法实践中得以进一步充实与细化，"独立付款"的意思表示被确立为判定是否构成独立保函的决定性因素。保函应以明确约定的独立保函内容和单据相符情形下独立付款义务为条件。有的保函载明的内容足以证明开立人的独立付款义务，则可以认定为独立保函。没有独立付款意思表示的记载内容，仅是一般付款行为或者付款前提条件的意思表示，则意味着该份保函并未创设独立付款义务，可认定为区分于独立保函性质的从属性担保。

在司法审判中，法律规则得以具象化：

第一，未载明见索即付或适用 URDG758 等独立保函交易示范规则不能成为否定独立保函性质的依据；

第二，保函中载明的独立付款责任与基础交易混合性描述并不足以影响保函的性质，司法实践中，应将保函中对基础交易的记载认定为对事实的描述；

第三，人民法院应当对保函记载的内容进行审查，并非所有记载付款意思表示的内容都可被认定为独立付款义务，进而被认定为独立保函。对于法院认定同时出现了独立保函责任与连带责任担保两项表述的情况下,保函受益人可以主张保函下的付款请求权。

(二)例外——主体资格审查

在以"独立付款"的意思表示为核心的独立性判定标准下,也存在例外情形。在我国,独立保函的开立主体限定于银行或其他非银行金融机构,因此,不是"银行或非银行金融机构"的主体出具的保函中,即使带有"独立保函"字眼的保函,或者独立付款义务的描述,也不能认定保函具有独立保函的独立性,我国《独立保函司法解释》明确规定独立保函的开立主体只能是银行或非银行金融机构。此外,《非银行金融机构行政许可事项实施办法》第2条规定了非银行金融机构包括:经银保监会批准设立的金融资产管理公司、企业集团财务公司、金融租赁公司、汽车金融公司、货币经纪公司、消费金融公司、境外非银行金融机构驻华代表处等机构。

换言之,除了银行与我国法律规定的经监管部门批准的非银行金融机构,其他主体开立的保函不具备保函的独立性。在开立主体为非金融机构的情况下,即使保函条款中出现"独立保函""无条件不可撤销的担保函""直接索款""无须先追偿"等明确的独立付款意思表示,保函依旧只能转为从属性保证处理。在否定其独立保函效力的同时,应当将其认定为从属性担保。此时,如果主合同有效则担保合同有效,担保人与主债务人承担连带保证责任合同无效,则该所谓的独立保函也随之无效。这一认定思路,在2019年《全国法院民商事审判工作会议纪要》中也有体现。① 在实践中,银行是独立保函最常见的开立主体,此外也有相当数量的独立保函是由非银行金融机构开立的。对于独立保函开立主体资格的限定问题,在国际上尚无一致性规定。联合国《独立保函与备用信用证公约》对独立保函开立主体并未加以限制②,URDG758中对开立主

---

① "银行或者非银行金融机构之外的当事人开立的独立保函,以及当事人有关排除担保从属性的约定,应当认定无效。但是,根据'无效法律行为的转换'原理,在否定其独立保函效力的同时,应当将其认定为从属性担保。此时,如果主合同有效,则担保合同有效,担保人与主债务人承担连带保证责任。主合同无效,则该所谓的独立保函也随之无效,担保人无过错的,不承担责任;担保人有过错的,其承担民事责任的部分,不应超过债务人不能清偿部分的三分之一。"《全国法院民商事审判工作会议纪要》(法〔2019〕254号)四(一)54。

② 《独立保函与备用信用证公约》第2条规定:为了适用本公约,保函系指一项独立的义务,国际惯例上称为:独立保函或备用信用证中的承诺或义务。银行或其他机构或个人(亦可称为"保证人")签发此类保函或备用信用证并承诺:一经请求或一经附其他单据的请求即行以符合保函的条款和任何单据条件、指示或可推知的条件的方式向受益人支付确定的或有限期的款项。

体也未做特别限制,银行、非银行金融机构等其他组织或个人均可以成为开立主体。值得注意的是,英国法早期也曾对保函开立机构的资格有类似限制,但在2021年英国最高法院通过判例修正了这一规定。

三、中国法:实践

《独立保函司法解释》第1条从独立保函订立程序的角度,定义了独立保函的基本内涵,同时将独立保函的开立主体限定于银行或非银行金融机构。在独立保函的独立性认定问题上,《独立保函司法解释》第3条列举了3类可认定为独立保函的保函文本明言表示,分别为"见索即付"、"规则适用(独立保函交易示范规则)"和"付款承诺(独立于基础交易)",在司法实践中也被称为认定规则的"三要素"。①《独立保函司法解释》出台以来发生的146例案件中,保函的独立性问题被作为关键问题之一进行探讨。从周期性的司法实践看来,司法界对保函的认定问题仍存在一定分歧。在中国电子工程设计院与长安保证担保有限公司成都分公司等保证合同纠纷案②,重庆长江轮船公司与台州市银合投资担保有限公司海事担保合同纠纷案③,杭州长乔旅游投资集团股份有限公司与杭州银行股份有限公司西湖支行信用证纠纷案④等案件中,均存在法官自由裁量标准不一的情形。在中国电子工程设计院与长安保证担保有限公司成都分公司等保证合同纠纷案中,中国电子工程设计院与分包商南充营运劳务开发有限公司签订了分包合同,长安担保成都分公司应分包商申请,给中国电子工程设计院出具了一份不可撤销的预付款保函,其内容中明确长安保证担保有限公司收到中国电子工程设计院的书面索赔通知书及本保函正本,说明分包商未能按照合同规定履行合同义务的情况下,长安保证担保有限公司立即无条件按贵方的要求支付索赔款项,但索赔总额最大不超过一定保函金额。但在保函文本描述中,并未清楚地载明"见索即付"或适用国际商会《见索即付保函统一规则》,在该案判

---

① 林晓镍:《金融类案诉讼争点与裁判指引:独立保函纠纷》,北京:法律出版社,2023年,第94页。
② (2016)京02民终1918号。
③ (2016)鄂72民初698号。
④ (2017)浙0106民初4086号。

决书中，法官并未对独立保函的性质作出有力的论证，一审认为长安担保成都分公司给电子设计院出具的预付款保函符合连带责任保证的性质，二审认为一审判决认定事实清楚，适用法律正确，维持了一审判决。在重庆长江轮船公司（简称"重轮公司"）与台州市银合投资担保有限公司（简称"台州银合公司"）海事担保合同纠纷案中，涉案《履约担保保函》约定载明：被告台州银合公司在接到原告重轮公司提出的因第三人方圆公司在任何方面未能履约，或违反合同条款中任何责任和义务而要求没收第三人方圆公司履约保证金的书面通知（包括信函、电报、传真）后的15天内，在担保金的限额内向原告重轮公司支付该款项，无需原告重轮公司出具证明或陈述理由。该《履约担保保函》只载明了据以付款的单据和最高限额，未明确表示出独立于基础合同或保函申请关系的独立的付款责任，亦未载明见索即付或适用国际商会《见索即付独立保函统一规则》，但在该案判决书中，法院认定该保函为符合《独立保函司法解释》第三条认定规则的独立保函。而在杭州长乔旅游投资集团股份有限公司与杭州银行股份有限公司西湖支行信用证纠纷案中，涉案保函明确了最高付款金额，但同样未明确保函见索即付或适用国际商会《见索即付独立保函统一规则》，同时在涉案保函第二项载明"本保函开立后，如果贵方与承包人协商变更原合同及《补充协议一》及《补充协议二》任何条款，应事先征得我行书面认可，否则我行在本保函项下的责任自动解除。"这一条款在一定意义上否定了独立保函完全独立于基础合同的基本特征，即便如此，法院最终依旧认定涉案保函性质为独立保函。

然而，伴随着《九民纪要》《民法典》《担保制度司法解释》等系列法律法规对《保函司法解释》的补充，在司法实践中，"三要素"被不断补充。如果金融机构开立的保函载明据以付款的单据和最高金额，但未明确写明其"见索即付"或"适用国际商会《独立保函见索即付统一规则》等独立保函交易示范规则"，法官则会依据"保函文本内容"运用自由裁量权对保函的性质进行判定。此时单据的具体内容、对基础交易的援引、从属性担保条款的存在等形式要件均成为法院审理相关案件时的考量因素，因此对独立保函形式外观的考量，成为确认保函独立性质的关键。

案例 2.1

北海船务股份有限公司与中国光大银行股份有限公司南京分行、江苏熔盛重工有限公司担保合同纠纷案

武汉海事法院(2014)武海法商字第00823号

上海北海船务股份有限公司(以下简称北海公司)与江苏熔盛重工有限公司(以下简称江苏熔盛公司)于2011年9月29日签订《造船合同》约定江苏熔盛公司为北海公司建造一艘75 000载重吨原油轮。2012年11月1日,中国光大银行股份有限公司南京分行(以下简称光大银行南京分行)开立了《预付款保函》承诺光大银行南京分行在江苏熔盛公司应当退还北海公司支付的进度款时,光大银行南京分行将承担"连带保证责任"。

2014年5月15日,北海公司向光大银行南京分行发出索款函,称江苏熔盛公司违反造船合同约定的交船义务,北海公司已根据造船合同约定拒绝接收该船,并要求江苏熔盛公司退还其已支付的款项,但江苏熔盛公司至今未退款。鉴于此,根据《预付款保函》的规定,北海公司要求光大银行南京分行承担独立保函责任,并由北海公司向武汉海事法院提起诉讼,要求江苏熔盛公司向其支付造船合同进度款51 766 922元及相应利息,光大银行南京分行承担独立保函责任。光大银行南京分行辩称案涉保函并不具有独立性,无需承担独立保函责任。武汉海事法院于2017年9月7日作出(2014)武海法商字第00823号判决书,认定案涉保函系独立保函。

【裁判要旨】

未载明见索即付或适用URDG758等独立保函交易示范规则也不能成为否定独立保函性质的依据。

在《预付款保函》已设立相符交单情形下的独立付款义务的情况下,是否载明见索即付或适用URDG等独立保函交易示范规则,并不影响《预付款保函》作为独立保函的性质。而补充协议关于在江苏熔盛公司不履行或不能履行合同项下义务的情况下,北海公司有权依据还款保函的约定取得还款保函项下的全部已付款和利息的约定,与《预付款保函》本身无关,不能作为确定光大银行南京分行在《预付款保函》项下义务性质的依据。《预付款保函》的约定符合《独

立保函司法解释》第 1 条第 1 款、第 2 款以及第 3 条第 1 款第 3 项的规定,应当被认定为独立保函。

案例 2.2

中铁十八局集团有限公司与信德唯实投资担保有限责任公司保证合同纠纷案

二审: 北京市第一中级人民法院(2019)京 01 民终 2754 号

2013 年 8 月 20 日,阿图巴德公共贸易和承包公司与中铁十八局集团有限公司(以下简称中铁十八局),就科威特市政厅委员会总秘书大楼及多层停车场的施工、完成及维护项目签订分包合同。2014 年 7 月 22 日,中铁十八局科威特公司(以下简称科威特公司)与广州怡基机电铁器工程有限公司(以下简称怡基机电公司,系分包商)就科威特市政厅市政委员会总秘书大楼及多层停车场的施工、完成及维护项目签订《钢结构分包合同》,约定承包商将该工程中的钢构工程分包给分包方,在签订合同时分包商应以无条件保函信件形式向承包商出具一份履约保函,金额为合同价格的 10%。中国的银行或保险公司提供保函,该履约保函的条款须经承包商同意许可,按照主合同条款,履约保函以全额担保,有效期为主合同期限加 90 日,如有必要,分包商需自费更新,补充并保持此保函有效。在分包商提交由中国的银行或保险公司提供的银行保函,金额为合同额的 20%,其条款应被承包商确认接受,承包商向分包商支付相应预付款,金额为分包价款的 20%,预付款将在分包商提交了履约保函和预付款保函之后支付,预付款保函应该在分包商付款返还完成后,并在符合主合同条件规定的情况下退还。

2016 年 1 月 12 日,怡基机电公司(甲方、委托保证人)与信德唯实投资担保有限责任公司(以下简称信德唯实公司,乙方、保证人)签订《承包商履约委托保证合同》《预付款委托保证合同》,约定信德唯实公司在收到怡基机电公司担保费之后,向发包人出具《承包商履约保函》和《承包商预付款保函》。

2016 年 1 月 15 日,信德唯实公司向科威特公司出具《预付款保函》,同日,信德唯实公司向科威特公司出具《履约保函》。2017 年 1 月 11 日后中铁十八局称怡基机电公司(承包人)未按约定进场施工,存在重大违约,怡基机电公司对此不予认可,且称怡基机电公司一直积极履行合同,而中铁十八局未依约足额支付预付款(已支付的预付款不足约定预付款的一半,中铁十八局在诉讼中认可该点,在诉讼中向信德唯实公司主张的预付款数额为其按照合同应当向怡基机电公司支付的全部预付款),违约方为中铁十八局。中铁十八局与怡基机电公司均认为钢结构分包合同已无法继续履行,但双方就合同履行不能的责任问题尚未达成一致。故中铁十八局向法院起诉要求信德唯实公司承担《履约保函》《预付款保函》项下的支付义务及利息损失。

北京市海淀区人民法院一审判决驳回原告的所有诉讼请求。二审北京市第一中级人民法院认为,首先,信德唯实公司出具的《预付款保函》和《履约保函》中均约定"本保函受中华人民共和国法律约束及解释"或"本保函适用于中华人民共和国法律"或"受中华人民共和国法律管辖"的内容,而原《担保法》并未设定独立保函制度。同时,最高人民法院的《独立保函司法解释》第1条第1款规定:本规定所称的独立保函,是指银行或非银行金融机构作为开立人,以书面形式向受益人出具的,同意在受益人请求付款并提交符合保函要求的单据时,向其支付特定款项或在保函最高金额内付款的承诺。而案涉《预付款保函》和《履约保函》的开立人信德唯实公司并非银行或非银行金融机构,不符合《独立保函司法解释》的适用条件。故中铁十八局主张案涉《预付款保函》和《履约保函》具有独立保函性质并要求信德唯实公司承担独立保函责任的诉讼主张缺乏法律依据。

【裁判要旨】

本案所涉保函是否为独立保函系本案的争议焦点。

1. 人民法院应当对保函记载的内容进行审查,但并非所有记载付款意思表示的内容都可被认定为独立付款义务,进而被认定为独立保函;

2. 对于法院认定同时出现了独立保函责任与连带责任担保的两项表述的情况下,保函受益人可以主张保函下的付款请求权;

3. 在以"独立付款"的意思表示为核心的独立性判定标准下,也存在例外情形。在我国独立保函的开立主体限定于银行或其他非银行金融机构,因此,不是"银行或非银行金融机构"的主体出具的保函中,即使带有"独立保函"字眼的保函,或者独立付款义务的描述,也不能认定保函具有独立保函的独立性。

案例2.3

中国交通建设股份有限公司与西霞口集团有限公司保证合同纠纷案

北京市高级人民法院(2017)京民终542号

2006年12月6日,中国交通建设股份有限公司(以下简称中国交通建设公司)与西霞口集团有限公司(以下简称西霞口集团公司)作为共同卖方与买方德国船东下属的5个单船公司签订了《船舶建造合同》。为了履行与德国船东签订的《船舶建造合同》,并明确中国交通建设公司与西霞口船业公司之间的权利与义务,2007年4月16日,中国交通建设公司与西霞口船业公司签订了《代理协议书》《船舶建造补充协议书》(以下简称《补充协议》),约定了保函和信用证费用,中国交通建设公司应按照《代理协议书》中3.1的规定及时向德国船东、分包方开具银行保函、信用证。2007年4月16日,西霞口集团公司向中国交通建设公司出具担保函载明:西霞口集团公司愿意就中国交通建设公司与西霞口船业公司的执行协议一事做担保人,提供独立性担保,并承担一切连带保证责任。约定:(1)西霞口集团公司以本担保人的资产作为担保保证,保证履行本担保函规定的义务。(2)本担保函为无条件不可撤销的担保函,担保最高金额为贵司申请银行为该项目开立的保函项下之本金55 960 000美元及应付利息、其他费用和相关经济损失之和。(3)受益人径向贵司索赔或通过银行向贵司索赔时,贵司即有权直接向本担保人索偿,而无须先向西霞口船业公司追偿等。

2007年5月8日起,应中国交通建设公司和西霞口船业公司的要求,招商银行股份有限公司北京分行(以下简称招行北京分行)和交通银行股份有限公司北京分行(以下简称交行北京分行)陆续向德国船东出具了11份不可撤销还款保函,金额共计31 477 500美元。此后西霞口船业公司仍未能如期交船,德国船东发出关于取消合同的通知,并向中国交通建设公司及为中国交通建设公司开具还款保函的银行发出了索赔电文,出具索赔函;招行北京分行、交行北京分行向中国交通建设公司出具《索赔通知书》。中国交通建设公司亦向两个分行提交相应的《境外汇款申请书》，支付了相关索赔款项。后中国交通建设公司起诉西霞口集团公司，请求清偿中国交通建设公司为西霞口船业公司开具的保函项下的款项及利息等费用。

本案的争议焦点是西霞口船业公司开立的《担保函》是否为独立保函，中国交通建设公司是否有权依照担保函的约定，要求保证人西霞口集团公司承担连带保证责任。最高人民法院认定《船舶建造合同》是中国交通建设公司与西霞口船业公司共同作为"卖方"与德国船东作为买方签订的合同；而《代理协议书》及《补充协议》系中国交通建设公司与西霞口船业公司之间签订的协议，属于共同"卖方"内部的协议，"买方"德国船东并非该协议的当事人。故《代理协议书》及《补充协议》并非《船舶建造合同》的补充协议。根据该认定，担保函是《代理协议书》的从合同，西霞口集团公司作为西霞口船业公司的履约担保人，向《代理协议书》中的受托人中国交通建设公司承担担保责任。西霞口集团公司向中国交通建设公司出具的担保函是其真实意思表示，其在函中"愿意就中国交通建设公司与西霞口船业公司的执行协议一事做担保人，提供独立性担保，并承担一切连带保证责任"的表述清楚、合法有效。依照《民法典》第681条①"保证合同是为保障债权的实现，保证人和债权人约定，当债务人不履行到期债务或者发生当事人约定的情形时，保证人履行债务或者承担责任的合同"。在银行保函受益人德国船东向中国交通建设公司提出索赔，且中国交通建设公司已向德国船东实际退还预付款及支付利息后，中国交通建设公司有权依照《担保函》的约定，要求保证人西霞口集团公司承担连带保证责任。

【裁判要旨】

除了银行与我国法律规定的经监管部门批准的非银行金融机构，其他主体开立的保函不具备保函的独立性。在开立主体为非金融机构的情况下，即使保函条款中出现"独立保函""无条件不可撤销的担保函""直接索款""无须先追偿"等明确的独立付款意思表示，保函依旧只能转为从属性保证处理。

---

① 原《担保法》第6条"本法所称保证，是指保证人和债权人约定，当债务人不履行债务时，保证人按照约定履行债务或者承担责任的行为"。

案例 2.4

长江岩土工程总公司与中国建设银行股份有限公司温岭支行独立保函纠纷案

二审：最高人民法院（2019）最高法民终 302 号

2009 年 7 月 29 日，长江岩土工程总公司（武汉）（总包人，以下简称湖北长江公司）与中博建设工程集团有限公司（承包人，以下简称浙江中博公司）签订《承包合同书》。浙江中博公司为履行上述承包合同，向中国建设银行股份有限公司温岭支行（以下简称建行温岭支行）申请开立保函。2011 年 3 月 25 日，浙江中博公司以项目所在国利比亚发生骚乱及战争，承包人本国政府已将其公民全部撤出利比亚，构成"不可抗力"为由，向建行温岭支行申请对有效期届满的保函停止支付、有效期内的保函暂停支付。2011 年 3 月 25 日，建行温岭支行向湖北长江公司发送通知要求履约保函中止支付。2011 年 3 月 28 日，浙江中博公司向湖北长江公司发函，要求中止合同履行、同时停止办理保函延期工作。2011 年 3 月 21 日至 2015 年 8 月 24 日，湖北长江公司多次向建行温岭支行发出索赔通知，就案涉 7 份保函，以浙江中博公司违约为由，向建行温岭支行索赔共计 7 亿元。2015 年 12 月 7 日，建行温岭支行向湖北长江公司发送《要求退回保函正本的通知》，称案涉保函有效期届满，要求湖北长江公司退还保函原件。2016 年 3 月 7 日，温岭市人民法院作出（2016）浙 1081 民破 1 号民事裁定书，裁定受理浙江中博公司的重整申请。湖北长江公司向浙江省高级人民法院提起诉讼，要求建行温岭支行支付独立保函项下的款项。建行温岭支行答辩，案涉预付款保函和履约保函均非独立保函，而是从属性保证合同。案涉 5 份预付款保函均未生效索赔。即使案涉保函属于独立保函，湖北长江公司在明知存在利比亚国战争这一不可抗力因素时索赔已经构成保函欺诈。

【裁判要旨】

最高人民法院认为：涉案保函记载了据以付款的单据和最高金额，开立人无须在单据之外确定基础交易的履行情况下确定开立人付款义务的独立性和跟单性，一审判决认定涉案保函为独立保函是正确的。但湖北长江公司明知案涉工程因不可抗力无法继续的情况下，仍然坚持以浙江中博公司违约为由，要求建行温岭支行支付履约保函项下的款项,缺乏诚实信用,属于滥用索赔权。《独立保函司法解释》确立了独立性原则的例外情形,因此认定具有实质性欺诈行为。

1. 区分一份保函的性质是独立保函还是《民法典》规定的保证,关键在于考察保函文本是否为开立人设定了相符交单情形下的独立付款义务,而不在于是否使用了保证责任的措辞;

2. 保函中载明的独立付款责任与基础交易混合性描述并不足以影响保函的性质,司法实践中,应将保函中对基础交易的记载认定为对事实的描述;

3. 在否定其独立保函效力的同时,应当将其认定为从属性担保。此时,如果主合同有效,则担保合同有效,担保人与主债务人承担连带保证责任无效,则该所谓的独立保函也随之无效。

四、域外:学术

(一) 英国关于"独立保函开立资格与独立性认定"最新判例法
Shanghai Shipyard Co. Ltd. v. Reignwood International Investment①
〔2020〕EWHC 803(Comm)

2011年9月21日,原告上海船厂船舶有限公司(以下简称上海船厂)和被告华彬国际投资(集团)有限公司(Reignwood公司)签订了钻井船的造船合同。2011年11月17日,Reignwood公司向上海船厂作出了一份不可撤销付款担保协议用以担保买方就最后一期造船款的付款义务。2011年11月30日,通过签署一份转让协议,被告将造船合同转让给了其非直接的子公司奥普斯泰格公司(以下简称Opus公司),由该子公司作为新的买方。船舶建造好后,Opus公司没有接收船舶,理由是该船舶不符合交付条件。上海船厂在向船东发出违约通知及《取消造船合同通知》后,于2017年5月23日要求被告依据《付款保函》的约定,支付《造船合同》项下的1.7亿美元尾款。2017年5月23日,上海船厂要求被告依据《付款保函》付款未果,遂在英格兰及威尔士高等法院提起了

---

① 英国高等法院"上海船厂船舶有限公司与华彬国际投资(集团)有限公司"不可撤销付款担保合同纠纷案",〔2020〕EWHC 803(Comm)。

诉讼。船东 Opus 公司根据《造船合同》第 17 条的约定，就《造船合同》所涉纠纷对上海船厂提起仲裁。其间，被告作为《付款保函》的担保人，请求高等法院中止审理本案。

本案中，《付款保函》第 1 条约定：担保人不可撤销的、绝对的、无条件的担保(irrevocably, absolutely and unconditionally guarantee)，作为首要义务人而不仅仅是保证人(as the primary obligor and not merely as the surety)，买方应还款 1.7 亿美元。第 4 条第 1 款约定，如果买方不还款，当造船厂书面提出请求时，担保人则应立即付款 1.7 亿美元给造船厂，而不需要造船厂对买方采取任何其他措施或者程序。第 4 条第 2 款约定，如果买方和造船厂就买方是否应该支付尾款发生争议时，如果该争议开始了仲裁，则担保人在仲裁裁决之前无须付款。除非仲裁裁决买方支付尾款，否则担保人无须支付。如果买方不支付尾款，担保人再去支付。第 7 条约定，担保人的义务不应被买方和造船厂之间的纠纷所影响。对于该保函是否为独立保函，成为双方在审理过程中的主要争议焦点。

根据权威的书籍《佩吉特银行法》(Page's Law of Banking)，具备以下 4 种特征的，很可能属于独立保函：(1)涉及不同法域的当事人之间的基础交易；(2)由银行签发；(3)载有"按要求付款"的承诺(无论是否有首要和/或书面字样)；(4)包含排除或限制担保人可利用的抗辩权的条款，那么几乎都可以视为独立保函。本案保函不属于银行或者金融机构出具的，因此该书所描述的情形并不适用。虽然保函不是银行或者金融机构出具的，但是这不等于直接可以认定此种保函不是独立保函，也不妨碍就其他三个要素进行进一步重点分析。从保函的措辞整体来看，由于第 4 条第 2 款约定担保人可以在仲裁结果之前不去付款，因此这不是一份独立保函。

因此，英国高等法院 Robin Knowles 法官认为，担保人是买方的母公司，而不是银行或者其他金融机构。如果保函不是金融机构出具的，如果保函的措辞不是足够明确表明其是独立保函，那么在法院看来，这就强烈地意味着此种保函可能不是独立保函。

高等法院作出判决后，上海船厂提起上诉。英国上诉法院(The Court of Appeal)法官推翻了高等法院的判决，提出应当把《付款保函》的措辞放到首要考虑的因素,作出有利于上海船厂的判决:首先,担保人是银行、金融机构还是一般的商业主体,对保函性质为独立的见索即付函或是一般保函并不起决定作用。《造船合同》中船厂承担的风险是有别于其他商业合同的,买方(船东)一般无其他业务及资产,系为基于避税及保密目的而被设立于特定地区的单船公司。因此,《造船合同》项下的《付款保函》需要满足降低船厂风险的需求,保函"见索即付"的目的即在于为船厂提供该种保护。因此,重要的并非商业业务的类型或担保人是否是银行机构,而是担保人是否为具有经济实力且有良好信誉的主体。其次,保函属于"见索即付保函"还是"一般保函",一般取决于保函的具体措辞。本案中,付款保函被认定为见索即付保函,主要基于以下措辞:(1)第1条及第3条均采用"绝对的""无条件"的表述;(2)书面要求后第1条采用"作为首要义务人,不仅仅是担保人"的表述;(3)第4条"在我们收到您首次书面要求后,我们应立刻支付您……"的表述;(4)第7款"保证人的义务不被造船合同的任何争议所影响"的表述。

上诉法院法官还认为,《付款保函》第4条第2款并未在争议发生时触发,而是在争议被提交仲裁后才触发。本案中上海船厂在仲裁申请被提交前已经向担保人发出要求支付最后一笔造船尾款的通知,依据《付款保函》的约定,担保人应立刻支付相关款项。在后提交的仲裁申请,无法中止在先发生的支付要求。最终,英国上诉法院作出判决推翻了高等法院的判决,支持了上海船厂的请求。

(二)美国的个性化规制认定

独立保函制度最早产生于英美法系,在美国,独立保函与备用信用证并无差异,换言之,在美国独立保函即为备用信用证,而备用信用证更是美国法上的独特产物,富有创造力的美国商人对具有支付功能的信用证进行了二次创造,给信用证这种古老支付工具赋予了新的担保功能。① 传统观点认为,备用信用证是美国商人为了规避法律的禁止性规定,借用信用证的外衣发展出来的担保工具。1864年修订的《国民银行法》对银行业务能力进行了授权性的规定,其中不包括担保业务,联邦注册银行和各州银行无权就债务提供担保。为了规避这一限制,美国的银行开始通过为汇票背书或者开出信用证的方式

---

① 刘斌:《美国备用信用证制度的演进与借鉴》,《河南财经政法大学学报》,2016年第2期,第158页。

提供担保。

　　基于商事自治原则产生的美国的备用信用证制度,自建构之初就具备了自由的血液,在此基础上产生的独立性认定规则也是生动而有个性的。作为美国最具权威的独立保函成文法规范《美国商法典》(UCC)第5篇,在1952年的首部出台之始就将备用信用证与商业信用证置于同一范畴下统一规制。尽管备用信用证和商业信用证作为商事工具在事实目的上存在差异,但在美国的法律体系中,更倾向于忽略其是出于担保还是支付价款的商业目的。正如美国著名银行法专家Henry Harfield所言:"备用信用证用于担保的目的并发挥担保的功能是无关紧要的,包括用于货物销售情形下付款的信用证同样具备担保的特征,甚至早期的一些信用证被法院归为担保之列。某一工具用于何种目的以及实现了何种效果不应该对该工具本身的法律属性构成影响。"① 在此后UCC的多次修订中,对于备用信用证的规则修订也多倾向于适应其商事功用的多元化、细致化发展,增加了电子信用证相关条款、延期支付的基本规则等等,至于备用信用证的独立性及其于美国担保法体系的位阶问题从未成为困扰美国司法界的话题。在美国法上,一个承诺付款的法律文件究竟名为"独立保函"还是"履约保函"亦或"备用信用证"从来只是一个无关痛痒的称谓而已,只要此承诺其具有独立性,法院即认定其具有独立保函的基本特征。② 美国法从未将作为独立保函重要衍生物的备用信用证置于传统从属性担保的范畴加以规制,也完全不将其与从属性担保相比较,究其原因是因为备用信用证制度产生于商事实践。备用信用证制度自产生之初就是商事内发需求导向下信用证业务扩展的个性化产物,此一明确的目的因子也表示其从未成长于传统担保制度的土壤,当然也无须受到传统担保法律制度的束缚。③ 英美法系判例法的自由基因又进一步在发展中扩展了其功能,独立保函跨越国际、国内的界限被应用于电子

---

① Henry H. The Increasing Domestic Use of the Letter of Credit. 4U.C.C.L.J.251. 1972.
② Norbert H & Eddy W. Bank-Guarantees, Standby Letters of Credit and Performance Bonds in International Trade. Kluwer, 1990: 17-18.
③ 在英美法国家的法律实践中,尽管信用证与独立保函功用存在差异,但均被视为现金,适用类似的法律规则。这一点在英美法系国家的大量判例法中均有统一体现。See: Edward Owen Engineering Ltd. v. Barclays Bank International Ltd.[1978] Q.B. 159.; United Trading Corp SA v. Allied Arab Bank Ltd.[1985]2 Lloyd's Rep 554(CA); Tukan Timber Ltd v. Barclays Bank Plc.[1987] 1 Lloyd's Rep 171,174.

商务、建筑工程、融资租赁等①各个方面。②

美国备用信用证制度下独立保函的个性化认定主要是源于其一定历史时期下制度发展的需要。商业信用证制度在美国产生很早③，20世纪50年代，美国国内的银行开始根据商事实践需求探索信用证更为广泛的商业工具价值。二战后，由于战略物资缺乏，货币体系初建，一些贸易公司希望能在出口贸易活动中以相关商品直接换取等值的战略物资。这一物物交换的交易方式，在当时具有相当的风险性，于是贸易公司企图通过银行寻求保障，确保在出口商不能交付约定物资时依然可以获得一定金额的付款。此种类似担保的贸易需求实际上是一个第二顺序的付款担保，只有在出口商不能履行交货义务时方发生效力。美国商业银行根据此类需求开出了一定数量的信用证，在一般情况下，如果出口商按照约定履行了合同义务，交付战略物资，那么美国国内的贸易公司就允许银行取消前述信用证，否则，公司将有权利获得信用证项下的付款。④这类信用证在一定程度上扩展了传统商业信用证的基本功能，其存在目的并非用以付款，而是用以保障付款，原先的合同约定无法履行时，信用证条款才发生效力。这种作为第二顺序付款方式的信用证正是美国独立保函工具的雏形。在此基础上，用于担保交易的信用证业务在美国逐渐盛行，且被应用于建筑工程、票据保证，甚至家庭生活等各个领域，银行也可以对部分商业公司开出的票据以信用证的方式提供保证，保证到期未能得到偿付的持票人的利益。信用证作为一种"随时待命（standby）"的保证形式，随着其业务总量迅速增加，为了区别商业信用证基本功用的重要差别，美国人为此类信用证选择了最为符合商事外观原理的称谓"备用信用证（Standby Letter of Credits）"。美国备用信用证业务的盛行，一方面与美国银行业规避禁止银行提供担保这一古老规则有关，但另一方面也是高度商事自治下信用证高效功用性引发的市场自然选择的结

---

① CASIUS P. The Use of Standby Letters of Credit in Public and Affordable Housing Projects. Journal of Affordable Housing & Community Development Law, 2005(3): 1-11.

② Joshua S. An Update on the Bankruptcy Law of Large Letters of Credit for Leases. Real Property, Probate, and Trust Journal, 2010(1): 20-32.

③ 关于信用证制度的产生于英美法的商事实践，其起源难以明确考证，但自19世纪中后期的案例中就不乏对商业信用证的功能性论述。Richard K. Law of Bankers's Commercial Credits. European Publication Limited, 2001: 3.

④ Note D. Recent Extension in Use of Commercial Letter of Credit. 66 Yale L.J.902. 1957.

果。实际上,商法的功能就是允许商人在其所能及的范围内自愿进行商事交易,而不必局限于那些他们认为陈旧不堪的传统。有鉴于此,在美国无论是商业界还是法学界,都不认为对于独立保函独立性的认定应当拘泥于形式,独立保函作为商业工具的独立保函功能才是其存在的根本价值所在。

(三)法国的融入型吸纳认定

相较美国、英国为代表的英美法系对独立保函制度的个性化吸收,独立保函在大陆法的发展则相对错综曲折,这也使得独立保函在法国、德国等欧洲国家的独立性认定问题较为复杂。以法国为例,如前文所述,在2006年法国担保法改革中,"独立保函"作为一种新型的人的担保在《法国民法典》中被固定下来,但其针对"国内市场"和"国际市场"适用不同规则的传统精神依然得以保留,在独立性的认定问题上亦然。

《法国民法典》第2321条所确立的"独立保函"的适用范围仅限于"国内市场"。实际上,独立保函于法国首先出现于"国际市场",但与英美国家对信用证担保功能的积极应用不同,20世纪60年代开始,法国大型企业运用独立保函主要目的是替代国际合同订立中所必须设立的押金。早期,法国企业在中东和拉丁美洲的工程招标中都需要提供高昂的押金作为履约担保,为了减少数目不菲的经济压力,企业尝试以银行信用替代押金给予进口方保障[①];于是独立保函在法国国际商事领域应运而生。在相当长的一段时间里,由于法国银行以及出口企业十分注重国际声誉,法国参与的独立保函商事实践较少引发争议。[②]这也使得法国最高法院对涉及国际商事实务的独立保函的认定呈现较为宽松的态度,习惯于以"担保合同文书的内容"为基本依据,在当事人约定不明的情况下,法院则援引《合同法》的一般规则加以判断。整体上,法国法院对独立保函制度于国际商事领域的效力认定基本无障碍。直至独立保函制度由国际商事领域转进入法国国内市场,由于国际市场和国内市场中采用独立保函的不同目的,法国法对"纯国内合同关系"的独立保函和"涉外"独立保函开始适用不同

---

① 李世刚:《法国担保法改革》,北京:法律出版社,2011年,第23页。
② 注重声誉的法国银行和出口企业通常出于名声的重要性,更愿意支付。Cass. Com., 8 juin 1993(法国最高法院商事庭1993年6月8日之一项判决);D. 1993, somm. 313, obs. L. AYNES,JCP E. 1993,I 300,10 Ph. SIMLER;Cass. Com.,13 déc. 1994. (法国最高法院商事庭2004年7月6日之一项判决)

规则，对独立性的认定也较为保守和严格。

在法国国内市场出现的独立保函，虽然也如同国际市场领域一样具有一定的押金替代功能，但其更重要的设立目的是债权人逃脱传统"人的担保"涉及的诸多抗辩对抗。法国传统的保证制度是基于"人的担保"，在此类保证中，提供担保的主体常常不是金融机构而是普通企业或者自然人。法国法长期贯彻的保护弱势保证人的原则，使得此类保证中的债权人在主张债权时可能面对诸多抗辩，比如债权的从属性、保证人对风险的不确定性，这样的保证形式在高效率的商业时代被金融机构视为一种束缚和麻烦。法国法院初期对独立保函效力的承认也存在如中国法一样的保守态度。保函欺诈、违法、基础交易无效等诸多因素都是独立保函制度在法国发展的主要障碍，更重要的是，由于独立保函于法国国内法出现初期就存在着替代一般性"人的担保"的意图，立法者当然存在债权人滥用独立保函造成从属性的保证制度被架空的顾虑。在2006年法国担保法改革之前，法国法院对国内独立保函的效力承认一直呈现较为摇摆的态度。直到2006年3月，法国法将"独立保函"作为一种新型的人的担保在《法国民法典》中固定下来，根据规定"独立保函人不能主张基于被担保的债务所生的抗辩"。独立保函人付款义务与被担保债务的独立性被予以明确，原则上独立保函人不能引用任何抗辩理由对抗受益人。这也表明法国法正式将独立保函作为一种特殊的担保形式融入法国担保法律制度加以规制。但在法国担保法律制度的宏观框架下，独立保函的认定依然十分严苛，是否成立为独立保函主要取决于担保文书的内容。只有在担保文书中同时明确担保债务标的的独立性和担保人放弃基于被担保合同的抗辩两项事宜的情况下，该担保才能被认定为独立保函。在法国法院大量的判决中，已有"独立保函"字样的文书常因为不能同时满足两项事宜，而被认定为传统保证。

本编观点

——保函开立资格审查下风险防控目标的偏移

从我国司法实践判例呈现的基本法理分析来看，国内于独立保函项下独立性的认定问题仍存在一定分歧，主要体现在对独立保函开立人的资格限制问题上。在一定程度上与成文法律规定相应①,但更反映了不同法律传统下法院对保函独立性认定的判定思路和判定依据的援引差异。作为"一带一路"的配套规制,《独立保函司法解释》出台本身就已肯定了独立保函在中国的实用价值和应用价值,司法实践在保函独立性认定问题上也应当根据中国的现实需求予以调整。事实上,任何法律活动,不论立法、司法还是行政,都不可避免地是"穿行于事实和法律之间"的过程②,独立保函制度源于欧美发达国家,其规则适用的基本向度均与欧美在历史时期的商事发展需求相关,制度中对独立保函独立性的基本认定也无一例外地考虑实践商事的基本习惯。③ 各国立法实践、司法判例和国际惯例中单对独立保函的称谓应用就呈现出多样化的特点,对其独立性的认定也呈现个性化的区域差异,在欧洲国家更倾向于适用的《见索即付保函统一规则(URDG)》中,独立保函被称之为"见索即付保函(Demand Guarantee)";而在北美,基于备用信用证的传统产品性质,《国际备用信用证规则(ISP)》被直接适用于独立保函。④

在实践中,银行是独立保函最常见的开立主体。此外也有相当数量的独立保函是由非银行金融机构开立的。对于独立保函开立主体资格的限定问题,在国际上尚无一致性规定。但联合国《独立保函与备用信用证公约》对独立保函开立主体并未加以限制⑤,URDG758 中对开立主体也未做特别限制。银行、非银行金融机构等其他组织或个人均可以成为独立保函的开立主体。我国法对限制开立独立保函的主体与我国国际商事发展的内发保守性是一致的。独立保函责任无论从其责任范围还是实现方式上,风险性和效率性均远远高于传统担保。对保函开立主体严格限制,从而限制独立保函的适用范围,于独立保函

---

① 第1条和第3条的规定,过于强调独立保函成立的形式要件,特别是对"见索即付"的明确在一定程度限制了独立保函的文字化存在形式。
② 谢晖:《中国古典法律解释中的目的智慧——追求法律的实用性》,《法学论坛》,2005年第4期,第54页。
③ 杨建军:《国家治理、生存权发展权改进与人类命运共同体的构建》,《法学论坛》,2018年第1期,第22页。
④ 陆璐:《论独立保函制度下的保全救济》,《法学论坛》,2016年第2期,第34页。
⑤ 第2条规定:为了适用本公约,保函系指一项独立的义务,国际惯例上称为:独立保函或备用信用证中的承诺或义务。银行或其他机构或个人(亦可称"保证人")签发此类保函或备用信用证并承诺:一经请求或一经附其他单据的请求即行以符合保函的条款和任何单据条件、指示或可推知的条件的方式向受益人支付确定的或有限期的款项。

风险控制整体有益。

然而,细究独立保函风险分担机制的内在逻辑,独立保函作为商事工具其风险分担的对象应当是保函关系下的受益人,换言之,相较于传统保函,独立保函可以给予受益人更高效的担保。作为银行和金融机构的保函开立人,普遍优于非金融机构的资本与信誉,也是对受益人保函项下付款请求权的重要保障,其他开立人较银行来说缺乏信用背书通常会加大受益人风险。禁止其他金融机构开立独立保函的确有益于保障受益人的付款请求权。但是,一旦保函已然开立,在受益人的索款阶段以主体资格限制为依据否认保函的独立性,其法律后果通常是否定了受益人的付款请求权或者缩小了受益人受偿的范围①,这等于变相增加了受益人的法律风险,减轻了担保人的责任,严重偏离了独立保函项下风险分担机制的初衷。

我国司法机关对于新兴规则下保函独立性认定的谨慎态度可以理解,但也应适度采纳国际独立保函规则的探索成果。法国、美国等早于我国接纳独立保函制度的发达国家,在独立性判定问题上"重实质轻形式"的一致性规则值得借鉴。在英美国家,区别于传统担保,将独立保函规则单列的立法形式与我国也更为接近。从规则制定目的的角度上看,国内司法对独立保函独立性的认定应当修正原有思路,采用更为宽松的政策。国内司法裁判中出现的部分过度谨慎的判决思路,表面上看可以规避风险,但同时也体现了国内司法对独立保函惯有的保守态度。《独立保函司法解释》的认定规则在三要素的基础上,提出保函须载明据以付款的单据和最高金额,这在形式上明确了认定标准,但实质化的认定依据仍需通过司法实践得以完善。保函的实质化认定,应当遵循和考量独立保函制度于我国产生及存在的依据,同时正视独立保函在"一带一路"倡议下的特殊功用,承认当下国内行业的部分职业人员对保函及与保函相关的法律制度仍理解不清的实际情况,在明确目的与需求的基础上,对认定思路进行细节化调整,总体上对独立性认定采用积极肯定的态度,做到具体问题(纠纷)具体分析。②

---

① 比如,依据我国担保法律制度的规定,"在从属性担保中,担保人有过错的,其承担民事责任的部分,不应超过债务人不能清偿部分的三分之一"。
② 程啸:《民法典物权编担保物权制度的完善》,《比较法研究》,2018年第2期,第52页。

第三编

独立保函：欺诈与止付

> "衡平与正义的关系，属于衡平的内部层面。"
> ——王泽鉴《民法学说与判例研究》①

---

① 王泽鉴：《民法学说与判例研究》，北京：北京大学出版社，2015年，第48页。

一、法理:"欺诈例外规则"

独立保函是异于传统从属性担保、独立于基础合同法律关系的特殊的信用担保形式。在运作模式上,独立保函实际上完全借鉴和吸收了信用证的运作机制,在美国,独立保函更是被直接称为"备用信用证"。在独立保函法律关系中,担保人(大多是银行)承担着无条件的、不可撤销的付款义务,保函的受益人只要提交了符合保函规定的单据或请求,担保人就必须付款,即担保人只能通过对保函中单据的审核判定是否应予以付款。担保人并无义务调查申请人在基础合同中是否存在违约的情形,基础合同的效力、变更、履行情况,甚至基础合同中债权人放弃对债务人的某些权利(如抵押权),对独立保函本身的效力均不产生影响。这与信用证的核心理念完全一致。在信用证项下,银行以信用证中明确的相关单据作为付款的唯一依据,即信用证结算过程中有两个基本原则:独立性原则和单证相符原则。信用证交易的各个主体在交易过程中只需要审核单据本身与信用证条款的一致性,而不需要审核与信用证相关的合同的具体内容。但是,在这项独立交易中,还存在着一种例外的情形:即使在相关单据与信用证要求完全相符的情况下,如果单据的呈交方被证实有欺诈的行为,那么货款的支付也至此停止,这就是信用证的"欺诈例外规则",也是保函"欺诈例外"的起源。

(一) 保函"欺诈例外"的源起

1. 个案裁定下的欺诈例外雏形

欺诈例外规则最早出现在 1941 年美国的 Sztejn v. J. Henry Schroder Banking Corporation[①] 中。

[①] (1941)4 N.Y.S.2d 631(纽约补充案例 1941 年第 2 辑,第 631 页).

Sztejn v. J. Henry Schroder Banking Corporation

原告(买方)以被告(卖方)交付的货物为无用杂物为诉讼缘由,请求法庭禁止开证行对提示行的支付。在审判过程中,法官肯定了信用证交易本身的独立性,但同时指出当受益人存在故意欺诈行为的情况下,其原有的、由信用证的独立性而产生的利益将不再被保护。欺诈例外规则的雏形由此产生。其基本观点包括三个点核心内容:

第一,欺诈行为是唯一可以影响信用证交易独立性的情形;

第二,具体的欺诈行为必须得到证实;

第三,当支付牵涉善意第三人时,此例外的适用应当重新考虑。

Sztejn一案判决后,欺诈例外规则不仅在美国信用证案件实务中得到认可,同时被英国法院吸纳为早期对于相关案件的判定标准。[①] 然而,在案例法的个案局限性的影响下,Sztejn一案的判决本身并没有对欺诈行为的判定标准做出宏观限定,这也是造成直至今日"欺诈例外规则"的实际适用仍然存在极大争议的重要原因之一。

2. 内生冲突下的实践需求

尽管欺诈例外规则本身得到了学术界及实务界的承认,但其具体适用却一直存在很大的困难。作为信用证交易的例外,欺诈例外规则在很大程度上破坏了信用证交易的根本性原则——独立性原则。

以信用证作为结算方式的商业贸易交易系统区别于一般交易系统的根本点,就在于银行基于与买卖当事人的合意而产生的绝对支付义务,这项绝对义务是不受原买卖合同任何争议的影响的。从另一个角度说,银行并没有识别买卖合同中有无诈骗行为的义务,其在信用证交易中的利益是基于信用证结算体系本身运作而产生的,合同的欺诈类争议无论对于银行的利益还是绝对性义务都不应当形成任何影响,否则信用证的整个信用体系将被彻底打破。

这一争议的存在具有一定的合理性。然而,如果深入研究欺诈例外规则在其发源地美国的发展则不难发现,欺诈例外规则的产生,无论是从买卖合同的

---

① 英国至今没有在《跟单信用证统一惯例》(UCP)中明确欺诈例外规则的相关条款,但在1978年Edward Owen Engineering Ltd. v. Barclays Bank International Ltd.一案的审判过程中,肯定了对于Sztejn案件判决的采纳。

角度还是从信用证结算体系的角度，都是有其必要性的。尽管 Sztejn 一案被认为是欺诈例外规则在信用证结算体系中正式成立的标志，但是早在 18 世纪 60 年代的美国，欺诈例外情形就已经被法学界意识到并提及。在 1765 年的 Pillan v. Van Mierop① 一案中，大法官 Mansfield 在否决被告的答辩时就说道："如果在交易的过程中存在任何欺诈性行为，那么合同本身也就失去效力了。"②而此案中的合同正是一个信用证结算交易合同。由此可见，在信用证交易开始实行的初期，诈骗行为就不是可以得到豁免的行为。欺诈例外规则作为防止欺诈行为的武器有其存在的必然性。

首先，欺诈例外规则的出现，填补了信用证作为一项便捷结算手段的高效性与其可能给欺诈行为提供活动空间两者之间的漏洞。信用证交易的独立性原则，要求交易各方在信用证的结算运作过程中，仅仅涉及相关的单据交易，而完全不涉及货物的实物交易。只要当事人呈交的相关单据字面上完全符合信用证的规定，开证行就必须支付，即使信用证涉及的买卖合同存在争议也不对支付产生影响。对于银行来说，其需要审核确认的仅仅是当事人呈交的单据而已。这是信用证商业高效性的最重要的保障，然而，如果不加以限制，这项原则也可能产生与其意图完全相反的效果。正是因为信用证的独立性原则，受益人只需要呈交相关的单据，而不需要显现其对合同的实质履行。这无疑给不法卖方滥用信用证留下了空间。"从不法商贩的角度看，信用证欺诈最大的优势就在于，他们不需要在要求支付的时候完成实质的货物运输，他们甚至于连一艘船都不需要。"③而欺诈例外规则的存在，则填补或者说至少缩小了欺诈行为活动的空间。

其次，提交存在欺诈的单据行为本身就违背了信用证结算体系的基本原则。作为一项独立交易的信用证结算，其运作是建立在受益人递交符合信用证要求的单据的基础之上。如果单据自身与其实际内容不符，是不能作为有效单据的。在 Higgins v. Steinharderter④ 一案中，由于受益人提供的提单存在货物

---

① (1765) 97 Eng.Rep .1035 .1038（英国案例汇编，1765 年，第 1035、1038 页）。
② Barbara Conway. The Piracy Business. Halmlyn, 1981：23-25.；See also Barbara Conway. Maritime Fraud. LLP, 1990：8-9.
③ Barbara Conway. The Piracy Business. Halmlyn, 1981：23-25.
④ (1919)175 NYS 279（纽约案例汇编，1919 年，第 279 页）。

托运日期的错误，法官认为内容存在虚假成分的提单不能作为请求支付的合法单据，进而判定整个信用证交易无效。单据的虚假内容本身就可能导致整个信用证交易无效，至于可能导致单据不实的欺诈行为，也不能存在于信用证交易的保护范围之内。

再次，信用证诈骗对信用证及其相关单据的商业价值构成威胁。单据作为信用证交易的核心，是银行在结算过程中唯一需要审核的内容，也是银行支付之后其利益的唯一保障。在部分交易，特别是链式合同中，单据甚至可以作为物权凭证，维系着整个交易的有效运作。这样，信用证欺诈可能侵犯到各方当事人包括善意的单据持有人的利益，甚至会摧毁信用证体系应当产生的效益。美国法官 Cardozo 就曾在 Old Colony Trust Co. v. Lawyers' Title & Trust Co.[1]一案中这样说道："我们不可忽视的是，在信用证交易中，银行不仅仅是代表它的当事人审核单据的切实性，同时，它也是在审核自己持有的担保性利益。"

最后，虽然信用证交易是一项独立的交易，但作为买卖合同支付的一种手段，其与合同本身有着无法割裂的关系。如果合同本身因为欺诈行为而无效，但依合同产生的支付仍然存在，这在基本的法理逻辑上也说不通。

实际上，在以欺诈例外规则作为一项独立武器阻击信用证欺诈之前的美国早期案例[2]，原告都是以买卖合同的履行作为抗辩理由保障自身利益的，买卖中的欺诈行为也多次被英美案例法确认为信用证交易无效的原因。尽管在一定意义上欺诈例外规则与信用证交易的独立性存在矛盾，但其同时也保障了信用证交易的整体性和合法性。

（二）"保函止付"规则的设定依据——"欺诈例外"

"保函止付"申请是独立保函开立申请人，为防止受益人欺诈索款，向法院寻求司法救济的措施。独立保函是异于传统从属性担保的担保形式，其基本特征与跟单信用证极为相似，二者项下当事人的权利义务关系均以独立性、单据化为基础，二者的主要差异在于直接功用上的付款形式和履约保障区分。在典型的保函业务流程中，独立保函的担保人（如银行）应申请人的申请开出担保文

---

[1] (1924)297 F 152（联邦案例汇编 1924 年，第 152 页）.
[2] (1924)297 F 152（联邦案例汇编 1924 年，第 152 页）.

本,保证当受益人提出的付款请求符合担保文本要求时,无条件立即付款,也就是"见索即付"。因此,担保人承担的担保责任是独立于基础交易的,即保函开立申请人与受益人之间的基础交易争议不得对抗担保人的付款权利和义务。在一般情形下,任何人(包括法院)无权干涉银行的付款行为。

然而独立保函借鉴信用证的单据化操作,在简化担保人付款前的审核义务的同时,也为受益人提供了欺诈索款的机会。脱离基础合同的审单过程,使得担保人对前期保函开立的基础事实一无所知,如果受益人虚构索赔请求的依据或者伪造基础单据,银行很难进行辨别。特别是在有些情况下,独立保函的付款依据仅为受益人请求付款的书面声明,此时,银行几乎无辨识欺诈的可能性。基于此,反欺诈自独立保函制度产生伊始就是欧美发达国家竭力克服的难题,如何消除独立保函的独立性优势和由其导致的欺诈之间的矛盾也是独立保函法律制度发展中必须解决的问题,于是,"欺诈例外"规则应运而生。1941年美国纽约州法院裁判的 Sztejn[①] 一案确定了"欺诈"作为唯一可以打破信用证、独立保函独立性的情形。尽管各国对"欺诈"的认定标准各异,但均在成文法或案例法中引入了该规则。"欺诈例外"规则最初的适用是赋予银行在发现受益人涉嫌欺诈时拒绝付款的权利。然而,在实际运作中,银行出于对自身信誉的重视和业务开展长远性的需求,即使对欺诈索款高度存疑,也宁可选择先付款再向申请人追索,此时申请人就可能成为最大的利益受损方。"保函止付"规则的设立,使得申请人察觉欺诈时,可以转而求助于司法机关请求救济。法院可以通过下达"保函止付"裁定干预银行付款,避免受益人基于欺诈获得利益。"中止支付"的裁定更是在欺诈尚不能完全被证实的情形下,法院通过临时救济的形式给予保函申请人搜集证据、保障自身权益的机会。

"保函止付"规则的设定基础是"欺诈例外",也就是说,其适用的基本条件也应以"欺诈例外"规则为参考依据。虽然作为"行为保全"项下的临时救济措施,此裁定本身具备一定的特殊性,但"欺诈"事实被证明的程度仍然是"保函止付"裁定下达的核心要求,否则干预银行付款权利不仅毫无依据,还严重破坏了独立保函制度的基础——保函的独立性。

[①] Sztejn v. J.Henry Schroder Banking Corporation. (1941) 4 N. Y.S.2d 631.

(三)"欺诈例外"的国际理论分歧

欺诈例外规则在法理上的合理性与必然性,并没有能解决其在实际案件中的适用困难。由于其与信用证独立性的矛盾,即使在产生欺诈例外规则的英美法学系,该规则的具体适用也经历了相当长的争议期。

1."实质性欺诈理论"在美国的发展及适用

美国是欺诈例外规则最早被提及与确认的国家,标志着欺诈例外规则产生的案例出现于美国,而 1952 年第一版的《统一商法典》(UCC)是第一部确立欺诈例外规则的法典。该法典第 5 条在保护善意第三人的基础上提出,在交易中存在欺诈行为或受益人呈交的单据存在虚假成分的情形下,即使单据表面符合信用证条款规定,银行也可以根据欺诈例外规则拒绝支付。该条规定赋予了欺诈例外规则合法的形式,但其基本内容是参照 Sztejn 案件的判决而订立的,还存在着一定的欠缺。比如,除了在文字上对欺诈行为的内容表述得不够清晰外,也没有具体提出适用欺诈例外规则的标准,在 1995 年版 UCC 出台之前,美国的法律界就欺诈例外的认定标准问题产生多种学说:

学说	Case	内涵
绝对欺诈说	NY Life Insurance Co. v. Hartford National Bank &Trust Co.(1977) 378 A 2d 562①	"只有在少数情况下,UCC 第 5 条中提到的绝对欺诈行为例外才能被适用,其适用的前提是案件中的被告的欺诈行为必须损害到整个合同交易。"适用欺诈例外条款的欺诈行为必须是绝对欺诈,而这里的绝对性是根据其对合同交易的损害性来判定的,即在信用证交易所涉及的合同遭到完全毁坏的情况下,才能根据欺诈例外条款剥夺受益人要求付款的权利。
蓄意欺诈说	American Bell International v. Islamic Republic of Iran. (1979)474 F Supp 420②	欺诈例外规则的适用标准:欺诈的故意性,即案件中牵涉的欺诈行为必须是欺诈人蓄意的或者故意但可预知后果的行为。 无论欺诈行为对合同内容的影响是否严重,即使是轻微的欺诈,只要存在滥用信用证交易的行为,都应当适用欺诈例外条款。

---

① 上诉案例汇编 1977 年第 2 辑,第 562 页。
② 联邦案例补充汇编 1979 年,第 420 页。

(续表)

学说	Case	内涵
推定欺诈说	Dynamics Corp of America v. Citizens & Southern National Bank. (1973) 356 F Supp 991①	"法律对于欺诈行为的规定不是一成不变的,法庭在多年以来此类案件的审理中,采纳了欺诈行为可以改变商业交易本身性质的理论……原告并不需要证明构成被告欺诈的多种要件。对于欺诈我们在具体的适用过程中可以采用相对法律条款更为广阔的解释。"也就是说,被告任何不当的行为,只要违反了其法定的或是同等的义务,无需证明其欺诈意图,就可被认定为欺诈例外条款适用的标准性欺诈。
变通欺诈说	United Bank Ltd. v. Cambridge Sporting Goods Corp. (1977) 378 A 2d 562②	没有明确变通的尺度,只是将受益人的不当行为作为一项适用的必要条件。

美国早期对于欺诈例外规则的多种适用标准,只是欺诈例外条款的争议性与适用性的矛盾在其产生初期的多种表现而已。从逻辑及法理的角度看,蓄意欺诈说和变通欺诈说更具合理性。蓄意欺诈说符合欺诈例外规则防止信用证体系被滥用的最初设立意图,而变通欺诈说则有利于避免将信用证欺诈与一般的合同纠纷相混淆,但因为没有为其灵活适用性订立一个尺度而缺乏现实的适用性。不过这些问题在 1995 年修订后的 UCC 第 5 条中得到了较好的解决。

针对欺诈例外规则在实际运用中出现的问题,在 1995 年 UCC 修订版的第 5 条中,对欺诈例外规则作出了修改。其不仅明确了 4 类豁免群体,也提出了这一规则的两种主要适用方式,即请求开证行拒绝支付和请求法院下达止付禁令。更重要的是它针对欺诈例外规则适用困难的问题,明确指出"欺诈"一词的具体含义,即"实质性欺诈"。在补充解释中,商业信用证中的"实质性欺诈",被明确为"单据中的虚假成分或交易中的欺诈行为必须对交易本身具有实质性意义,对交易者的利益产生实质性影响"③。

实质性欺诈标准的建立为欺诈例外规则的适用提供了一个明确的方向。不过这一标准在实际的案件审理中的效果并不理想。在 2000 年的 Mid-

---

① 联邦案例补充汇编 1973 年,第 991 页。
② 上诉案例汇编 1977 年第 2 辑,第 562 页。
③ 参见 1995 年 UCC Article 5,Official Comment 1,para. 2(官方注释,第 2 节)。

America Tire v. PTZ Trading Ltd. Import and Export Agent①一案中，MAT 通过 PTZ 的代理机构向 PTZ 购买一定数量的轮胎，PTZ 的代理机构就轮胎的数量、质量及价格向 MAT 作出保证，双方合议采用信用证结算方式。但在协议订立后，MAT 发现协议中关于轮胎质量、数量的条款均与原先 PTZ 代理机构的保证严重不符。MAT 向法院申请禁制令，在一审中法院授予了该项禁令，但在上诉审中禁令又被撤回，理由是信用证欺诈只局限于对买卖合同产生彻底损害的行为。由此案不难看出，美国法院对于欺诈例外条款中实质性欺诈的解释其实还是类似于绝对欺诈说的理论，这就使得欺诈例外条款的实际适用十分困难，甚至连合同的根本违约行为都不在适用的范围内。欺诈例外规则的适用困难，并不仅仅存在于美国，在另一个信用证交易的起源国家英国，情况甚至更加严重。

2. "受益人欺诈标准"在英国的发展及适用

与美国不同，在英国并没有任何法典类的文件确认欺诈例外规则的存在和适用，作为目前国际上最具权威性的信用证交易守则之一的《跟单信用证统一惯例》(UCP)中也没有明确这一规则的条款。欺诈例外规则在英国的发展只能从案例法中追溯。

在英国的案例法历史上，法院一直就倾向于不干预信用证交易。早在 1958 年的 Hamzeh Malas & Sons v. British Imex Industrial Ltd.②一案中，这种观点就已经表露无遗。尽管欺诈问题在此案并没有被提及，但在判决中，大法官 Jenkins 提出，信用证结算作为银行与商人合议而产生的付款方式，银行承担了绝对的付款义务，法庭不应当对此干预。而在 1975 年的 Discount Records Ltd. v. Barclays Bank Ltd. and Barclays Bank International Ltd.③一案中，原告以被告交付的货物完全不符合信用证及相关单据规定为由，向法庭申请止付禁令。尽管法庭肯定了 Stzejn 案中对于欺诈例外规则的适用，但提出这项规则的适用必须以欺诈的明确成立为前提。法官认定，和 Stzejn 一案不同，Discount Records 案中并没有明确的欺诈行为出现。在本案中，原告已经证明单据内容

---

① 2000 Ohio App. LEXIS 5402；(2000)43 U. C. C. Rep Serv. 2d (Cal laghan)964(商事案例汇编第 2 辑，第 964 页)。
② (1958)2 Q. B. 127(二审案例汇编 1958 年，第 127 页)。
③ (1975)L loyd's Rep 444(英国商法案例汇编 1975 年，第 444 页)。

存在虚假的情况下，法官仍然认为被告的欺诈不能成立，欺诈例外规则在英国的适用难度可见一斑。而在英国法上，欺诈的证明本身并不是适用欺诈例外的唯一障碍。在 Gian Singh & Co. Ltd. v. Banque de I'Indochhine Judicial Committee of the Privy Council① 一案中，受益人呈交的相关单据的签名被证明是伪造的，法庭据此确定受益人存在欺诈行为，但进一步提出，从单据表面看来，议付行无法确定其虚假性，也无证明欺诈行为存在的义务，因此，尽管本案中的受益人的确存在信用证欺诈行为，原告却不可以根据欺诈例外条款追究银行不当支付的责任。

系列案件的判决充分反映了欺诈例外规则在英国的适用难度，但真正把对欺诈例外规则在英国的适用推至谷底的，还是著名的 United City Merchants (Investments) Ltd. and Others v. Roy al Bank of Canada and Others② 一案。在此案中，作为被告的信用证受益人 GFE 状告具有开证行和确认行双重身份的银行 RBC 拒绝支付的行为，而 RBC 坚称在审查单据的过程中发现提单的货运日期不符合实际日期，该单据存在虚假成分，因此 RBC 有权根据欺诈例外条款拒绝支付。结果，英国的最高法院的法官在承认单据日期不正确的情况下，依然推翻了上诉庭的裁决，认为 RBC 无权拒绝支付，理由是作为信用证受益人的 GFE 并不是虚假单据的制造人。根据这个判决，在信用证的交易中，如果受益人向银行提交虚假单据，只要单据的虚假成分并非受益人所为，银行即使明知单据的虚假性，也必须履行支付义务。

这项判决存在着极大的争议：其一，有明确虚假成分的单据是否可以被认定为合格的单据？其二，作为受益人的 GFE 尽管没有直接参与单据的伪造，但在被告知单据的虚假性后，依然以此单据要求付款，不属于欺诈行为？其三，作为开证行的 RBC 在明知单据虚假的情况下，如果依然支付，那其由信用证而产生的担保物权又如何得以保护呢？United City Merchants 一案的判决进一步增加了欺诈例外规则在英国的适用难度。

英国法对欺诈例外适用的拒绝态度，一直到20世纪90年代中期才有所松

---

① (1974)1 Lloyd's Rep 1(英国商法案例汇编 1974 年).
② (1983)1 A. C. 168(上诉庭案例汇编 1983 年，第 168 页).

动。在 1996 年的 Themehelp Ltd. v. West and Others① 一案中,原告以受益人涉嫌欺诈为由,向法庭申请止付禁令。庭审中,大法官 Waite 肯定了此案保证协议与买卖合同的相互独立性,提出了对欺诈例外规则适用的新思路。他认为,只要原告提出的证据足以让法官认定被告有严重的欺诈可能性,法庭就可以对原先信用证的独立性采取一定措施进行干预。以严重的欺诈可能性作为法庭干预信用证的标准与 1975 年英国法庭在 Discount Records 一案中提到的欺诈行为必须明确成立的标准相比,门槛明显降低了。此外,该案还第一次提出,法庭是否授予禁令可能引起的后果也应列为在案件审理过程中的考虑因素。在此之后的 Czarnikow-Rionda Sugar Trading Inc. v. Standard Bank London Ltd.② 一案中,法官又明确提出,由于案中保兑行已经向受益人支付了货款,因此开证行支付与否所能影响到的只是保兑行的利益,无论如何想要阻止受益人的信用证欺诈行为都已经不可能了,这也是审理此案中应当考虑的因素。

信用证独立于买卖合同本质上是对银行在交易项下权益的保障,而银行独立于买卖合同的特殊地位,也是适用欺诈例外条款最主要的障碍。作为在信用证交易中独立于基础交易的当事人,银行的权益的确不应当受到买卖合同的影响。那么,在不牵涉银行这一特殊主体利益的情况下,对于欺诈例外规则的适用逻辑是否应当存在差异?2000 年英国的 Banco Santander SA v. Bayfern Ltd.③ 一案,在一定程度上回答了这个问题。在 Banco Santander 一案中,P 开立了以 B 为受益人的信用证作为买卖合同的支付方式,S 是信用证的保兑行。信用证规定,B 在规定日期以后凭相关单据请求支付。在信用证到期前 180 天,B 以折价的方式,将信用证权限转让给 S。在信用证到期后,S 以相关单据向 P 请求支付,P 发现单据存在虚假、伪造情形,拒绝支付。S 以承兑行的名义向法院提起诉讼,要求 P 支付。在审理过程中,法官认定了 S 作为单据受让人的身份,但指出 S 作为本案的承兑行,在接受 B 的转让之后,在本案中的权限就仅限于 B 原先的权利,因此,在单据存在虚假、伪造的情况下,P 有权根据欺

---

① (1996)Q .B .84(二审案例汇编 1996 年,第 84 页).
② (1999)1 All E. R. (Comm)890(英格兰法律全辑汇编 1999 年,第 890 页).
③ (2000)1 All E. R. 776(英格兰法律全辑汇编 2000 年,第 776 页).

诈例外规则拒绝支付。这个案件与1974年Gian一案的案情十分相似,但是银行在案件中地位的转变使得案件的判决结果完全不同。银行在信用证交易中的权利和义务,主要体现为以适当的专业知识对单据与信用证条款的表面一致性作出判断,在单证一致的情况下履行支付义务,在单证不一致的情况下拒绝支付。而欺诈例外规则中牵涉到的关于买卖合同中是否存在欺诈等问题,是不应当对银行产生任何干扰的。换言之,对于银行其作为独立于买卖合同的信用证当事人的利益的保护是欺诈例外规则的适用的一个重要突破口。

美、英两国作为英美法最有代表性的国家,也是世界上较早在国际贸易实践中运用信用证支付的国家,在欺诈例外条款运用上的差别是显而易见的。与英国相比,欺诈例外条款在美国的运用具有较强的成文法基础,UCC给欺诈例外的适用提供了强大的法典支持。而在英国,欺诈例外条款尽管在相当数量的案例判决中得到了承认,却是始终以Stzejn一案为适用依据的。英国始终没有在UCP的具体条款中明确欺诈例外条款的地位,这也是英国对于欺诈例外条款的适用标准不够明确的重要原因之一。当然,两国对于欺诈例外条款中欺诈的确定标准也是有着天壤之别的。欺诈例外条款不同的适用逻辑,与两个国家不同的法理思维有着很大的关系,英国依据案例法建立的"受益人欺诈标准"与美国通过UCC确定的"实质性欺诈标准"各自有其存在的合理性。但是在实际的适用过程中,无论是英国近乎苛刻的举证,还是美国的单纯以欺诈内容的实质性作为适用标准信用证独立障碍,都使得信用证欺诈例外条款国际适用面临困境,这一困境也延续至独立保函欺诈例外的适用问题中。

二、中国法:规范与理念——保函欺诈例外的诠释与修正

> 《独立保函司法解释》
>
> **第十二条** 具有下列情形之一的,人民法院应当认定构成独立保函欺诈:
>
> (一)受益人与保函申请人或其他人串通,虚构基础交易的;
>
> (二)受益人提交的第三方单据系伪造或内容虚假的;

（三）法院判决或仲裁裁决认定基础交易债务人没有付款或赔偿责任的；

（四）受益人确认基础交易债务已得到完全履行或者确认独立保函载明的付款到期事件并未发生的；

（五）受益人明知其没有付款请求权仍滥用该权利的其他情形。

第十三条 独立保函的申请人、开立人或指示人发现有本规定第十二条情形的，可以在提起诉讼或申请仲裁前，向开立人住所地或其他对独立保函欺诈纠纷案件具有管辖权的人民法院申请中止支付独立保函项下的款项，也可以在诉讼或仲裁过程中提出申请。

第十四条 人民法院裁定中止支付独立保函项下的款项，必须同时具备下列条件：

（一）止付申请人提交的证据材料证明本规定第十二条情形的存在具有高度可能性；

（二）情况紧急，不立即采取止付措施，将给止付申请人的合法权益造成难以弥补的损害；

（三）止付申请人提供了足以弥补被申请人因止付可能遭受损失的担保。

止付申请人以受益人在基础交易中违约为由请求止付的，人民法院不予支持。

开立人在依指示开立的独立保函项下已经善意付款的，对保障该开立人追偿权的独立保函，人民法院不得裁定止付。

第十五条 因止付申请错误造成损失，当事人请求止付申请人赔偿的，人民法院应予支持。

第十六条 人民法院受理止付申请后，应当在四十八小时内作出书面裁定。裁定应当列明申请人、被申请人和第三人，并包括初步查明的事实和是否准许止付申请的理由。

裁定中止支付的，应当立即执行。

止付申请人在止付裁定作出后三十日内未依法提起独立保函欺诈纠纷诉讼或申请仲裁的，人民法院应当解除止付裁定。

> **第十八条** 人民法院审理独立保函欺诈纠纷案件或处理止付申请,可以就当事人主张的本规定第十二条的具体情形,审查认定基础交易的相关事实。
>
> **第二十条** 人民法院经审理独立保函欺诈纠纷案件,能够排除合理怀疑地认定构成独立保函欺诈,并且不存在本规定第十四条第三款情形的,应当判决开立人终止支付独立保函项下被请求的款项。

(一) 对英国"受益人欺诈"标准的吸收和补充

《独立保函司法解释》第12条参照了《联合国独立保函与备用信用证公约》的做法,采用明确列举的形式,规定了独立保函欺诈认定的5种情形①,其中四类情形均强调了受益人作为主体于保函欺诈认定中的重要作用,同时第1、2、5条均以受益人的主观欺诈性为判定要素,这可以被视为对英国的"受益人欺诈"标准的有效吸收。英国的"受益人欺诈"标准自确立以来,适用遭遇的巨大障碍正是源于受益人欺诈意图这一主观性因素在案件审理中被证实的巨大难度。长期以来,在英国的信用证和独立保函实务中,即使受益人向银行提交虚假单据,只要单据的虚假成分不能证明是受益人所为,银行明知单据的虚假性,也必须履行支付义务,支付行和申请人在实务中常常陷入困境。从这一角度上看,《独立保函司法解释》第12条第2项中,将受益人提交的第三方单据系伪造或内容虚假的明确为保函欺诈的认定情形,较好地填补了英国"受益人欺诈"标准的主要缺陷,使得欺诈例外的适用更具实践性与合理性。

(二) 对美国"实质性欺诈"标准的审视与修正

此次《独立保函司法解释》第12条的列举并未如2005年的《关于审理信用证纠纷案件若干问题的规定》一般明确引入美国"实质性欺诈"标准的认定要素,这也是《独立保函司法解释》进步性的重要体现。尽管美国是最早在判例法

---

① 《独立保函司法解释》第12条规定:具有下列情形之一的,人民法院应当认定构成独立保函欺诈:(一)受益人与保函申请人或其他人串通,虚构基础交易的;(二)受益人提交的第三方单据系伪造或内容虚假的;(三)法院判决或仲裁裁决认定基础交易债务人没有付款或赔偿责任的;(四)受益人确认基础交易债务已得到完全履行或者确认独立保函载明的付款到期事件并未发生的;(五)受益人明知其没有付款请求权仍滥用该权利的其他情形。

和成文法领域明确欺诈例外适用的国家,然而"实质性欺诈"标准多年以来在实践领域与理论领域均饱受争议,一方面理论界对"实质性欺诈"标准侧重于考量欺诈行为对其所涉及的基础合同损害程度价值的判断批评声不绝于耳[1],英国大法官 Lord Diplock 曾明确指出,实质性欺诈的判定要求银行根据基础交易和单据背后的实际违约情况作出判定,本身就是对信用证和独立保函独立性的彻底摧毁。[2] 另一方面,在美国司法实践涉及保函欺诈的案件中,对"实质性欺诈"标准的适用也名不副实。[3]《独立保函司法解释》虽未直接引入"实质性欺诈"标准,但考虑到基础交易于保函欺诈认定的重要作用,在列举的第三种情形中,将对基础交易损害的实质性判断交由法院来考量,很好地区分了不同当事人的权责差异,也为《独立保函司法解释》14 条[4]和 20 条[5]欺诈止付双重证明标准的创设奠定了基础。

(三) 欺诈止付双重证明标准的创设与补充

《独立保函司法解释》第 14 条规定了"中止支付"独立保函的证明标准,将保函欺诈"具有高度可能性"作为"中止支付"基本要求之一;其后,又在第 20 条区别性地明确了"终止支付"的证明标准为"能够排除合理怀疑"。显而易见,"排除合理怀疑"是一种非常高的标准,只有在对于事实的认定已达到确信程度情况下方可成立,而"具有高度可能性"的要求则大大低于"排除合理怀疑"的标准。这一创举性双重标准将为法院因欺诈纠纷下达保函止付令提供更加符合

---

[1] Jason Chuah. Law of International Trade(4th edn.). Seer & Maxwell, 2009;陆璐:《普通法下的信用证例外规则(英文版)》.南京:南京出版社,2012.

[2] 这也是英国否认美国实质性欺诈的基本法理依据。参见:United City Merchants v. Royal Bank of Canada (The American Accord). [1983]A.C. 168(HL), 185.

[3] 长久以来,美国法院对于"实质性欺诈"的解释其实依然类似于早期的绝对欺诈说的理论。See: Mid—America Tire v.PTZ Trading Ltd. Import and Export Agent. (2000) Ohio App.LEXIS 5402; New Orleans Brass v. Whitney National Bank and the Louisiana Stadium and Exposition District. (2002) La.App.LEXIS 1764.;参见陆璐:《信用证欺诈的认定标准与止付令下达依据》,《江海学刊》,2014 年第 3 期,第 220 页。

[4] 《独立保函司法解释》第 14 条:人民法院裁定中止支付独立保函项下的款项,必须同时具备下列条件:(一)止付申请人提交的证据材料证明本规定第十二条情形的存在具有高度可能性;(二)情况紧急,不立即采取止付措施,将给止付申请人的合法权益造成难以弥补的损害;(三)止付申请人提供了足以弥补被申请人因此付可能遭受损失的担保。

[5] 《独立保函司法解释》第 20 条:人民法院经审理独立保函欺诈纠纷案件,能够排除合理怀疑地认定构成独立保函欺诈,并且不存在本规定第十四条第三款情形的,应当判决开立人终止支付独立保函项下被请求的款项。

实践需求的适用选择。值得一提的是，长期处于欺诈例外适用困境的英国，近年来也出现部分案例，尝试通过独立保函法律关系中当事人的权责差异来区别法院因保函欺诈下达禁令的标准。1996 年的 Themehelp[①] 一案中，大法官 Waite 就明确指出：如果保函申请人向法院申请禁令要求银行止付，此时欺诈事实必须被"明确证实(a clearly proved fraud)"，相对的，如果保函申请人在银行实质性审查之前，向法院申请禁令禁止保函受益人向开立人索款，此时的欺诈事实只要能被证明"极具争议(a seriously arguable case)"即可。2000 年以后英国也出现了一系列因保函法律关系中当事人法律地位差异而区别欺诈证明标准的案例[②]，但由于英美判例法的零散性特征和法官的主观性差异，这一发展趋势并没能够被凝练为清晰的理论。我国《独立保函司法解释》此番创举在一定程度也填补了英国法的理论缺失，对我国域内商事规则的国际化推进意义重大。

三、中国法：实践

《独立保函司法解释》第 12 条[③]采纳了信用证欺诈例外规则对在独立保函领域的适用，详细规定了欺诈例外的主要情形，相对减少了保函欺诈认定争议。近期保函纠纷案件中涉及欺诈认定的案件相对占比较少，这也说明了法律规制的详细性于司法裁决的确定性的积极性作用。然而不同历史时期、社会背景下社会问题所引起的法律纠纷也存在差异。以法国的实践为例，在相当长的一段历史时期内，独立保函的欺诈争议并不多见，大多银行以及出口企业均十分重视国际信誉，名声的重要性使得他们更愿意立即支付。在"一带一路"倡议下繁

---

① Themehelp Ltd. v. West. ［1996］Q.B. 84.
② Cozarnikow-Rionda Sugar Trading Inc. v. Standard Bank London Ltd.［1999］2 Lloyd's Rep 187；Safa Ltd. V. Banque Du Caire.［2000］2 Lloyd's Rep 600；Solo Industries UK Ltd. v. Cnara Bank.［2001］1 W.L.R 1800.
③ 《独立保函司法解释》第 12 条：具有下列情形之一的，人民法院应当认定构成独立保函欺诈：（一）受益人与保函申请人或其他人串通，虚构基础交易的；（二）受益人提交的第三方单据系伪造或内容虚假的；（三）法院判决或仲裁裁决认定基础交易债务人没有付款或赔偿责任的；（四）受益人确认基础交易债务已得到完全履行或者确认独立保函载明的付款到期事件并未发生的；（五）受益人明知其没有付款请求权仍滥用该权利的其他情形。

荣于我国的独立保函业务①,当然面临特殊形势下的特殊问题。

独立保函高效的商事功用性是独立保函制度运行的基础,其明确的运行规则又为制度发展提供了形式上的合理保障。其中,中止支付独立保函(以下简称"保函止付")作为防止受益人欺诈索款的重要规则被各国司法普遍采纳。《独立保函司法解释》针对保函独立性与保函欺诈的冲突性问题,于第14条对法院裁定保函止付的必要条件做了明确规定。②《独立保函司法解释》第14条已经把"欺诈的高度可能性"明确为"保函止付"项下欺诈的证明标准,这应当是法院判定是否下达止付令的核心因素之一。当前我国司法实践对此要素的忽视和误用严重曲解了"保函止付"规则的设立目的,造成极大危害。

案例 3.1

扬州缤纷嘉年华投资发展有限公司与浙江江南新城投资开发有限公司保函欺诈纠纷案

(2015)扬广商初字第 692 号民事判决

2015年1月,扬州缤纷嘉年华投资发展有限公司(以下简称扬州嘉年华公司)、浙江江南新城投资开发有限公司(以下简称浙江江南城公司)、案外人雨辰世嘉(扬州)国际会展有限公司、扬州光线品牌策划管理有限公司就"浙江海宁——江南城英国缤纷嘉年华"项目签订项目合作协议,浙江江南城公司系项目投资主办方,扬州嘉年华公司系项目游乐设施的提供方。2015年8月2日,浙江江南城公司、扬州嘉年华公司双方及新区管委会就游乐设备的撤场签署备忘

---

① 商务部有关数据显示,"一带一路"历史机遇推动了沿线国家工程类保函的规模式发展,无论是投标保函,中标后的预付款保函、履约保函,还是项目完工后的质量维修保函、留置金保函等,均呈现不同比例的大幅增加。
② 《最高人民法院关于审理独立保函纠纷案件若干问题的规定》第14条规定:人民法院裁定中止支付独立保函项下的款项,必须同时具备下列条件:(1)止付申请人提交的证据材料证明本规定第十二条情形的存在具有高度可能性;(2)情况紧急,不立即采取止付措施,将给止付申请人的合法权益造成难以弥补的损害;(3)止付申请人提供了足以弥补被申请人因止付可能遭受损失的担保。止付申请人以受益人在基础交易中违约为由请求止付的,人民法院不予支持。开立人在依指示开立的独立保函项下已经善意付款的,对保障该开立人追偿权的独立保函,人民法院不得裁定止付。

录,约定:(1)扬州嘉年华公司向浙江江南城公司开具200万元银行保函,用于保证在设备撤场过程中不损害浙江江南城公司及第三人任何财产等合法权益;(2)扬州嘉年华公司开具保函后,可立即对园区内的所有游乐设备自主进行拆卸、搬运等撤场工作,浙江江南城公司履行主办方职责,保证设备安全无阻地撤离;(3)在扬州嘉年华公司实际撤场工作全部完成后,若对浙江江南城公司及第三人任何财产等合法权益有所损害的,应予以修复或照价赔偿。

备忘录生效后,浙江江南城公司、扬州嘉年华公司共同向第三人中国银行股份有限公司扬州分行(以下简称中行扬州分行)申请开立200万元的银行保函。2015年8月13日,中行扬州分行向浙江江南城公司出具保函一份,保函期限至2015年9月10日,载明保函作为扬州嘉年华公司履行备忘录项下相关义务的履约保函,收到浙江江南城公司签署的声明承包方未能按合同履行相关义务的书面索赔通知及保函正本原件7个工作日内,按照书面索赔通知要求的方式支付总额不超过200万元的款项。2015年9月22日,浙江江南城公司向中行扬州分行提出索赔200万申请并提供了修复费用报告,其中万邦工程管理咨询有限公司预算价格2 337 28元,浙江博元建设股份有限公司预算价格2 188 422元。2015年9月28日扬州嘉年华公司委托苏州昊实市政工程有限公司对道理及绿化修复价格进行预算,金额为210 284元。扬州嘉年华公司遂委托律师向新区管委会出具律师函,表示扬州嘉年华公司愿意进行修复,请求新区管委会不移送保函原件。诉讼中,应扬州嘉年华公司申请,审理法院委托江苏华瑞苏盛建设咨询房地产评估有限公司对场区道路及绿化工程造价进行了评估,扬州嘉年华公司诉请法院确认浙江江南城公司在扬州嘉年华公司申请开立的GC0723215000256保函(金额200万元)项下存在欺诈,请求判令中行扬州分行终止支付保函项下金额。

江苏省扬州市广陵区人民法院在一审判决书中认为,受益人浙江江南城公司索赔时虽提供了万邦工程管理咨询有限公司、浙江博元建设股份有限公司的修复费用预算书,但其金额是法院委托的评估机构鉴定金额的十余倍,万邦工程管理咨询有限公司、浙江博元建设股份有限公司的预算书内容虚假,故浙江江南城公司索赔的行为构成独立保函欺诈,判决中行扬州分行终止支付保函款项。

【裁判要旨】

本案明确了受益人主观上存在故意提交伪造或内容记载虚假的第三方单据或有证据证明单据系伪造或存在欺诈情形时，开立人有权拒付。这是对英国"受益人欺诈理论"的修正。将受益人提交的第三方单据系伪造或内容虚假的明确为保函欺诈的认定情形，较好地填补了英国"受益人欺诈"标准的主要缺陷，使得欺诈例外的适用更具实践性与合理性。

案例 3.2

东方置业房地产有限公司与安徽省外经建设（集团）有限公司保函欺诈纠纷案

（2017）最高法民再 134 号再审判决

2010年1月16日，东方置业房地产有限公司（以下简称哥斯达黎加东方置业公司）作为开发方，与作为承包方的安徽省外经建设（集团）有限公司（以下简称安徽外经公司）、作为施工方的安徽外经建设中美洲有限公司（以下简称安徽外经中美洲公司）在哥斯达黎加共和国圣何塞市签订了《哥斯达黎加湖畔华府项目施工合同》（以下简称《施工合同》）。合同签订后，安徽外经公司于2010年5月26日向中国建设银行股份有限公司安徽省分行（以下简称建行安徽分行）提出申请，并以哥斯达黎加银行作为转开行，向作为受益人的哥斯达黎加东方置业公司开立履约保函，保证事项为哥斯达黎加湖畔华府。2010年5月28日，哥斯达黎加银行开立编号为 G051225 的履约保函，担保人为建行安徽分行，委托人为安徽外经公司，受益人为哥斯达黎加东方置业公司。

2012年2月7日，安徽外经中美洲公司以哥斯达黎加东方置业公司为被申请人向哥斯达黎加建筑师和工程师联合协会争议解决中心提交仲裁请求，请求仲裁庭裁决解除合同并裁决哥斯达黎加东方置业公司赔偿其损失共计1 213 487.3美元，理由是哥斯达黎加东方置业公司拖欠应支付之已施工完成量的工程款及相应利息，构成严重违约。2月10日，哥斯达黎加银行向建行安徽分行发出电文，称哥斯达黎加东方置业公司提出索赔，要求支付保函项下款项，哥斯达黎加银行因而要求建行安徽分行须于2012年2月16日前支付上述款项。2月12日，应安徽外经中美洲公司申请，哥斯达黎加行政诉讼法院第二法庭下达临时保护措施禁令,裁定哥斯达黎加银行暂停执行履约保函。2012年2月23日,安徽外经公司向一审法院提起保函欺诈纠纷诉讼,同时申请中止支付保函项下款项,并于2月28日向建行安徽分行送达了上述裁定。建行安徽分行向哥斯达黎加银行发送电文告知了一审法院已作出的裁定事由,并于当日向哥斯达黎加银行寄送了上述裁定书的复印件,哥斯达黎加银行于3月5日收到上述裁定书复印件。2012年3月6日,哥斯达黎加行政诉讼法院第二法庭判决安徽外经中美洲公司申请预防性措施败诉,解除了临时保护措施禁令。3月16日,哥斯达黎加银行向建行安徽分行发出电文,表示决定中止支付保函项下款项直到纠纷解决,并以此要求建行安徽分行延长保函的期限直至纠纷被中国法院解决。3月20日,建行安徽分行延长了34147020000289号保函的有效期。3月21日,哥斯达黎加银行向哥斯达黎加东方置业公司支付了G051225号保函项下款项。

2013年7月9日,哥斯达黎加建筑师和工程师联合协会裁决认定哥斯达黎加东方置业公司在履行合同过程中严重违约,并裁决哥斯达黎加东方置业公司向安徽外经中美洲公司支付1号至18号工程进度款共计800 058.45美元及利息。

本案的争议焦点是保函欺诈是否成立。一审和二审法院对欺诈例外的判决被撤销,最高人民法院在再审判决书中认为,虽然哥斯达黎加建筑师和工程师联合协会作出仲裁裁决,认定哥斯达黎加东方置业公司在履行合同过程中违约,但哥斯达黎加东方置业公司作为受益人,其索款行为不构成保函欺诈。

【裁判要旨】

本案明确了中止支付法人证明标准。

中止支付独立保函项下款项的证明标准是具有高度可能性,法院判决或仲裁裁决应当以最终裁判为准,基础合同本身不应当过分干预独立保函的独立性;商业交易风险大,当事人对判决有异议的,仍可申请上诉、再审,若不赋予受益人在基础合同诉讼过程中索款的权利,将不利于受益人商业利益的保障。

案例 3.3

中国工商银行股份有限公司义乌分行与中国技术进出口总公司信用证欺诈纠纷案

（2017）最高法民申 4754 号民事裁定书

2012 年 1 月，承包商中国技术进出口总公司（以下简称中技公司）与业主环球电力（香港）有限公司就案涉重油电站项目建设签订总包合同，中技公司与分包商浙江中高动力科技股份有限公司（以下简称浙江中高公司）签订分包合同。该分包合同系案涉独立保函项下的基础合同。后环球电力（香港）有限公司、中技公司、浙江中高公司、亚洲动力股份有限公司四方当事人先后签订了四方协议及补充协议。浙江中高公司对案涉电站项目辅助系统的供货、安装、调试等基础合同项下的义务有相应履行行为，中技公司也依约向浙江中高公司支付 6000 万元预付款。

2013 年 1 月 10 日，中国工商银行股份有限公司义乌分行（以下简称工行义乌分行）经浙江中高公司申请，开具以中技公司为受益人，编号为 12080200—2013 年（保函）字 0004 号的预付款保函。2014 年 5 月 27 日，中技公司向工行义乌分行发出索偿通知，但工行义乌分行认为，浙江中高公司在申请开具预付款保函以及中技公司在索赔过程中，一直未将相关事实或信息披露给工行义乌分行，浙江中高公司与中技公司的隐瞒相关事实，违反诚实信用原则，共同构成保函欺诈，故向法院提起诉讼，请求终止支付保函。

金华市中级人民法院驳回工行义乌分行诉讼请求。工行义乌分行不服一审判决，上诉至浙江省高级人民法院。二审法院同样认为中技公司不存在《独立保函司法解释》第 12 条规定的情形。最高人民法院最终维持原判，认为尽管浙江中高公司存在违约行为，但原告工行义乌分行没有充分证据证明中技公司存在保函欺诈，证据没有达到排除合理怀疑的证明程度（终止止付证明标准）。因此欺诈不成立，终止止付请求被驳回。

【裁判要旨】

独立保函欺诈系独立保函独立性原则的唯一例外，故基础合同的性质、效力、具体履行情况等不应属于审查范围，将受益人自身在基础合同中是否存在违约行为纳入独立保函欺诈的审查范围时应当十分审慎。法院判决或仲裁裁决应当以最终裁判为准,基础合同本身不应当过分干预独立保函的独立性。

案例 3.4

中国水利水电第四工程局有限公司与中工国际工程股份公司独立保函欺诈纠纷案

最高人民法院(2019)最高法民终 349 号

2013 年 10 月 2 日,中工国际工程股份有限公司(以下简称中工国际公司)与玻利维亚方面签订蒙特罗—布洛铁路总承包合同。2014 年 4 月 4 日,中国水利水电第四工程局有限公司(以下简称中水四局公司)和中工国际公司签订《分包合同》。2014 年 4 月 16 日,经中水四局公司申请,中国建设银行股份有限公司建行西宁铁路支行(以下简称建行西宁铁路支行)向中工国际公司开具了建青铁路保(预 2014)05 号《预付款保函》、建青铁路保(履 2014)16 号《履约保函》。

2015 年 11 月 3 日,玻利维亚方业主解除了与中工国际公司的总承包合同。11 月 5 日,中工国际公司向建行西宁铁路支行发出《书面索赔通知书》,索赔案涉保函,称"截至今年 10 月,中水四局公司施工进度已严重滞后且大面积停工并辞退工人。在既定工期仅剩 1 个月的现状下,已完全无法履行合同所规定的工作义务"。11 月 10 日,建行西宁铁路支行向中水四局公司发出《催款通知书》,11 月 12 日,中水四局公司向一审法院提出诉前财产保全申请,并提供等额担保。

一审青海省高级人民法院认为中工国际公司索赔案涉保函项下款项不构成独立保函欺诈,并作出(2015)青民二初字第 88 号民事判决,判决驳回中水四局公司的诉讼请求。中水四局公司不服一审判决,上诉至最高人民法院。最高人民法院判决驳回上诉,维持原判。最高人民法院认为中工国际公司作为受益人,具有基础合同项下的初步证据证明其索赔请求具有事实依据,《分包合同》第 20.2.2 条虽然约定"预付款起扣根据主合同同步进行,直至扣完为止",但该条款并未写入预付款保函的索赔条件中。中工国际公司作为受益人,无须证明其索赔金额即基础关系项下的应付金额,其全额索款行为不宜被认定为滥用付款请求权,其不在滥用付款请求权的情形,不构成独立保函欺诈。

【裁判要旨】

本案明确了有限审查的原则。除非保函另有约定,对基础合同的审查应当限定在独立保函担保范围。法院审理该类纠纷案件,虽可以不受基础法律关系影响的阻却,但基础交易的审查范围与程度应遵循有限审查的原则。

案例 3.5

中国电力工程有限公司与中国能源建设有限公司独立保函纠纷案

最高人民法院(2018)最高法民终 417 号

2012 年 2 月,中国电力工程有限公司(以下简称中电工公司)中标印度尼西亚燃煤电厂项目,并与业主印度尼西亚 PT. DSSP Power Sumsel 公司签订工程总承包合同。2012 年 11 月 13 日,中电工公司(甲方)与中国能源建设集团山西电力建设第三有限公司(乙方,以下简称山西电建三公司)签订《建安合同》,中电工公司将部分建筑安装工程发包给山西电建三公司。中电工公司与山西电建三公司在《建安合同》履行过程中先后签订了多份补充协议,对合同金额和履约保函金额等内容进行调整。2015 年 8 月 4 日,中国建设银行股份有限公司太原二营盘支行(以下简称建行太原二营盘支行)按中电工公司提供的格式出具履约保函。2016 年 7 月 14 日,建行太原二营盘支行以相同的格式向中电工公司出具本案所涉履约保函。

2017 年 3 月 24 日,中国银行股份有限公司北京海淀支行以受中电工公司委托的名义向建行太原二营盘支行邮寄发送了保函复印件和中电工公司出具的《履约保函索赔通知》,2017 年 4 月 18 日,中电工公司向建行太原二营盘支行送达《第二次履约保函索赔通知》及其附件,2017 年 7 月 6 日,中电工公司向建行太原二营盘支行送达《第三次履约保函索赔通知》、履约保函复印件等,过程中进行了公证。2017 年 9 月 29 日,建行太原二营盘支行收到一审法院作出的(2017)晋民初 55 号民事裁定书及协助执行通知书后,向中电工公司出具《关于中止支付履约保函款项的通知》。山西电建三公司认为中电工公司的索赔行为构成独立保函欺诈,一审山西省高级人民法院作出判决,判决太原二营盘支行终止支付履约保函项下的 1 259 739.6 元。中电工公司不服一审判决,上诉至最高人民法院。最高人民法院认为中电工公司不存在《独立保函司法解释》第12条规定的欺诈情形,驳回了山西电建三公司终止支付案涉独立保函项下款项的诉讼请求。

在该案中,最高人民法院在二审判决书中认为,中电工公司与山西电建三公司尚未对有关债权债务进行最终结算,中电工公司支付的代垫款项数额并未确定,山西电建三公司提交的证据不足以证明中电工公司存在明知没有付款请求权仍滥用该权利的情形,不构成独立保函的欺诈。

【裁判要旨】

1. 本案明确了终止支付法人证明标准。终止支付独立保函项下款项的证明标准为排除合理怀疑,除非独立保函另有约定;

2. 对基础合同的审查应当限定在独立保函担保范围内;

3. 国内的约定事项,不应将受益人自身在基础合同中是否存在违约行为认定为独立保函欺诈;

4. 受益人是否存在《独立保函司法解释》规定付款请求权被滥用的情形,应由主张欺诈的当事人提供证据而不应通过对基础交易的全面审理来确定,这是独立保函作为"先付款、后争议"债权保障机制的主要特征之一,审查范围时应当十分审慎。

四、域外:学术

独立保函是一种异于传统从属性担保的、独立于基础合同法律关系的特殊的信用担保形式。独立保函借鉴信用证的单据化操作,在提高了独立保函业务效率的同时,也简化了担保人付款前的审核义务。规避了传统从属性担保多项抗辩事由可能引起的诉讼累赘,满足了数字、高效的国际商业时代的需要,银行等金融机构良好的信用和充足的财力使其成为独立保函主体的优先选择。然而表面审查规则的简化,也为受益人欺诈索赔打开了后门。担保人对基础合同实际履行的不了解,使其对受益人提出的索赔请求所依据的单据的真实性难以辨别。签名的伪造、货物的缺失、合同履行的瑕疵,担保人都很难通过对索赔请求及受益人提交单据的表面审查而清晰辨别。因此反欺诈自独立保函制度产生伊始就是欧美发达国家竭力克服的难题,如何消除独立保函的独立性优势和由其导致的欺诈之间的矛盾,也是独立保函法律制度发展中必须解决的问题。然而,由于各国法律对保函欺诈的认识差异,《见索即付保函统一规则》①、《国际备用证惯例》②等国际惯例对欺诈问题均采取了回避态度,并未在文本中明确欺诈认定的标准及对于欺诈例外的适用,只有《联合国独立保函与备用信用证公约》(以下简称《公约》)对独立保函的欺诈例外做了比较详细的规定,但国际普适性不高。③ 长期以来,出于降低独立保函业务中欺诈风险的需要,欧美主要国家,无论是大陆法系还是英美法系,均采用了宽严不一的标准,将保函欺诈设定为一种银行付款责任的例外,即"欺诈例外规则"。

(一) 大陆法系下欺诈例外规则的宽泛适用

受到传统担保从属性特征的影响,初期大陆法系国家对独立保函的效力认定上普遍存在一定障碍,法律界对基于独立保函制度的欺诈例外规则的适用标准也呈现模糊化特征。在法、德等欧美发达国家的经济实践中,独立保函作为一种特殊的担保形式在商事交易中出现较早,但长久以来法学界并不倾向于从其特殊商事功用的角度细化其适用规则,而是尝试在民法体系内对独立保函制度进行吸收与规制。

在德国贸易实践中发展起来的独立保函制度,其主要的法律渊源是《德国民法典》的第780条④,第780条承认了以合同形式约定的独立债务的有效性,《德国商法典》第349条至351条进一步排除了保证人的先诉抗辩权。事实上德国对于独立保函制度的承认基本是源于契约自由原则⑤,独立保函欺诈例外

---

① 包括国际商会《见索即付保函统一规则(URDG458)》和《见索即付保函统一规则(URDG758)》。
② 《国际备用证惯例(ISP98)》为美国国际银行业委员会(United States Council on International Banking,USCIB)所推动,1998年国际商会以第590号出版物公布,并于1999年1月1日起生效。
③ 联合国大会于1995年12月11日通过的(2000年1月1日起生效)《联合国独立保函与备用信用证公约》(United Nations Convention on Independent Guarantees and Stand-by Letters of Credit)对独立保函的欺诈例外做了比较详细的规定。尽管《公约》的法律效力要高于国际商会制定的有关规则,但由于公约的适用是任意性的,不具有强制性,因此当事人可以排除或改变公约规则的适用,而选用其他的惯例规则。迄今为止,只有9个国家核准了该公约。
④ 《德国民法典》第780条规定"债务约定:为使以通过合同而独立成立债务的方式约定给付的合同有效,如果没有规定其他形式,需采用书面形式约定"。
⑤ Imola Kocisis, Marcin Olecbowski. Surtyhip in German and Polish Law: A Comparative Analysis. 31 Rev.Cent. & E. Eur.L.331. 2006.

的适用也是基于《德国民法典》关于诚实信用原则的规定,在德国判例中,只有受益人的索款声明中存在事实明显错误或者其他滥用情形,才能适用欺诈例外。尽管《德国民法典》第826条明确规定了"故意"的要求,但判例对独立保函领域的欺诈并不强调其主观状态。① 总体而言,德国对独立保函欺诈例外的适用呈现附严格条件的宽泛化状态,并无细致规则。

在法国,独立保函最初出现在20世纪60年代的国际市场中,早期法国大型企业运用独立保函替代国际合同订立中所必须设立的押金。随着独立保函制度由国际商事领域转进入法国国内市场,交易纠纷的增多,相关案件逐渐被法国司法界所重视。在2006年法国担保法改革中,"独立保函"作为一种新型的人的担保在《法国民法典》中被固定下来。② 根据规定"独立保函人不能主张基于被担保的债务所生的抗辩",独立保函人付款义务与被担保债务的独立性被予以明确,原则上独立保函人不能引用任何抗辩理由对抗受益人。但此项"无对抗性原则"存在两种例外情形,其中之一即为欺诈例外,《法国民法典》第2321条第2款规定,"受益人明显滥用或明显欺诈的,或者受益人与指令人串通的,独立保函人不承担担保义务"③。然而对于欺诈的认定,法国法并没有进一步细化规则,有学者认为受益人毫无疑问地没有获得付款的权利,其请求付款的行为即构成了欺诈,也有学者认为如果受益人的付款请求确定而且明确地缺乏事实基础即构成独立保函项下的欺诈。但在事实判案过程中,法国对于欺诈的认定仍多采用个案认定的路径,未形成欺诈认定的一般性原则。

(二)英美法系下欺诈例外规则的适用冲突

相对于德、法等大陆法系国家对独立保函缺乏细化规制的基本现状,英美法系国家独立保函制度的发展并未遇见类似于大陆法系国家的适用障碍。由于判例法的主导性地位,英美法针对独立保函的成文性立法也不多见。但长期

---

① Norbert Horn. Bank Guarantees, Standby Letters of Credit, and Performance Bonds in International Trade. in The Law of International Trade Financing. Kluwer Law Press, 1989: 38.
② 李世刚:《法国担保法改革》,北京:法律出版社,2011年,第47页。
③ 第二个例外则是基于《法国商法典》的相关规定。债务人进入到破产程序以后,独立保函的"独立性"规则发生了重要变化。当独立保函人是自然人的时候,有关"保证"的规则开始适用,比如,宣布破产程序开始的法官可以要求,在判决进入重整或者破产清算之前,中止向自然人独立保函人主张担保权利。在挽救程序和重整程序中,独立保函人可以以进入重整程序为由中止履行担保义务。参见:《法国商法典》L.622-28,L.626-11。

以来,英国和美国的法院在独立保函案件中适用信用证的法律,包括欺诈例外规则。① 尽管关于独立保函欺诈例外规则判例增多,但该规则仍然处于不断发展之中,英国和美国对于欺诈例外适用的判定标准也长期影响着该理论的国际化发展。

在美国,承担独立保函角色的是备用信用证,备用信用证与商业信用证适用同一套规则,即《统一商法典》(UCC)第五编。美国作为适用欺诈例外最早的国家,在20世纪中叶就确立了欺诈例外的法律效力。1941年美国纽约州法院裁判的Sztejn② 一案被普遍视为"欺诈例外规则"适用的鼻祖型案例,并成为多国早期引入欺诈例外条款的理论依据。③ 在该判例的基础上,1952年版的《统一商法典》第5—114条第(2)款将该规则成文化,UCC也成为第一部以成文法的形式承认了欺诈例外规则的法典。但美国法律界对欺诈例外规则中"欺诈"的认定标准却经历了数十年的争论,从早期的"重大欺诈说""故意欺诈说"到后来的"衡平欺诈说",美国对于保函欺诈的认定一直处于发展状态。一直到1995年,在UCC的修订版第五条109款中,"实质性欺诈"才被明确作为衡量欺诈例外规则中"欺诈"是否成立的重要标准。"实质性欺诈"的标准侧重于考量欺诈行为对所涉及的基础合同的损害程度。UCC的官方解释文件分别对商业信用证和备用信用证中的"实质性欺诈"问题作出了明确的解释:就备用信用证而言,实质性欺诈的成立,必须建立在受益人付款权利主张已无实质性依据的基础之上。④ 美国对于实质性欺诈的解释更多地着眼于欺诈行为的实质性后果,即对基础合同履行的影响程度。这就变相要求担保人在签署独立保证合同时,承担检查基础合同实际履行的责任,这与独立保函独立于基础合同的基本特征背道而驰,从根本上动摇了独立保函和信用证的

---

① 在英美法国家的法律实践中,尽管信用证与独立保函功用存在差异,但均被视为现金,适用类似的法律规则。See: Edward Owen Engineering Ltd. v. Barclays Bank International Ltd. [1978] Q.B. 159.; United Trading Corp SA v. Allied Arab Bank Ltd. [1985] 2 Lloyd's Rep 554(CA); Tukan Timber Ltd v. Barclays Bank Plc. [1987] 1 Lloyd's Rep 171, 174.
② Sztejn v. J.Henry Schroder Banking Corporation. (1941) 4 N.Y.S.2d 631.
③ 陆璐:《独立保函国内适用难题研究——以信用证欺诈例外规则的引入为视角》,《苏州大学学报(社会哲学科学版)》,2014年第6期,第88页。
④ 另一类为商业信用证,对此,解释规定:实质性欺诈的成立,要求伪造的单据或欺诈行为本身对基础合同交易有实质性损害。

独立性原则。因此长久以来,英国主流法律界对美国"实质性欺诈"理论颇有争议。

在英国,独立保函直接适用信用证法,而且只有判例法,没有成文法。尽管英国对于欺诈例外规则的适用是源于 1976 年 Discount Records① 一案中 Megarry 法官对 Sztejn 案的直接引入,但英国对于欺诈例外条款独立保函领域的适用阻却主要基于 1775 年 Mansfield 大法官在 Holman v.Johnson② 一案中提出的法谚"ex turpi causa non oritur action(非法或不道德的不得取得诉因)"。基于这项原则,英国司法对于欺诈例外条款的应用特别强调了受益人本身的主观欺诈行为。在英国欺诈例外条款适用的标志性案件 The American Accord③ 中,大法官 Diplock 在终审裁决中明确否认了上诉庭提出的"half-way house"④ 理论,明确拒绝了美国的"实质性欺诈"理论,确立了以"Fraud unravels all(欺诈毁灭一切)"为基础的"受益人欺诈"标准,换言之,法院决不允许不诚信的当事人实施欺诈行为。⑤ 受益人主观的欺诈故意成为适用欺诈例外的关键考量,如果不能证明受益人的主观故意,即便证实受益人的付款请求不实或提交单据虚假,付款行也不能据此拒付。英国的"受益人欺诈"标准对于欺诈例外的适用标准无疑给信用证和独立保函的独立性予以极大的尊重,担保人在独立保函下的权利和义务也完全与基础合同相分离。但将第三人欺诈排除在欺诈例外之外的认定标准使得英国欺诈例外的适用标准近乎苛刻,多年以来,欺诈例外条款在英国的适用面临极大困境。英国高等法院在 1999 年的 Czarnikow-Rionda⑥ 一案中也明确承认,在依据信用证欺诈向法院申请止付禁令的案件中,经过"衡平便利原则(Balance of Convenience)"的考量,禁令申请成功的几率是极低的。

---

① Discount Records Ltd. v. Barclays Bank Ltd. and Barclays Bank International Ltd. [1975]Lloyd's Rep 444.
② Holman v. Johnson. (1775)1 Cowp 341,343.
③ United City Merchants v. Royal Bank of Canada (The American Accord).[1983]A.C. 168(HL).
④ 在 American Accord 的上诉判决中,大法官 Stephenson 提出了以欺诈行为对基础合同的损害程度来判定欺诈例外是否应当适用的"half-way house"理论,这个理论与美国的"实质性欺诈理论"十分类似。
⑤ Nelson Enonchong. The Independence Principle of Letters of Credit and Demand Guarantees. Oxford University Press,2011:234.
⑥ Czarnikow — Rionda Sugar Trading Inc.v.Standard Bank London. [1999] 2 Lloyd's Rep 187.

本编观点

——"利益衡量"下保函止付的规则修正

尽管由于《独立保函司法解释》刚刚出台,司法适用实践性总结尚待时日,但从以往司法判例数据看来,独立保函的欺诈问题在2013年后呈现了一种明显的增长趋势,欺诈性索赔屡见不鲜。此次《独立保函司法解释》对欺诈例外的细化对此类案件审判的积极性效果可以预期,特别是《独立保函司法解释》第12条第5款将受益人滥用索赔权明确为欺诈例外的适用情形,对防止欺诈性索赔意义重大。随着投标保函、预付款保函、履约保函、质保保函等保函类别在建筑工程领域的广泛应用,欺诈索赔可能涉及的问题将更为复杂,基于印度项目涉及的银行保函有效期与索赔期争议就是一个明显例证[①],保函欺诈例外规则进一步的细化解释与补充是我国独立保函法律司法与实践研究的重要方向。

然从《独立保函司法解释》出台至今的国内司法实践看来,各级法院对"保函止付"案件的裁定普遍存在任意化问题,未能充分理解"中止支付"作为保函欺诈的临时救济措施的真正功用,在很大程度上破坏了独立保函的核心商事功能——"先付款,后争议",缺乏对独立保函制度立法意义的"利益衡量"。为此,有必要在利益衡量原则指导下,对我国"保函止付"的相关规则进行重塑。

(一)我国"保函止付"的司法现状

"保函止付"申请是独立保函开立申请人为防止受益人欺诈索款,向法院寻求司法救济的措施。"保函欺诈"是"保函止付"裁定下达的主要依据之一。《独立保函司法解释》从第12条至第22条分别对实体和程序问题做出了详细规定,特别是第14条明确了法院裁定"保函止付"必须同时具备的条件,即欺诈的高度可能性、情况的紧急性、损失的难以弥补性、担保的足额性,同时将其下达的标准与第20条[②]的终止支付标准作出了区分,二者项下对欺诈认定的证明

---

① 邹和根、黄温春、曾骋:《海外承包工程银行保函有效期与索赔期研究——以印度G项目为例》,《工程经济》,2017年第4期,第20页。
② 《最高人民法院关于审理独立保函纠纷案件若干问题的规定》第20条规定:人民法院经审理独立保函欺诈纠纷案件,能够排除合理怀疑地认定构成独立保函欺诈,并且不存在本规定第14条第3款情形的,应当判决开立人终止支付独立保函项下被请求的款项。

标准区别为"高度可能性"与"排除合理怀疑"。根据对中国裁判文书有关"独立保函纠纷"案件的整理,涉及"保函止付"问题的案件中"保函止付"占据了相当大的比例。从审判结果数据上看,一审法院对保函中止支付的申请批准率达90%以上,法院在审理中极少对保函项下涉及的欺诈可能性问题作深入探讨。在大量的案件中,如中国电建集团北京勘测设计研究院有限公司与中国农业银行股份有限公司北京朝阳支行等民事纠纷案①、奥的斯电梯(中国)有限公司与江西正盛时代置业有限公司其他民事纠纷案②、天津市天锻压力机有限公司与SEANINC其他民事纠纷案③、中车四方车辆有限公司与中国建设银行股份有限公司青岛四方支行其他民事纠纷案④、中国电建集团山东电力管道工程有限公司与浙江石油化工有限公司其他民事纠纷案⑤,以及浙江伟明环保股份有限公司与琼海市城市管理局合同、无因管理、不当得利纠纷民事纠纷案⑥等,法院仅以"涉嫌滥用该权利的可能性"为依据就裁定中止支付,法院任意下达"保函止付"裁定的现象极为严重,这在很大程度上破坏了独立保函的独立性原则,未能清晰领会《独立保函司法解释》的立法目的和制度衡量。

1. 任意下达"保函止付"裁定的危害

"保函止付"是《独立保函司法解释》的项下规定,其设定的目的是防止相关利益主体利用保函的独立性原则实施欺诈,从而导致独立保函被滥用。"欺诈的成立"是法院适用"欺诈例外"干预银行独立性付款权利的必要条件,在欺诈成立可能性程度不明的情况下贸然下达止付令等于完全否认了独立保函体系的运行规则,并将产生如下危害:

第一,对保函独立性和高效性的破坏。尽管"保函止付"裁定属于临时性的救济措施,法院的止付裁定只是暂时的,如果申请人最终败诉,受益人依然可以从银行得到索款,然而这会严重破坏独立保函的独立性,从而破坏其高效性,独立保函区别于从属担保的"先付款,后争议"的商事功能也将被彻底打破。独立

---

① 北京市朝阳区人民法院,(2018)京 0105 民初 65291 号。
② 天津市和平区人民法院,(2017)津 0101 财保 222 号。
③ 天津第二中级人民法院,(2017)津 02 财保 1 号。
④ 山东省青岛市中级人民法院,(2018)鲁 02 行保 1 号。
⑤ 新泰市人民法院,(2018)鲁 0982 财保 652 号。
⑥ 温州市鹿城区人民法院,(2017)浙 0302 财保 24 号。

保函得以存在和发展正是因为其独立于基础合同的特性满足了数字、高效的国际商业时代的需求,银行等金融机构良好的信用和充足的财力为受益人的索款利益提供了充足的保障。① 法院任意止付使得独立保函的高效性优势名存实亡,特别是对于涉外保函,根据我国《民事诉讼法》第277条②的规定涉外案件无审理期限的要求,这还可能导致保函长期处于被止付的状态,保函不当止付的不良后果会进一步扩大。

第二,对银行信用的严重损害。在独立保函项下,银行等金融机构具有"见索即付"的付款责任,合理谨慎地对索赔书和保函规定的单据进行形式审核是银行在付款前对申请人承担的唯一义务,只要单据与保函规定符合表面一致的原则,银行就有权利也有义务向申请人付款,这正是银行独立保函业务存续的基础,受益人也是基于银行良好的付款信用才接受其开立的保函。法院对保函的任意止付会严重影响银行信用,使银行失去大量的保函业务。更为严重的是,如果涉及涉外保函,法院的任意止付还可能导致国内银行被议付银行或者受益人在域外起诉,让国内银行蒙受巨额损失,并在很大程度上影响其国际信誉,甚至还会连带损害中国法院在国际上的声誉。③ 如在荷兰西特福船运公司诉中国银行一案④中,尽管申请人成功获得法院止付令,但中国银行海外分行被诉并且败诉,中国银行承担了巨额的英国法院诉讼费用,也损失了国际声誉。

第三,违背了《独立保函司法解释》的立法目的。《独立保函司法解释》的制定是为了服务于"一带一路"建设,促进对外开放,切实维护保函项下当事人的合法权益。⑤ 独立保函的商事功用在我国"一带一路"倡议指导的经济形势下作用显著,例如,中国某建筑公司"走出去"与沿线国家(以老挝为例)业主签订一项建筑工程合同,为了确保中国的建筑公司能履行合同,老挝的业主要求承包商提供有力的担保,建筑公司向中国银行申请开出以建筑工程合同违约为条件的履约保函。根据保函规定,在中国的建筑公司违约的情形下,中国银行根

---

① 陆璐:《独立保函国内适用难题研究——以信用证欺诈例外规则的引入为视角》,《苏州大学学报(哲学社会科学版)》,2014年第6期,第85页。
② 我国《民事诉讼法》第277条:人民法院审理涉外民事案件的期间,不受本法第一百五十二条、第一百八十三条规定的限制。
③ 李真:《见索即付保函案件司法审判疑难问题研究》,《法律适用》,2015年第9期,第99页。
④ Spliethoff's Bevrachtingskantoor BV v. Bank of China Limited. [2015]EWHC 999.
⑤ 《独立保函司法解释》第1条。

据老挝业主的请求,依照保函约定的金额偿款。在这一担保关系中,中国银行为独立保函人,我国的建筑公司为保函申请人,老挝业主为受益人,担保人承担着无条件的、不可撤销的付款义务。保函的受益人只要提交了符合保函规定的单据或请求(一般为违约声明、第三方单据等),担保人就必须付款,担保人只能通过对保函中单据的审核判定是否付款,无义务调查了解基础合同的实际违约情况。① 可见,《独立保函司法解释》的制定为我国与沿线国家的建筑工程合作提供了不可或缺的法律制度保障,保函的开立也给我国银行带来了大量的业务机会。中国法院的任意止付在损害我国银行信用的同时,也会给"一带一路"下企业间业务的开展造成障碍。在实践中,已有律师反映,因为国内申请止付令相对容易,银行无法及时支付独立保函项下款项,部分国外银行开始对中国银行开立的保函只是有条件地接受,提出通过保险、再担保等方式为银行保函增信。这些措施如果真正实施,所导致的成本必然转嫁到国内申请人,同时也严重损害我国金融秩序及国际声誉。

2. 我国"保函止付"裁定任意化的成因

在我国司法实践中,之所以产生"保函止付"裁定任意化的现象,其原因不外乎以下三个方面:

第一,当前立法对行为保全制度规定的缺失。"'保函止付'申请,依据我国《民事诉讼法》第 103 条的规定,符合'判决难以执行或者造成当事人其他损害'的情况,法院依据对方当事人的申请'一定行为或者禁止其作出一定行为'责令其作出的规定,应当属于我国民事诉讼法项下行为保全的范畴。"② 然而,由于我国在 2012 年 8 月《民事诉讼法》第二次修正之前,并没有通用的行为保全制度(只有知识产权行为保全和海事强制令),即使是 2021 年 12 月第四次修正的《民事诉讼法》中也没有明确有关行为保全的程序性和实体性规则。因此,法院在审理行为保全案件时,很大程度上受到财产保全规则的影响。尽管《独立保函司法解释》明确了"保函止付"令下达的基本要件,然在大量的裁判文书中,法官仍将财产保全中最为重要的提供担保作为主要考量因素,对申请人提供的证

---

① 陆璐:《保函欺诈例外:一例国际商事规则的中国式创新诠释》,《河南师范大学学报(哲学社会科学版)》,2018 年第 1 期,第 75 页。
② 陆璐:《论独立保函制度下的保全救济》,《法学论坛》,2016 年第 2 期,第 32 页。

据是否足以证明"欺诈的高度可能性"与"损害的难以弥补性"等问题较少详述，也没能意识到行为保全错误相较于财产保全错误可能对被申请人产生的更严重利益损害。正如最高人民法院民三庭副庭长王闯在"最高人民法院关于审查知识产权纠纷行为保全案件适用法律若干问题的规定答记者问"时谈道："行为保全实质上是生效裁判的提前强制执行，是申请人权利的提前救济，如果申请人的请求未得到生效裁判的支持，则意味着申请行为保全存在错误；而财产保全仅仅是履行生效裁判的保障。相对于财产保全，行为保全对被申请人利益影响重大，故行为保全申请有错误的认定应当采取客观归责原则。"①

第二，我国当前独立保函立法与司法和实践发展的不平衡。在对中国裁判文书网上基于《独立保函司法解释》审理的相关保函纠纷案判决书的整理中，笔者发现，涉及保函独立性认定的案件占比超过50%，案件判决结果和依据均存在很大的分歧。尽管《独立保函司法解释》第1条和第3条②对独立保函的独立性认定问题做了明确规定，但部分法院对"单据""最高额"等保函形式要件的认定仍存在"盲点"。在具体的案件中，还出现了当事人在保函文本中援引对基础交易内容添加从属性担保条款等问题，这些问题又不同程度地干扰了法官对独立保函的认定。这一现象的发生反映了我国当前独立保函制度下立法、司法和实践发展的不平衡。作为"一带一路"倡议配套规则的《独立保函司法解释》，其涉外功能较强，当下国内行业的部分执业人员对保函及与保函相关的法律制度的认识还不清晰，部分法院特别是基层法院对独立保函案件接触较少，对其与传统担保的差异仍有疑惑，对《独立保函司法解释》中的相关规定仍有理解障碍。而当前立法规定中，判定"保函止付"令是否下达的要件均对法官的理解力

---

① 人民法院新闻传媒总社：最高人民法院关于审查知识产权纠纷行为保全案件适用法律若干问题规定答记者问. https://www.chinacourt.org/chat/fulltext/listId/50886/template/courtfbh20181213.shtml，最后访问时间2019年6月19日。

② 《独立保函司法解释》第1条规定：本规定所称的独立保函，是指银行或非银行金融机构作为开立人，以书面形式向受益人出具的，同意在受益人请求付款并提交符合保函要求的单据时，向其支付特定款项或在保函最高金额内付款的承诺。第3条规定：保函具有下列情形之一，当事人主张保函性质为独立保函的，人民法院应予支持，但保函未载明据以付款的单据和最高金额的除外：(1)保函载明见索即付；(2)保函载明适用国际商会《见索即付保函统一规则》等独立保函交易示范规则；(3)根据保函文本内容，开立人的付款义务独立于基础交易关系及保函申请法律关系，其仅承担相符交单的付款责任。当事人以独立保函记载了对应的基础交易为由，主张该保函性质为一般保证或连带保证的，人民法院不予支持。当事人主张独立保函适用担保法关于一般保证或连带保证规定的，人民法院不予支持。

和自由裁量有一定要求。基于此,在"保函止付"案件中,出现适用"财产保全"的相关规定就不足为奇了。

第三,缺乏对"利益衡量"方法在保全领域的引入。诉讼保全制度作为一种单方审理程序,本身是为了保护申请人的利益,避免其遭受难以弥补的损失。基于效率价值追求,其审理主要是依据申请人对事实的陈述和证据材料的提供,这使得被申请人常常处于对保全申请一无所知的状态。财产保全的主要功能是以财产的形式对将来可能生效的判决的执行提供保障,因此,申请人基于保全申请提出的担保在财产保全申请中显得尤为重要。而行为保全的措施指向作为或不作为,目的主要在于避免申请人遭受不可弥补的损害,这就使行为保全对被申请人的影响更为巨大,被申请人可能遭受的利益损失常常无法完全用金钱财产来衡量。以独立保函项下的"保函止付"申请为例,错误的止付在侵害银行独立性付款权利的同时,更是对银行信用的严重损害,可以想象对以"信用"为经营之本的银行来说,缺失了信用意味着什么。

与域外法制比较看来,我国的行为保全与德国法上的暂时状态的下"假处分"或者英国的"临时禁制令"相类似。行为保全请求在客观上考验着法庭的审判能力,其在快速审理的压力下,必须依据有限的事实迅速裁定。由于这种裁定是在权利义务关系尚未明确(甚至诉讼尚未提出)之前作出的,因此,申请人诉称的受到侵犯的实体权利是否存在仍处于未知状态。在实体性和程序性规定不完善的情况下,要求法官在短时间内对"情况紧急"和"不可弥补的损害"等要件进行判断是非常困难的,一旦误判,对被申请人权利的损害很可能是巨大的。基于此,域外很多国家都将"利益衡量"方法引入到行为保全案件的审理中,在德国,法院首先需要审核"假处分"申请理由是否具有盖然性,如果盖然性成立还需要在原告的保全需求和被告因该措施所遭受的不利之间进行利益衡量。在法国,法院在发布紧急命令时也必须对双方当事人的利益进行衡量,同时注意比例原则,在若不批准相关措施申请人可能遭受的急迫损失与批准后可能给被申请人造成的既存利益的损害之间进行衡量。① 在日本,利益衡量理论在认定暂时状态的假处分制度中也得到了充分的体现:"定暂时状态的假处分

---

① 周翠:《行为保全问题研究——对〈民事诉讼法〉第100—105条的解释》,《法律科学》,2015年第4期。

之必要性比较单纯,即避免债权人遭受利益损失。然而,判断是否允许此类假处分时,必须衡量债权人与债务人双方的利益来决定,如果没有假处分将使债权人遭受的利益损失大于有假处分时债务人遭受的利益损失,则应允许该假处分;如果允许假处分将使债务人遭受利益损失大于债权人获得的利益,则不应允许此类假处分。"①在英国,也是由法官在申请人提出的证据具有高度可能性的情况下再结合"利益衡量"原则决定是否下达禁令。② 各国在行为保全领域对"利益衡量"原则的适用,充分证明了其功用性。

我国《民事诉讼法》目前尚未引入"利益衡量"原则,同样,对于独立保函项下的中止支付申请,法院是否应当依据"利益衡量"原则进行考量,我国法也没有规定。独立保函和信用证项下的止付裁定问题本身,在国际商法领域就是一个难题。对于法院是否应当、何时应当以独立保函、信用证独立性的阻却事由为因下达中止支付的临时救济裁定,相关的国际条约,如《备用信用证管理》(ISP98)、《国际商会见索即付保函统一规则》(URDG758)、《联合国独立保函与备用信用证公约》等大多未明确涉及,ISP98 第 1.05 条中更是明确提出对欺诈和滥用权利等行为的适用排除。③ 只有《联合国独立保函与备用信用证公约》第 19 条对独立保函付款独立性例外情形的列举规定④,并在第 20 条明确了法院采取临时性措施的前提。⑤ 成文法对保函止付实体和程序性规定的乏善可

---

① [日]竹下守夫、藤田耕三:《注解民事保全法》,东京:青林书院,1996 年,第 246 页。转引自郭小冬:《论诉讼保全中的利益衡量问题》,《西南政法大学学报》,2009 年第 6 期。
② American Cyanamid Co. Appellants v. Ethicon Ltd. Respomdents. [1975] A.C. 396.
③ 该条规定:"有关开证权力和欺诈或滥用权利拒款等事项的排除,本规则对下列事项不予界定和规定:a.开立备用证的权力或授权;b.对签发备用证的形式要求(如:署名的书面形式);或 c.以欺诈、滥用权利或类似情况为根据对承付提出的抗辩。这些事项留给适用的法律解决。"
④ 《联合国独立保函与备用信用证公约》第 19 条规定:"如果有下列情形者:(1)任何单据非真实或系伪造者;(2)依付款请求及支持性单据,付款无正当理由的;(3)依保函的类型与目的,付款请求无可信的依据,依诚信行事的保证人有权对受益人撤销付款。下列情形均属于此处(3)项所称请求无可信依据的:(a)保函向受益人保证的意外事故或风险未发生;(b)主债务人或申请人的基础义务已经被法院或仲裁机构宣布无效;(c)基础义务毫无疑问地已经满足受益人的要求履行;(d)受益人故意不当地组织基础义务的履行的;(e)依反担保提出的付款请求,反担保的受益人亦即与反担保相关之保证的保证人恶意付款的。出现以上所列情形的,主债务人或申请人可以申请临时性法院措施。"
⑤ 《联合国独立保函与备用信用证公约》第 20 条规定:"法院采取临时性法院措施的前提为:(1)受益人已作出或者即将要做出的请求中包含第 19 条欺诈例外情形存在的高度可能性;(2)这种高度可能性需要法院依靠确凿的证据进行判断;(3)在中止支付的命令做出前法官还需考虑到'如果没有此项命令,主债务人/申请人是否将遭受严重的损失';(4)法院可以要求申请人提供法院认为适当的担保。"

陈,使得"利益衡量"原则功用凸显。

"利益衡量"原则要求法院不仅仅从字面上遵循法律的规定,更应该领会法律中所包含的利益,并且在处理案件时,保持与立法者在法律中所表现出来的利益一致的价值判断。法官需要在法律规则的框架内对案件的事实进行判断,也应该在法律规则出现空白时尝试制定新的法律规则,以弥补原有立法的不足,同时还需在法律之外的、对案件事实中诸冲突利益进行比较衡量。① 那么,法院在"保函止付"案件中应如何具体地适用"利益衡量"原则呢? 在英美法的保函止付司法实践中,"利益衡量"原则一直是法官判断是否下达临时性禁令的重要依据之一,其大量案例法在"保函止付"案件中对"利益衡量"原则的适用进程和发展对我国当前的司法实践有很强的借鉴价值。

(二)"利益衡量"在"保函止付"域外规则中的适用

从传统上看,英美法对独立保函项下银行独立性付款权利的保障极为重视,这与其社会经济环境直接相关,因为独立保函是高度商事自治下信用证高效功用性引发的市场自然选择的结果。而"商法的功能就是允许商人在其所能及的范围内自愿进行商事交易,而不必局限于那些他们认为陈旧不堪的传统所束缚"②。尽管1941年美国纽约州法院裁判的Sztejn一案被普遍视为"欺诈例外"规则适用的鼻祖型案例,并成为多国早期引入欺诈例外条款的理论依据③,但在美国,依据1995年UCC的修订版第5条第109款和官方解释中"实质性欺诈"的规定,就备用信用证而言,实质性欺诈的成立必须建立在受益人付款权利主张已无实质性依据的基础之上。这使得在美国对于"实质性欺诈"的证实必须达到"完全被证实"的标准。同样,在英国,尽管法院否认了美国的"实质性欺诈"理论,确立了以"欺诈毁灭一切(Fraud unravels all)"为基础的"受益人欺诈"标准,但对"欺诈例外"的适用标准近乎苛刻,只有在银行明确发现欺诈实际存在的情况下才可适用"欺诈例外"拒绝付款。④

---

① [日]加藤一郎:《民法的解释与利益衡量》,梁慧星译,载梁慧星主编:《民商法论丛》,北京:法律出版社,1994年,第151页。
② Kum v. WahTat Bank Ltd. [1971] 1 Lloyd's. Rep 439.
③ 陆璐:《保函欺诈例外:一例国际商事规则的中国式创新诠释》,《河南师范大学学报(哲学社会科学版)》,2018年第1期。
④ Edward Owen Engineering Ltd. v. Barclays Bank International Ltd. [1978] Q.b. 159.

在英美法中,下达临时禁令的直接目的通常是对未决之案件现状的一种维持①,法官下达临时禁令可以根据个案作出相对灵活的判断。在英国的 American Cyanamid② 一案之前,最为法院所接受的规则依然是对控辩双方提供的相关证据进行比较衡量,即当禁令申请方的证据具有压倒性优势时法院方可下达禁令。③ 直到 1975 年的 American Cyanamid 案,Diplock 大法官才提出只要申请人提出的证据"具有一定的说服力(a arguable case)",法官就可以结合"利益衡量"原则判断是否下达禁令。他认为,在临时禁令申请案件中,如果申请人证据十分有力,即便不具备压倒性优势,法官也可以结合双方在禁令下达后可能遭受的损失等因素决定是否下达禁令。

结合英美法临时禁令的基本制度和其在保函项下对"欺诈例外"规则的严格适用,对于"保函止付"禁令中欺诈的证明标准,法院没有采用一般禁令中"具有一定的说服力(a arguable case)"标准,而是针对不同案件,以"利益衡量"原则为基础,依据不同案件所涉及的利益差异在"保函止付"项下区别适用欺诈例外的证明标准。

1."欺诈成立"证据标准的普遍性适用

在英国早期的著名案例 Discount Record④ 中,由于受益人提前贴现将信用证项下的票据卖给了银行,当申请人向法院申请临时禁令阻止受益人索款和银行付款时,法官以申请人提供的证据未达到"欺诈已经成立"的证据标准为由拒绝下达禁令,这一标准与实体诉讼中"欺诈例外"的证据标准无异。换言之,除非欺诈已被完全证实,否则申请人几乎没有申请到临时禁令的可能性。在此案中,法官还明确提出,基于普通法临时禁令申请制度中"利益衡量"原则的考量,此案中的受益人已经提前贴现将项下票据卖给了银行,此时禁止其索款或禁止银行付款除了损害银行独立性付款义务外毫无意义。因此,止付申请人提供的证据必须达到绝对的标准,法官才可能干预银行的付款权利,任何低于该

---

① Adrian A.S., Zuckerman. Interlocutory Injunction on the Merits. Law Quarterly Review, 1991(196): 196-197.
② American Cyanamid Co. Appellants v. Ethicon Ltd. Respomdents. [1975] A.C. 396.
③ 丹宁勋爵曾经指出:"在民事案件中,必须达到盖然性优势证明标准。"Bater v. Bater. [1951] P 35.
④ Discount Record. Ltd. v. Barclays Bank Ltd. and Barclays Bank International Ltd. [1975] Lloyd's. Rep. 444.

程度的证明都是不够充分的。类似的"利益衡量"也被适用于美国的很多案件中①,基于"实质性欺诈"的标准,法官只有在"欺诈损害整个交易的事实被完全证明的情况下才会干预银行的付款"②。在英美法,法院将"银行信用"视为保函项下最重要的利益,除非欺诈被证明,否则依据"利益衡量"原则,银行可能遭受的信用损害一定高于申请人可能的经济损失。

2."极具争议"证明标准的区别性适用

基于长期"欺诈例外"适用的困境和欺诈在保函和信用证领域的频繁发生的矛盾,法官尝试在利益衡量的基础上降低欺诈证明的标准。在 1996 年的 Themehelp③ 一案中,大法官 Waite 针对临时性禁令的申请,在衡量了双方举证情况后,明确指出:在受益人向银行的索款行为已经发生后,申请人向法院申请止付禁令,欺诈事实必须被"明确证实(a clearly proved fraud)"。然而,如果保函受益人尚未向银行索款,申请人因察觉欺诈向法院申请禁止保函受益人向银行索款,此时的欺诈事实只要能被证明"极具争议(a seriously arguable case)"即可。法官的依据是:在受益人向银行索款前,申请人基于欺诈例外请求法院禁止受益人索款,此时涉案的当事人只有申请人和受益人,不涉及银行独立的付款权利,因此法院只需要在申请人提出的证据具有相当可信性的情况下,衡量双方可能的利益损失即可。2000 年以后,英美法中出现了一系列因保函法律关系中涉及的当事人的差异而区别欺诈证明标准的案例。④ 需要强调的是,"极具争议"的证明标准只适用于受益人尚未开始索款的阶段以阻止涉嫌欺诈的受益人索款,但不能作为法院禁止银行付款的依据。换言之,银行在保函项下独立的付款权利依然被法院认定是独立保函项下最重要的"利益"。

3.其他保函独立性阻却事由的限制性适用

基于对银行在保函项下独立付款权利的肯定,以及法院绝不允许不诚信当

---

① New Orleans Brass v. Whitney National Bank an the Louisiana Stadium and Exposition District. (2002) U.S. App. LEXIS 18496; Sava Gumarska in Kemijska Industria D.D. v. Advanced Polymer Scis, Inc. (2004) Tex. App. LEXIS 958.

② (2002) U.S. App. LEXIS 18496.

③ Themehelp Ltd. v. West. [1996] Q.B. 84.

④ Cozarnikow-Rionda Sugar Trading Inc. v. Standard Bank London Ltd. [1999] 2 Lloyd's Rep 187; Safa Ltd. v. Banque Du Caire. [2000] 2 Lloyd's Rep 600; Solo Industries UK Ltd. v. Canara Bank. [2001] 1 W.L.R 1800.

事人实施欺诈行为的基本考量①，英美国家的司法实践中近年还出现了除欺诈之外的其他"保函止付"申请事由，如"基础交易违法"作为保函索款的阻却事由，被法院在多起案件②中详细探讨。在英国 Group Josi③ 案和美国的 NMC Enterprises④ 案中，"基础交易违法"更是被明确采纳为保函和信用证止付的例外情形。在 Group Josi 一案中，法官还沿用了英国"欺诈例外"的鼻祖案件 United City Merchants 中 Diplock 大法官对"欺诈例外"非唯一性的论述佐证了基础交易违法与欺诈同样违背英国的"公序良俗（Public Policy）"，同样适用"欺诈毁灭一切（Fraud unravels all）"原则。除了违法例外之外，在新加坡⑤、澳大利亚⑥等英美法国家的司法实践中，还出现了多起以"显失公平""单据无效"为由申请"保函止付"成功的案例。尽管对此类问题是否可以真正成为止付事由在当前学界仍存在很大争议⑦，但在部分案例中被采纳的事实还是对欺诈作为保函、信用证止付的唯一例外情形提出了质疑。特别是在涉及单据无效的案件讨论中，有观点提出：基于"利益衡量"的考虑，"单据无效不可以成为申请人申请中止银行付款的独立阻却事由，但是银行有权在确认单据无效的情况下选择拒绝付款。"⑧总而言之，对于新型例外情形是否能够成为保函、信用证的止付事由，英美法系的各国法院仍有争议，但均认同将银行在保函项下的独立性付款权利置于"利益衡量"考量下的首要位置。

---

① 陆璐：《独立保函国内适用难题研究——以信用证欺诈例外规则的引入为视角》，《苏州大学学报（社会哲学科学版）》，2014年第6期，第86页。
② Mabonia Ltd. v. JP Morgan Chase Bank and West LB AG. [2004] EWHC 1938; Dauphin Offshore Engineering & Trading Pte Ltd. v. The Private Office of HRH Sheikh Sultan bin Khalifa. [2002] 1 SLR 657; Group Josi Re v. Walbrook Insurance Co. Ltd. [1996] 1 W.L.R.1152.
③ Group Josi Re v. Walbrook Insurance Co. Ltd. [1996] 1 W.L.R.1152.
④ NMC Enterprises, Inc. v. Columbia Broadcasting System, Inc. [1974] W.L.R.1758.
⑤ Bocotra Construction Pte Ltd. v. A-G (No 2). [1995] 2 SLR 733.; Raymond Construction Pte Ltd. v. Low Yang Tong & Anor. [1996] SGHC 136.; GHL Pte Ltd. v. Unitrack Building Construction Pte Ltd. and Another. [1999] SGCA 60.
⑥ Horlico (Australia) Pty Ltd. v. Energy Equipment Co. (Australia) Pty Ltd. [1985] 1 NSWLR 545; Boral Formwork & Seaffolding Pty Ltd. v. Action Makers Ltd. [2003] NSWSC 713.
⑦ E.g. L.Chin, Y. Wong. Autonomy: A Nullity Exception. Last M.C.L.Q. 14 (2004); Neo. A Nullity Exception. Singapore Journal of Legal Studies, 46 (2004), and Kieran Donnelly. Nothing for Nothing: A Nullity Exception in Letters of Credit? J.B.L.316 (2008).
⑧ 在英国的 Montrod Ltd. v. Grundkotter Fleischvertrieds GmbH. [2001] EWCA Civ 1954, [2002] 1 W.L.R 1975.一案中，尽管单据无效未能作为银行在保函项下的付款阻却事由被采纳，但银行在单据无效的可能情形出现时，对是否付款的选择权依然被法院确认。

整体而言,"在依据欺诈例外向法院申请止付禁令的案件中,经过'利益平衡'原则的考量,禁令申请成功的几率是极低的"①。这主要是基于英美法法官对信用证和独立保函项下独立性原则的尊重。"银行作为止付申请的被申请人,他独立的付款义务是独立保函赖以生存的基础,从'利益衡量'的角度,相较于受益人,银行才是止付令错误下达的情形下更为严重的利益损害方,对于银行而言,损失的是它的声誉,更是它的金融诚信和缔约诚信,更进一步,银行信用的丧失可能导致整个独立保函制度的崩塌。"②英美法认为,在申请人向法院申请"保函止付"的案件中,相较于申请人可能的经济损失,银行独立的付款权利是独立保函项下最重要的利益,银行信用的缺失会动摇独立保函的制度根基,进而损害整个独立保函制度的"制度利益"。对于银行而言,如果试图在独立保函、信用证等单据业务中获得成功,须严守独立性的付款义务。而从法院的角度,出于对独立保函制度基本理念的认同,必须以其"制度利益"为先,谨慎干预银行付款。

(三)我国当前"保函止付"规则下应然的"利益衡量"

基于行为保全的特殊性和当前我国"保函止付"司法实践中出现的问题,借鉴域外法在行为保全制度下对"利益衡量"原则的普遍适用,在"保函止付"制度中引入"利益衡量"原则十分必要。英美法在"保函止付"案件中对"利益衡量"的适用和发展给予我国司法实践相当大的启迪。然而,如同任何法律对权利义务的规定都不可避免地受到其法域内历史文化和社会发展需求的影响一样,"利益衡量"在我国的适用必然也会由于法律文化、社会制度的不同与英美法存在差异。英美法以"利益衡量"原则为基础,依据不同案件所涉及的利益差异在"保函止付"项下区别适用欺诈例外的证明标准,这一方法在很大程度上是源于其判例法传统,法官判案的过程本身也是造法的过程。因此,法官通过"利益衡量"而作出的判决也会成为其法律的一部分,银行信用作为独立保函"制度利益"的体现正是通过判例法被不断确认的。但是,在我国,对于"制度利益"的确认,是通过立法机关的立法来完成的,一部法的制定实际上就是

---

① Czarnikow — Rionda Sugar Trading Inc.v.Standard Bank London.〔1999〕2 Lloyd's ep.187.
② Bolivinter Oil S.A v. Chase Manhanttan Bank, Commercial Bank of Syria and General Company of Homs Refinery.〔1984〕1 Lloyds' Rep 251.

一次"利益衡量"的结果。因此,我国司法对"利益衡量"原则的适用应当与英美法有所区别。

　　源自自由法学和利益法学的"利益衡量"理论,最初是作为法律解释和法律适用的方法论出现的。①利益法学认为,法律规范构成了立法者为解决各种利益冲突而制定的原则和原理,法律规范的制定就是一种价值判断的形成。但法律常常是不健全的,因此,法官应当首先确认立法者订立的法律规则所保护的利益,并以此为依据结合自己对利益的判断处理案件。②"利益衡量"的前提是客观上存在利益的冲突,正如马克思所说:"平衡总是以有什么东西要平衡为前提。"③"法律的目的只在于,以赋予特定利益优先地位,而他种利益相对必须作一定程度退让的方式,来规整个人或社会团体之间可能发生,并且已经被类型化的利益冲突。"④基于此种理念,司法中的"利益平衡"应当在识别具体的法律规范所调整的利益类型的基础上,分析不同利益间可能存在的冲突:首先依据法律对各利益的排序明确利益的保护顺序;如果法律规定不明确,则应先探索该法律制度创设的社会价值,即其立法目的和"制度利益",通过探求立法者的意图来确定保护的对象,并结合域内社会经济发展的实际需要,对不同利益分层次进行比较,判断其利益位阶的优劣;当在利益位阶明确的基础上,还应当深入案件事实,通过对"个案"的衡量,对冲突利益的比较,在保障优势利益的同时,将相冲突的其他利益的损失控制在合理的范围之内,使所有的法律价值都能得到最妥善的衡平。⑤

　　简言之,不同于英美法,在我国,法官在审理案件中的"利益衡量"不是立法的过程。相反,当法律有明文规定,并且其适用也不会造成实质的不正义时,不能运用"利益衡量"。"利益衡量"只是一种法律解释的方法而非法的创造,法院应当依据立法中所体现的价值取向作利益取舍。

---

① 吴从周:《概念法学、利益法学与价值法学:探索一部民法方法论的演变史》,北京:中国法制出版社,2011年,第20-21页。
② Philipp Heck. The Formation of Concepts and the Juripru2dence of Interests: The Juripudence of Interests. Magadalena Schooch. Harvard University Press, 1948: 33. 转引自王振东:《现代西方法学流派》,北京:中国人民大学出版社,2006年,第160页。
③ 《马克思恩格斯全集》第26卷,北京:人民出版社,1973年,第604页。
④ [德]卡尔·拉伦茨:《法学方法论》,陈爱娥译,北京:商务印书馆,2003年,第1页。
⑤ 王利明:《民法上的利益位阶及其考量》,《法学家》,2014年第1期,第82页。

1. 明确"保函止付"下具体当事人的利益类型

《独立保函司法解释》第 14 条在对裁定中止支付的要件规定中,只将"给申请人的合法权益造成难以弥补的损害"明确为法院应考量的损失因素,实际上一旦法院下达止付裁定,受益人基于独立保函的索款利益可能遭受损害,作为被申请人的银行或者其他金融机构一旦被止付则可能损失商业信誉和信用,如果保函是涉外保函,被申请人可能还要承担在海外被诉的风险及巨额的经济损失。基于此,在审理"保函止付"申请的案件中,存在的利益类型应当包括:申请人可能遭受的损失、受益人的索款利益及被申请人可能遭受的利益损失。

2. 确认"保函止付"下各利益间之位阶

对利益位阶的确认其实也是对立法目的的探索,而基于立法目的形成的法律制度正是其"制度利益"的直接表现。然而,一部法律所保护的利益范围往往是多元的,但各项利益并不具有同等的价值,"利益衡量"正是要求司法机关通过对不同利益的比较,区分利益的优先性。

(1) 法定要件成立之情形

一般情况下,法律对权利和利益的设定,都会依据不同的价值追求加以排序,立法者在设定各种法益的时候,就应当区分各种法益保护的等级。[①] 如果法律已经确认了某种利益应当被优先保护,就应当严格遵守法律的规定,按照法定顺序对相关利益进行保护,此时不需要"利益衡量"。《独立保函司法解释》结合我国《民事诉讼法》有关行为保全的规定将欺诈的高度可能性、情况的紧急性、损失的难以弥补性及担保的足额性列为中止银行付款的基本要件,其目的是防止日后申请人在欺诈事实成立的情况下遭受不可挽回的损失。依据法律条文的表面规则,在要件均成立的情形下,相对于受益人的索款利益和被申请人的经济损失和信用损害,止付申请人可能的经济损失应处于优势的利益位阶,足额的担保在一定程度上减少了受益人正当索款利益损失的可能性。

(2) 法定要件缺失的情形

在一些情况下,立法者对于不同利益之间的排序在立法中并不能明确体现,这就需要法官行使自由裁量权,通过法律解释,依据案件的具体情况在司法

---

① Basil Markesinis. Foreign Law and Comparative Methodology: A Subject and A Thesis. Hart Publishing House,1997:235.

过程中进行价值的衡量和利益的取舍,决定优先保护何种利益。《独立保函司法解释》第 14 条将欺诈的高度可能性、情况的紧急性、损失的难以弥补性及担保的足额性作为下达止付裁定的要件,而对于这些要件应如何判定,法律并未提供明确的依据和判决思路。这在很大程度上源于大陆法系民事诉讼"自由心证"的原则,然而将"担保的足额性"作为下达保函止付令的判定要件,要求"止付申请人提供了足以弥补被申请人因止付可能遭受损失的担保",这从根本上是混同了财产保全与行为保全的下达目的,没能意识到错误的行为保全措施对被申请人利益的巨大损害,此损害常常是很难以金钱衡量的。何等的担保数额足以弥补错误止付可能给银行带来的信用损失? 此要素必然成为司法实践中的认定难题,当前的司法判例中甚至出现了以保函数额为合理担保数额的裁决。[①] 这等于是又混同了"受益人索款利益"与"被申请人的经济损失和利益损失",彻底扭曲了保函项下各方当事人的合法利益。如果以当前立法规定的要件为"保函止付"的下达条件,那么止付令的下达概率几乎为零。

对个案具体的利益衡量应当寻求现行法的根据,一旦法律出现漏洞,法官则应依据"利益衡量"在司法过程中进行价值判断和利益取舍。此时确定利益位阶实际上是对立法目的的探究,即依据现行法的立法目的进行价值判断。如果认定当前的法律规定不具有可适用性,法官就应当通过"利益衡量"进行补充和解释。"保函止付"的规定是《独立保函司法解释》的组成部分,而该解释制定的直接目的是"为正确审理独立保函纠纷案件,切实维护当事人的合法权益,服务和保障'一带一路'建设,促进对外开放",而保函的独立性是此立法目的实现的基础。"保函止付"的规定是针对独立性的例外情形(保函欺诈和滥用)的适用规则,是特殊情况下的金融机构付款的阻却事由,只有在相关要件均符合的情况下方可适用。当止付要件不能全部满足时,法院强制要求银行中止付款,表面上看可能损害受益人的索款利益,深层次上则是对银行独立付款义务的否认,更是对银行信用的严重损害。而银行信用价值的缺失将导致整个独立保函制度的失效,也会使得《独立保函司法解释》失去其应有的立法价值。毫无疑问,基于"利益衡量",银行作为被申请人可能遭受的信用损害相较于止付申请

---

① 如"辽宁奉天机械贸易有限公司与 SINO 股份公司保函保全一审民事纠纷案",沈阳高新技术产业开发区人民法院(2017)辽 0192 财保 1 号。

人可能之经济损失应处于优势利益位阶。

与此相区别的是,在不涉及被申请人的付款权利的情况下,保函受益人的索款利益由于不涉及保函项下的独立性原则,应与止付申请人可能之经济损失处于相同的利益位阶。此时,法官可以依据比例原则衡量双方可能之损失大小并进行比较,进而作出裁决。在英美法的禁令申请中,如果申请人在受益人向银行索款前察觉欺诈的可能性,继而向法院申请禁止受益人索款,法官则会衡量双方可能之利益损失,此类禁令下达概率相较禁止银行支付类要高得多。①

3. 基于具体个案的"利益衡量"

"利益衡量"并不是简单的利益排序,在确定了法律关系中所涉利益之具体位阶之后,法官还应当根据个案事实及其所处的社会环境充分衡量相对优势利益与弱势利益的冲突后果,在保障优势利益的同时尽量使其他利益的损失降至最低。然而,基于我国当前法定要件中对"止付申请人提供了足以弥补被申请人因止付可能遭受损失的担保"的明确规定,依据现行规则,在独立保函制度下处于优势利益位阶的"被申请人基于止付可能遭受的损失"的可弥补性,应当作为"保函止付"裁定下达的第一要素。由此看来,如果法官严格适用《独立保函司法解释》中对"保函止付"的规定,止付申请应当无实现之可能。

(四)"利益衡量"指引下"保函止付"的规则重塑

"利益衡量"要求法官结合"制度利益"和区域现状对法律作出符合社会需求的解释,其最终目的是促进立法的完善,使法律更契合社会、伦理、经济的发展与变迁。法官在"利益衡量"中发现的新问题就可能促进法律制度本身的发展,如果发现现行法律制度对出现的问题不能提供足够救济,则可能代表着修改或创设法律制度的必要性。②

1. 调整下达中止支付裁定的必备条件

《独立保函司法解释》第14条对下达止付裁定要件的规定成为司法实践的重大障碍,其中"止付申请人提供了足以弥补被申请人因止付可能遭受损失的担保"的规定混同了被申请人和受益人在止付项下可能遭受的损失差异,这与我国当前《民事诉讼法》项下行为保全实体性和程序性规则不完善不无关系。

---

① Themehelp Ltd v. West. [1996] Q.B. 84.
② 梁上上:《制度利益衡量的逻辑》,《中国法学》,2012年第4期,第77页。

如果严格适用此要件,则"保函止付令"几乎无下达的可能性。当前,我国司法出现大量"保函止付"裁定下达的情况正是法官对相关要件宽松适用的结果。基于被申请人可能遭受的损失很难用具体金额衡量,而止付可能的直接经济损失人为受益人,建议将第 14 条第 3 款更改为"止付申请人提供了足以弥补受益人因止付可能遭受损失的担保"。

2. 增加条款明确"利益衡量"下应当综合考量的因素

基于"保函止付"具有行为保全的性质,错误止付可能给被申请人及受益人造成巨大损失,建议引入"利益衡量"原则,以保证"保函止付"裁定下达的严格性①,增加法院审查"保函止付"申请应当考量的因素条款,要求法官在确认法定要件成立的基础上,将"受益人可能的利益损失""申请人可能的利益损失""申请人与受益人可能遭受的利益损失的比较""被申请人可能的利益损失"等列为法院裁定是否下达止付令时综合考量的因素。由于被申请人可能的利益损失包括信用损害,且是独立保函立法的制度利益体现,建议法院在"保函止付"的必备条件完全具备的情形下对相关因素进行综合考量,而不是简单地将止付裁定可能涉及的利益直接比较得出结果,避免出现英美法"保函止付"申请标准过于严苛的情况。

3. 增加对"欺诈的高度可能性"的解释条款

"欺诈的高度可能性"作为法官中止支付的关键考量。出于临时救济的效率要求,法官必须在 48 小时内基于申请人提供的证据材料作出裁定②,在如此短的时间内仅凭申请人提供单方面证据,要求法官对"欺诈的高度可能性"作出判断,这的确是非常困难的。再加上对于"高度可能性"这一民事诉讼法下的证明标准,尽管有大量学者进行了研究和讨论③,认为"高度可能性"标准应该达到:依据相关证据,法官虽未完全排除怀疑,但内心形成事实极有可能或非常

---

① 作为当前唯一以成文法形式规定保函项下临时禁令的国际法规则——《联合国独立保函与备用信用证公约》,其第 20 条将"欺诈的高度可能性"认定作为临时禁令下达的唯一必要条件,将其他诸因素作为应当考量的因素。
② 参见《独立保函司法解释》第 16 条。
③ 学者更多是对与"高度可能性"相类似的"高度盖然性"标准进行讨论。2015 年,最高人民法院发布的《关于适用〈中华人民共和国民事诉讼法〉的解释》首次采用了"高度可能性"的表述,最高人民法院的官方解释指出,"高度可能性"即指"高度盖然性"。参见阎巍:《对我国民事诉讼证明标准的再审视》,《人民司法(应用)》,2016 年第 31 期,第 94 页。

可能如此的判断①,从百分比的角度看,应达到80%—90%。然而,由于缺乏明确的法律依据,在司法实践中法官对这一概念的理解仍然存在很大差异,在各类案件的判决书中更是出现了"高度盖然性""证明优势""优势证据""排除合理怀疑""盖然性占优势"等各种概念②,当前司法实践中"保函止付令"下达的随意性也是例证。基于"欺诈的高度可能性"要素于"保函止付"案件中的关键性作用以及行为保全错误可能给被申请人造成的重大损害,建议在《独立保函司法解释》中增加专门条款对其进行适当解释,明确其标准高度。值得一提的是,最高人民法院在2018年12月发布的《关于审查知识产权纠纷行为保全案件适用法律若干问题的规定》作为针对具体行为保全措施的单向规定,就根据知识产权纠纷案件的特殊性,对"情况紧急""难以弥补的损害""知识产权效力稳定"等涉及法官自由裁量的疑难问题作出了引导性解释③,这对于同属"行为保全措施"的"保函止付"规则制定有重要参考价值。

---

① 江伟:《民事诉讼法》(第四版),北京:高等教育出版社,2013年,第225页;李浩:《民事诉讼法学》(第二版),北京:法律出版社,2014年,第235页;张卫平:《民事诉讼法》(第三版),北京:中国人民大学出版社,2015年,第188页。
② 吴泽勇:《中国法上的民事诉讼证明标准》,《清华法学》,2013年第1期。
③ 《关于审查知识产权纠纷行为保全案件适用法律若干问题的规定》第6条、第8条、第10条。

第四编

单据与付款请求权

> "社会的法律运行、资源配置的进化过程就是以交易成本最低为原则,不断的重新配置权利、调整权利结构和变革实施程序的过程。"
>
> ——波斯纳《法律的经济分析(上)》①

---

① [美]波斯纳著:《法律的经济分析(上)》,蒋兆康译,北京:中国大百科全书出版社,2003年,第18页。

一、法理：保函之形式合理性——单据性

独立保函受益人行使付款请求权以交单义务的履行为前提。受益人向开立人提交单据的同时享有付款请求权，开立人享有在一定期限内按照一定标准审查单据的权利，交单与索款是独立保函法律关系的核心环节。在独立保函法律关系中，独立性优势为制度存在的实质合理性提供了基本依托，然而其受益人独立地位的实现正是通过单据的形式化实现的。开立人在面对受益人的索赔请求时，不需要审查基础合同的实际履行情况，而是以保函约定之单据为判定依据。银行等金融机构作为置身于基础合同之外的法律主体，并未参与基础合同的订立过程，因此，开立人在开立保函时，并不需要了解基础合同的交易实质，开立人也常常不具备审查基础合同履行情况的专业技术能力。在独立保函中，开立人既不需要调查基础合同当事人的履约情况，对基础合同的债权债务关系也无了解的义务，在不征得保函申请人同意的情况下，开立人就可以完全依据保函条款，审查条款约定之单据，决定是否付款给受益人，也即根据受益人是否提交了表面相符的单据作出是否付款的判断。独立保函表面相符的原则，作为单据性原则的延伸，使得其制度运行具有了形式的合理性，一方面开立人可以避免卷入基础合同纠纷，另一方面开立人也可以在自己的业务能力内迅速高效地对是否向受益人偿款作出判断。对于开立人来说，审查单据既是一项义务，也是一项权利。相对于指示人而言，开立人具有审查单据的义务，若开立人未审慎履行审查单据的义务，在受益人不符索赔条件时仍对其付款，则开立人将无权向指示人追偿。

具体而言，单据相符原则包括以下含义：

（一）表面相符

"担保人的单据审查义务只限于表面相符。担保人对单据的精确性和真实

性不负责,仅仅审查单据与担保文件的要求在表面上是否相符。担保人并无义务对单据表面以外的内容进行实质审查。"①这是独立保函的独立性的基本体现。根据表面相符标准,对于受益人提出的付款请求,开证人只能审核其内容与独立保函规定的条款是否相符,开证人不对单据的真实性负责,也不能要求受益人提交保函文本规定以外的单据。审单义务仅限于单据的表面审核,不涉及申请人和受益人之间基础交易的争议,开证人只需要对表面相符的单据付款。

(二) 单据与单据相符

受益人提交的单据之间应当相互一致。如果单据之间存在冲突,担保人应当拒绝付款。

在 CA Brussels,4 January 1989 案②中,独立保函文本规定的单据要求是一项 800 吨奶粉的买卖合同的未履行说明,但是实际上该合同标的额为 500 吨奶粉。受益人在索款声明中称当事人未能履行交付 500 吨奶粉的义务并请求支付 66 400 美元,银行对受益人的请求进行了承付。法院认为银行未尽到其审单义务,因为审慎的银行将会发现单据的不符并只支付部分款项。

(三) 单据与付款条件相符

单据与付款条件相符是单据相符的核心内容,早期单据相符的要求是由银行业习惯和判例法来确定。在不同国家和地区,法院对单据相符的认定也存在一定差异,但整体而言都较为严格。③

---

① Roy Goode. Guide to the ICC Rules for Demand Guarantees. ICC publication Na. 510, 1992: 19.
② T. Roeland Bertrams. Bank Guarantees in International Trade(3rd editon). Kluwer Law Press, 2004: 144.
③ 在 IE Contractors v.Lloyd's Bank Plc and Rafidain Bank. [1990]2 Lloyd's Rep 496 案中,履约保函规定担保人在受益人提交表明"因为申请人所导致的损害而索取款项"时无条件付款。英国上诉法院认为,该付款条件的满足除了受益人提出索款请求外还需要指明是"因为申请人导致的损害";在马来西亚的 Frank Maas(UK)Ltd.v.Habib Bank Ag Zurich. [1995] MUJ 449 案中,履约保函规定受益人需要提交一份表明"申请人未支付基础合同款项"的书面声明。受益人在提交的声明中指出,"我们索偿 500 000 英镑,因为当事人未能履行其基础交易中的义务"。法院的判决认为,受益人的索款请求未能满足付款条件。

二、中国法：规范与理念——单一形式化的表面相符审查规则

> **《独立保函司法解释》**
>
> **第六条** 受益人提交的单据与独立保函条款之间、单据与单据之间表面相符，受益人请求开立人依据独立保函承担付款责任的，人民法院应予支持。
>
> 开立人以基础交易关系或独立保函申请关系对付款义务提出抗辩的，人民法院不予支持，但有本规定第十二条情形的除外。
>
> **第七条** 人民法院在认定是否构成表面相符时，应当根据独立保函载明的审单标准进行审查；独立保函未载明的，可以参照适用国际商会确定的相关审单标准。
>
> 单据与独立保函条款之间、单据与单据之间表面上不完全一致，但并不导致相互之间产生歧义的，人民法院应当认定构成表面相符。
>
> **第八条** 开立人有独立审查单据的权利与义务，有权自行决定单据与独立保函条款之间、单据与单据之间是否表面相符，并自行决定接受或拒绝接受不符点。
>
> 开立人已向受益人明确表示接受不符点，受益人请求开立人承担付款责任的，人民法院应予支持。
>
> 开立人拒绝接受不符点，受益人以保函申请人已接受不符点为由请求开立人承担付款责任的，人民法院不予支持。
>
> 开立人依据独立保函付款后向保函申请人追偿的，人民法院应予支持，但受益人提交的单据存在不符点的除外。
>
> **《见索即付保函统一规则》**
>
> 第19条a款规定："担保人应仅基于交单本身确定其是否表面上构成相符交单"；

第 19 条 b 款规定:"保函所要求的单据的内容应结合单据本身、保函和本规则进行审核。单据的内容无须与该单据的其他内容、其他要求的单据或保函中的内容等同一致,但不得矛盾。"

《国际备用证惯例》

第 2.01 条规定:"开证人承担向受益人承付按本规则及标准备用证惯例表面上符合备用证条款的提示的义务。"

《联合国独立保函与备用信用证公约》

第 16 条第 1 款规定:"担保人/开证人应按照第 14 条第(1)款所述的行为准则审查索款要求及任何所附单据。在确定所附单据是否表面上符合承保的条款和条件以及相互之间是否一致时,担保人/开证人应适当考虑到在独立保函或备用信用证方面适用的国际标准。"

独立性是独立保函存在的实质性基础,而单据则是其得以存续的形式载体与保障。在《独立保函司法解释》框架之中,独立保函的单据性体现在以下方面:其一,独立保函的数额、有效期、付款条件、终止条件等都取决于独立保函文本的规定,其他文件不构成对这些内容的影响;其二,受益人所应提交的单据由独立保函文本规定,不受其他关系的影响;其三,独立保函项下担保人的付款义务与单据表面要求相一致,既不需要确保单据真实性,也不涉及对单据项下基础交易或事实的了解或调查,比如基础交易中的违约事实的调查。担保人的独立审单权利和受益人独立的付款请求权也是独立性与单据性在独立保函法律关系中的一体两面。在司法审判中,法律规则得以具象化。

(一)以"保函文本载明"为单据审核的唯一依据

首先,独立保函的审单标准应当根据独立保函相关约定确定,除了独立保函(载明)约定的单据,受益人无须另行提供其他佐证材料。受益人提交的单据与独立保函条款之间表面相符,即构成交单相符;

第二,当事人在保函中约定了审单条款和条件,则法院应适用该规则进行审查。在保函条款和条件清晰的情况下,开立人仅需考虑单据与保函条款条件是否表面相符即可,并无进一步探究基础关系项下真实情况及单据来历及真伪的注意义务。

(二)独立保函的审单依据具有单一性

第一,"相符交单"是担保人的付款义务所附的唯一条件,即受益人请求付款并提交符合独立保函要求的单据,即相符交单。只有在相符交单的条件成就时,才产生担保人的付款义务。

第二,担保人可凭自我意思进行单据审核和判断,不受制于申请人的意思和指示,即审单行为的独立性。

第三,担保人的抗辩权具有单一性。担保人既不享有先诉抗辩权,也不享有基础交易债务人的抗辩权。除法定情形外,担保人只能以受益人提交单据与独立保函文本的规定不符为由提出抗辩,而不能依据独立保函文本以外的基础交易关系或独立保函申请关系进行抗辩;

第四,在独立保函中,当事人的意思自治受到了一定程度的限制,变更与保函相关的原合同任何条款,应事先征得担保人书面认可。

(三)对保函单据的审核遵循表面相符原则

第一,"相符交单"是指所提交的单据及其内容首先与该保函条款和条件相符,其次与该保函条款和条件一致的本规则有关内容相符,最后在保函及本规则均无相关规定的情况下与见索即付保函国际标准实务相符。

第二,人民法院在认定是否构成表面相符时,应当根据独立保函载明的审单标准进行审查;独立保函未载明的,可以参照适用国际商会确定的相关审单标准。

第三,"表面相符"是一种形式审查标准,除了独立保函约定的单据,受益人无须另行提供其他佐证材料。

第四,开立人仅对单据与保函之间、单据与单据之间是否相符进行表面的审查,即这些单据表面上看起来是否相符,单据与独立保函条款之间表面上不完全一致,并不必然导致索赔无效。比如,索赔函中受益人的名称与保函所载不符但能确定两者系同一主体,不会导致产生歧义的,人民法院应当认定构成"表面相符",确认该索赔函的效力。

三、中国法：实践

我国《独立保函司法解释》第6条参考国际商事规则，将表面相符原则作为保函制度的基本原则加以明确，并在第7条、第8条和第9条列举了审单人的权利及义务，同时提出"独立保函未载明的，可以参照适用国际商会确定的相关审单标准"。事实上，作为独立保函制度存在之重要的形式以及其法理的重要体现的表面相符原则，其具体规则体系也应当根据独立保函商事功用的具体需求呈现一定的延展性。独立保函制度作为国际商事需求的产物，其本身也是在国际交往中产生、发展，经历多次修订形成的统一规则，这也是国际性独立保函制度呈现地域性发展的重要原因。

案例 4.1

厦门金宝大酒店与紫金财产保险股份有限公司厦门分公司保证保险合同纠纷案

二审：福建省厦门市中级人民法院（2020）闽02民终2726号

2018年12月16日，厦门金宝大酒店（以下简称厦门金宝酒店）就厦门金宝酒店装修工程进行公开招标。招标代理机构为福建省建设工程咨询有限公司。投标保证金为40万元。投保人可以以现金、银行保函、工程担保公司出具的保函、保险公司出具的投标保证保险形式提交保证金。投标须知第18.3款约定，投标人存在投标须知第20.6款规定的雷同情形之一，其投标保证金不予退还：（1）不同投标人的电子投标文件上传的计算机网卡MAC地址、CPU序列号和硬盘序列号等硬件信息均相同的；（2）不同投标人的已标价工程量清单XML电子文档记录的计价软件加密锁序列号信息有一条及以上相同的；（3）不同投标人的技术文件经电子投标交易平台查重分析，内容异常一致或者实质性相同的。

2019年1月14日，广西建工集团第二建筑工程有限责任公司（以下简称广西建工公司）参加厦门金宝酒店装修工程施工的投标，并于2019年1月7日以厦门金宝酒店为被保险人，向紫金财产保险股份有限公司厦门分公司（以下简称紫金保险厦门分公司)投保投标保证保险。投标保证保险合同约定,紫金保险厦门分公司愿意无条件地、不可撤销地就投保人广西建工公司参加厦门金宝酒店装修工程项目投标向厦门金宝酒店提供保证保险。紫金保险厦门分公司承诺在收到厦门金宝酒店书面通知,说明下列事实的任何一条时,保证在7日内无条件地给付厦门金宝酒店不超过40万元的款项:……投标人的投标文件存在投标须知第20.6款规定的雷同情形之一。同日,厦门金宝酒店装修工程项目从福建省综合评标专家库网络终端抽取评标专家组成评标委员会,对参加投标的1032家投保单位的投标文件进行评标。其中,评标报告中投标文件雷同情况显示,广西建工公司的投标文件在制作已标价工程量清单XML电子文档的软硬件信息中计价软件加密锁信息重复内容及制作已标价工程量清单XML电子文档的软硬件信息中计算机硬件信息重复内容两个项目与他人存在雷同。2019年3月6日,厦门金宝酒店向紫金保险厦门分公司发出告知函,告知因广西建工公司的投标文件存在投标须知第20.6款规定的雷同情形之一,厦门金宝酒店已正式书面通知紫金保险厦门分公司在收到告知函的7日内向厦门金宝酒店支付人民币40万元。紫金保险厦门分公司未向厦门金宝酒店支付人民币40万元,故厦门金宝酒店诉至厦门市思明区人民法院,请求判令紫金保险厦门分公司向厦门金宝酒店支付人民币40万元。

福建省厦门市中级人民法院认定紫金保险厦门分公司出具的投标保证保险系独立保函,该独立保函约定受益人厦门金宝酒店索赔时仅须提交"说明事实"的书面通知,据此,金宝酒店索赔时提交了内容为"广西建工公司的投标文件存在投标须知第20.6款规定的雷同情形之一"的告知函,告知函与独立保函中要求的单据"说明事实"相符,故受益人金宝酒店享有付款请求权,紫金保险厦门分公司应当按照履约保函的约定承担付款责任。

【裁判要旨】

独立保函审单时"表面相符"的认定标准是本案的焦点问题之一。受益人提交的单据与独立保函条款之间表面相符,即构成交单相符。"表面相符"是一种形式审查标准,除了独立保函约定的单据,受益人无需另行提供其他单据。独立保函的审单标准应当根据独立保函相关约定确定,除了独立保函(载明)约定的单据,受益人无须另行提供其他佐证材料。

> 案例 4.2

现代重工有限公司与中国工商银行股份有限公司浙江省分行保证合同纠纷案

浙江省高级人民法院(2016)浙民终 157 号

2013年11月8日,现代重工有限公司(以下简称现代公司)与中高公司签订柴油发电机组供货合同。同月20日,中高公司向中国工商银行股份有限公司浙江省分行(以下简称工商银行浙江分行)申请开立付款保函,并约定付款条件见保函正本。

当地时间2013年11月22日18时50分,工商银行浙江分行通过韩国外换银行向现代公司开出一份不可撤销见索即付保函载明:"经申请人(中高公司)请求,我行,即中国工商银行股份有限公司浙江省分行特此签发本保函,并不可撤销地承诺,在收到贵公司通过贵方银行转发的首次书面索偿要求,声明申请人违反合同项下的付款义务以及违约行为时,在7个营业日内向贵公司支付任何一笔或数笔总额不超过6 648 010美元的款项。贵公司提交付款索偿要求时,需一并提交以下单据:1.凭指示的标注运费到付通知人为申请人的清洁海运提单副本。2.经签署的装箱单副本三(3)份。3.经签署的商业发票副本三(3)份。4.原产地证书。5.车间测试报告。本保函金额按照申请人或我行已付的款项或款项加利息金额,自动按比例减少。本付款保函自签发之日起生效,最迟于2014年7月8日到期。因此,本保函下的任何索偿要求必须于到期日或之前送达我行即中国工商银行股份有限公司浙江省分行(地址:中国浙江省杭州市中河中路150号,邮编310009,传真86-576-87336732,收件人:国际部)。该书面索偿要求必须通过贵方银行采用快递或经验证的SWIFT信息形式发给我行。不接受其他提交方式。到期后,不论保函是否交还我行以进行作废处理,本保函均应自动失效。本保函须遵守URDG758。"该报文主文标示日期为2013年11月22日。韩国外换银行收到日期为2013年11月25日。

2013年12月24日,韩国外换银行向工商银行浙江分行发出托收电文,金额为6 648 010美元,期限为见票后180日,出票人为现代公司、付款人为中高公司,并提示工商银行浙江分行承兑交单,同时提交以下托收单据:汇票正本2

份、发票正本1份加副本2份、提单副本1份、装箱单正本1份副本2份、产地证正本1份、其他正本1份。该托收业务适用托收统一规则,国际商会第522号出版物。2013年12月25日工商银行浙江分行收到上述单据。2013年12月26日,工商银行浙江分行通知中高公司办理付款、承兑或拒单手续,并声明其对单据及所代表的货物种类、数量、质量的真实性和完整有效性不承担任何责任。中高公司向工商银行浙江分行表示同意承兑并到期付款。2014年1月7日,工商银行浙江分行向韩国外换银行发送承兑通知,接收金额为2014年6月23日6 648 010美元。2014年3月6日,现代公司通过韩国外换银行通知工商银行浙江分行票据托收部门承兑交单未签收及到期日错误。当地时间2014年4月10日18时33分,现代公司通过韩国外换银行向工商银行浙江分行以SWIFT信息形式发出索偿电文,要求支付保函项下6 648 010美元,且确认根据受益人一方进行的判断,申请人无法履行本合同的任何要求。电文同时记述受益人的相关付款文件已经通过邮递的方式送交给工商银行浙江分行。2014年4月11日,工商银行浙江分行向韩国外换银行发送报文修改承兑通知称付款人同意将原先的承兑到期日修改为2014年6月7日。当地时间2014年4月15日18时22分,工商银行浙江分行向韩国外换银行发出电文告知:请通过经验证的SWIFT电文向我方确认你方2014年4月10日通过MT799格式发出的索赔可以撤回。

当地时间2014年4月24日19时,韩国外换银行回复工商银行浙江分行称:你方4月16日发来的MT799自由格式SWIFT报文称:请知悉该索赔仍然有效并未被撤销。我方客户现代公司确认如下信息:中高公司未能开立第三份分期付款保函并且索取你方开立的付款保函项下款项。当地时间2014年4月25日19时32分,韩国外换银行向工商银行浙江分行再一次重申前一日电文中的上述内容。

当地时间2014年4月29日17时23分,工商银行浙江分行向韩国外换银行发电文称:"在2014年4月10日的电文中你方称受益人的索赔相关单据已经邮寄给我们,我们至今未收到上述单据。我们将在交单完整后开始审查受益人的索赔并决定是否索赔相符,适用URDG 758第20(A)款。"韩国外换银行收到时间为2014年4月30日。

2014年5月4日,工商银行浙江分行收到现代公司通过韩国外换银行快递的索赔单据,包括有:记名提单副本、3份装箱单副本、3份商业发票副本、原产地证明、车间测试报告。该提单显示收货人为中高公司,通知人为中高公司,包装件数为13件。装箱单显示货物说明为3套柴油发电机组,共计31件。

2014年5月8日,工商银行浙江分行向韩国外换银行发电文并要求其向现代公司转发信息称:"关于贵司通过韩国外换银行就我行于2013年11月22日签发的编号为LG338011300239,金额为6 648 010美元的付款保函的索赔请求。请知悉贵司分别于2014年4月10日、4月24日以及4月25日通过MT799格式电文提出的索赔请求不符合我行上述保函的规定。另外,我行于2014年5月4日收到的相关付款单据由于存在以下不符点无法构成相符索赔:1.未签发凭指示提单。2.未提交提单附表。3.装箱单显示数量为31件与提单不符。因此,根据上述保函条款,贵司根据上述保函提出的索赔我行予以拒付。"当地时间2014年5月13日18时51分,韩国外换银行发送报文告知工商银行浙江分行保函项下对单据副本的审核标准不同于信用证项下对单据原件的审核标准。单据均已发送给申请人,货物已被申请人接受。报文已经证实了受益人声明申请人没有履行合同规定的义务,开证行无权拒绝付款。

当地时间2014年5月16日17时8分,工商银行浙江分行向韩国外换银行发电文称,其作为担保人仅处理单据而可不管可能与单据相关的货物、服务或履行问题,其仅依据交单情况决定是否表面上构成相符交单。5月4日收到的请求付款相关单据中的内容不仅互相矛盾而且与保函也矛盾。受益人未指明保函申请人违反了其在基础合同项下的付款义务,其坚持指出的不符点,对现代公司的索赔请求仍然予以拒付。韩国外换银行5月19日收到。

2014年5月19日工商银行浙江分行向韩国外换银行发送报文提出索偿单据内容互相矛盾且与保函不一致,以及索偿要求未声明保函申请人违反基础合同项下的付款义务,并拒绝索偿要求。

2014年5月20日,现代公司向工商银行浙江分行寄送一份主题为保函索赔请求的信函,称其获悉工商银行以保函条款与提单副本存在某一非实质性不符点这一技术性问题为由拒绝其请求,提交副本单据是为了证明受益人的索赔请求所依据的银行保函具有真实交易背景,正本提单在交易中也已实际使用。

韩国外换银行分别于2014年1月7日、4月11日收到承兑通知,清晰地表示保函申请人已经接受了正本提单并提取了正本单据下的所有货物。这表示交易已经完成,合同双方没有异议。其再次要求工商银行浙江分行立即偿付前述保函所担保的尚未偿付的款项。如果继续拒付,现代公司只能采取法律措施。

2014年5月30日,韩国外换银行向工商银行浙江分行发电文称:考虑到合同是以FOB为基础,货运公司应申请人的要求签发提单,受益人在审查货运公司签发的提单后要求其根据银行保函所要求的条件另行签发修订后的提单,但鉴于申请人已向货运公司确认过提单,货运公司拒绝修订提单。工商银行浙江分行承兑通知清晰地表明申请人已经接受正本单据及项下的所有货物。其他由受益人签发的文件已经修改并于5月30日通过DHL递交。要求工商银行浙江分行立即支付保函项下款项。

2014年6月3日,工商银行浙江分行收到现代公司寄送的修改单据。装箱单上的数量更改为13件。提单未做修改。当地时间2014年6月9日19时15分,工商银行浙江分行以现代公司对保函的偿付要求及附后的修改后的提单非凭提示仍有不符为由拒绝索偿要求。韩国外换银行收到时间为2014年6月10日。

2014年7月8日,韩国外换银行向工商银行浙江分行发电文要求工商银行浙江分行在收到该索赔的7个工作日内偿付6 648 010美元。当地时间2014年7月15日17时54分,工商银行浙江分行回复称其仅依据交单情况决定是否表面上构成相符交单,由于提单非凭指示的不符之处,其仍拒绝现代公司的索偿要求。韩国外换银行收到时间为2014年7月16日。2014年6月23日,ICCCHINA银行技术与惯例委员会出具专家意见。

浙江省高级人民法院认为,本案系受益人现代公司与保函开立人工商银行浙江分行之间关于独立保函项下的索赔纠纷。本案独立保函载明适用URDG 758且双方当事人在庭审中一致援引该规则,应当认定该规则的内容构成独立保函条款的组成部分并予以适用。URDG758第2条规定,"相符索赔是指满足交单按要求的索赔;相符交单是指所提交的单据及其内容首先与该保函条款和条件相符,其次与该保函条款和条件一致的本规则有关内容相符,最后在保函及本规则均无相关规定的情况下与见索即付保函国际标准实务相符"。根据上述"不符点"的判断标准,若不符点构成实质性差异,开立人可以据此止付。

比如,本案中指示提单和记名提单、是两种完全不同类型的提单,当属实质性差异。现代公司发出索赔通知后其提交的单据不符合保函约定的单据条件。工商银行浙江分行已在保函约定的审单期限内发出了拒付通知,且其依据的不符点理由成立,基础合同的履行情况不是担保人审单时所需考虑的因素,不能依据基础合同的履行情况得出单据和保函条款条件已构成表面相符的结论,故判决驳回上诉,维持原判,工商银行浙江分行有权拒付保函项下的款项。

【裁判要旨】

独立保函的相符交单是本案的焦点问题。

1. 当事人在保函中约定了审单条款和条件,则法院应适用该规则进行审查。在保函条款和条件清晰的情况下,开立人仅需考虑单据与保函条款条件是否表面相符即可,并无进一步探究基础关系项下真实情况及单据来历及真伪的注意义务;

2. 相符交单是指所提交的单据及其内容首先与该保函条款和条件相符,其次与该保函条款和条件一致的本规则有关内容相符;

3. 担保人可凭自我意思进行单据审核和判断,不受制于申请人的意思和指示,即审单行为的独立性;

4. 在保函及本规则均无相关规定的情况下与见索即付保函国际标准实务相符。

案例 4.3

杭州长乔旅游投资集团股份有限公司与杭州银行股份有限公司西湖支行独立保函纠纷案

(2017)浙 0106 民初 4086 号民事判决

2016 年 3 月 16 日,大昆建设集团有限公司(以下简称浙江大昆建设公司)中标杭州极地海洋公园扩建工程,中标造价 90 000 000 元。2016 年 3 月 25 日,浙江大昆建设公司与杭州长乔旅游投资集团股份有限公司(以下简称杭州长乔旅游公司)就杭州极地海洋公园扩建工程分别签订了合同协议价款 65 000 000 元和 90 000 000 元的《建设工程施工合同》。同日,双方还签订了《补充协议一》就工程质量、工程进度、履约保证金、质保金、质量保修做了补充约定。2016 年 6 月 15 日,双方又签订了《补充协议二》约定,原合同第二部分第 13 条工程预付款条款第

1款对备料款金额的约定修改为：进场后预付备料款3 000 000元；原合同第二部分第十五条工程款(进度款)支付条款第2款对履约保证金的约定修改为：本合同签订后5日内，浙江大昆建设公司必须向杭州长乔旅游公司提供金额为3 000 000元的银行履约保函，且该保函必须由区县级以上股份制银行出具。

2016年7月27日，应浙江大昆建设公司要求，杭州银行股份有限公司西湖支行(以下简称杭州银行西湖支行)向杭州长乔旅游公司出具了以杭州长乔旅游公司为受益人，最高金额为3 000 000元的《杭州银行股份有限公司工程承包履约保函》(以下简称《履约保函》)一份，《履约保函》记载：鉴于贵方与浙江大昆建设公司于2016年3月25日就杭州极地海洋公园扩建工程项目签订的《建设工程施工合同》及2016年3月25日签订的《补充协议一》以及2016年6月15日签订的《补充协议二》履行需要，应浙江大昆建设公司申请，我行特开立以贵方为受益人、最高金额为3 000 000元的保函。在本保函的有效期限内，如果浙江大昆建设公司未充分履行《建设工程施工合同》《补充协议一》以及《补充协议二》规定的义务，你方有权凭借符合以下条件的索赔通知书及本保函正本向我行索赔，我行将以本保函最高金额为限向贵方赔付。2016年12月23日，浙江大昆建设公司与杭州长乔旅游公司签订《补充协议三》。

2017年3月20日，杭州长乔旅游公司向杭州银行西湖支行发出《索赔通知书》称：由于浙江大昆建设公司项目现场管理不力等原因，导致出现严重的施工问题，施工进度一再拖延乃至严重、全面滞后于约定进度。为了避免更大影响和经济损失，杭州长乔旅游公司决定并已于2017年2月向浙江大昆建设公司送达了《解除合同通知书》，正式通知解除签订的施工合同，并于2017年3月2日诉至杭州市萧山区人民法院。浙江大昆建设公司上述种种违约行为，存在主观恶意和过错，给杭州长乔旅游公司造成重大经济损失。因杭州银行西湖支行未向杭州长乔旅游公司支付赔偿款，故诉至杭州市西湖区人民法院，请求判令杭州银行西湖支行立即向杭州长乔旅游公司支付3 000 000元。

2017年11月13日，杭州市西湖区人民法院认为杭州银行西湖支行应承担相符交单情形下的独立付款义务，最终作出，判决杭州银行西湖支行于本判决生效之日起10日内支付杭州长乔旅游公司赔偿金3 000 000元以及逾期利息损失58 725元。

杭州市西湖区人民法院在一审民事判决书中认为,该案中的《履约保函》经过法院的认定系独立保函。保函的单务性指独立保函是担保人同意在一定条件下向受益人承担付款责任的单方允诺,担保人的付款义务是附条件的,所附条件是受益人请求付款并提交符合独立保函要求的单据,即相符交单,单据是决定担保人能否付款的唯一依据。担保人付款义务的单据性决定了独立保函的独立性,即独立保函独立于基础交易法律关系和其他法律关系,担保人仅处理单据的表面相符,不受基础交易法律关系和独立保函申请法律关系的有效性、修改、转让、履行等情况的影响。担保人杭州银行西湖支行单方确定杭州长乔旅游公司与浙江大昆建设公司协议变更原合同任何条款,应事先征得担保人杭州银行西湖支行书面认可,在独立保函中,当事人的意思自治受到了一定程度的限制。如果允许当事人通过意思自治更改独立保函,增加担保人的抗辩权,那么独立保函的作用将会受到极大的限制,不符合独立保函的目的。该案案涉《履约保函》中记载的杭州长乔旅游公司与浙江大昆建设公司协议变更原合同任何条款,应事先征得担保人杭州银行西湖支行书面认可,否则独立保函项下的责任自动解除条款不应当适用。但担保人杭州银行西胡支行以基础交易关系变更为由提出抗辩没有得到法院的采纳,受益人向杭州银行西湖支行索赔,杭州银行西湖支行应以《履约保函》最高金额为限向长乔旅游公司赔付、承担相符交单的付款责任。

【裁判要旨】

1. "相符交单"是担保人的付款义务所附的唯一条件,即受益人请求付款并提交符合独立保函要求的单据,即相符交单。只有在相符交单的条件成就时,才产生担保人的付款义务;

2. 人民法院在认定是否构成表面相符时,应当根据独立保函载明的审单标准进行审查。独立保函未载明的,可以参照适用国际商会确定的相关审单标准;

3. 开立人仅对单据与保函之间、单据与单据之间是否相符进行表面的审查,即这些单据表面上看起来是否相符,单据与独立保函条款之间表面上不完全一致,并不必然导致索赔无效。比如,索赔函中受益人的名称与保函所载不符但能确定两者系同一主体,不会导致产生歧义的,人民法院应当认定构成"表面相符",确认该索赔函的效力;

4. 担保人的抗辩权具有单一性。担保人既不享有先诉抗辩权,也不享有基础交易债务人的抗辩权。除法定情形外,担保人只能以受益人提交单据与独立保函文本的规定不符为由提出抗辩,而不能依据独立保函文本以外的基础交易关系或独立保函申请关系进行抗辩;

5. 在独立保函中,当事人的意思自治受到了一定程度的限制,变更与保函相关的原合同任何条款,应事先征得担保人书面认可。

四、域外:学术

单据与付款条件相符是单据相符的核心内容,也是理论上和实践中争议最激烈的部分。单据与付款条件究竟在多大程度上相符,并没有准确的规则,在很大程度上依靠银行业习惯和判例法来确定。

(一)信用证领域"严格相符"规则的弱化

信用证的独立性原则明确了信用证本身独立于基础合同的基本特征,另一方面也要求银行在面对受益人的付款申请时,独立地审核单据,独立地作出是否付款的决定。这就是银行的独立审单责任。只要受益人呈交的单据表面上符合信用证条款,银行就必须付款①,这也是信用证项下的表面审单规则和严格相符原则。尽管从 UCP500 到 UCP600,严格相符原则有一定的弱化趋势,但银行同样担心因单证不符而不能获得开证申请人偿款。通常在审单过程中,银行对"单据相符"的要求是十分严苛的。

严格相符原则也被称为"纽约规则",纽约州的法院在 Old Colony Trust Co. v. Lawyers' Title & Trust Co.案中最先采用严格相符原则并且连续地适用该原则。② 在该案中,法官指出,"我们考虑之前的诸多判例,在这些判例中,法院都明确指出信用证交易中当事人购买的是单据而不是货物,这些单据必须与信用证要求的每一方面相符合",但是美国法并没有形成关于单据相符的法律规则。1995 年修订后的《统一商法典》第五篇对单据相符的问题作出了明确规定。根据第 5—108 条的规定,在交单与信用证规定的条款表面上严格相符的情况下,开证人必须承付,如果交单与信用证条款不符,开证人必

---

① UCP600 第 6 条规定:银行处理的是单据,而不是单据可能涉及的货物、服务或履约行为。
② Old Colony Trust Co. v.Lawyers' Title & Trust Co.. 297 F.152(2nd Cir. 1924).

须拒绝承付。① 严格相符原则在不同法域也有一定差别：

在英国,严格相符原则的适用十分严格。① 在 Equitable Trust Co.of New York v.Dawson Partners 案中,Sumner 法官的论述被奉为经典:"在此类型的交易中,只有附随单据与规定条件严格相符的情况下,收单行才能主张索款。就单据而言,不存在几乎一样或者作用相当的余地。这种商业机制不能建立在其他基础之上。远在他国的银行分行对交易的细节一无所知,不能决定单据之外的其他因素与付款条件的契合性。"②

在德国,信用证项下的单据必须达到严格相符:完整并且与信用证的要求相符;表面正确,不存在名下的错误或伪造;单据的种类和内容与信用证条款相符。③ 德国法上的严格相符原则的适用相对灵活。德国法院认为只要不损害信用证开立的目的,就可以忽略微小不符点。德国法院的方法弱化了严格相符原则的僵硬性,德国法上的严格相符原则较美国法更为灵活。④

法国法中的严格相符原则有三重要求:其一,信用证要求的所有单据都必须被提交;其二,单据必须与信用证要求的单据类型相符合;其三,单据中的货物描述必须与信用证相符。⑤

20 世纪 80 年代以后,严格相符原则受到了许多批评。"虽然严格相符原则为提交单据和审核单据的过程带来了规范和可靠性,但是,以严格相符原则的名义滥用该原则的情况猖獗。在过去的二十年中,美国的法院和欧洲的法院开始认为有必要设计一个新的原则或者为严格相符原则设定大量的例外"。尽管如此,严格相符原则仍然是各国法院适用的主要原则。在英国 Seaconsar Far East Ltd v. Bank Markazi Jomhouri Islami Iran⑥ 一案中,信用证条款规定,所有提交给银行的单据应当含有信用证号码和买方的姓名。银行审单时发现其中

---

① Uniform Commercial Code. (1995), Article 5-108(a).
② Equitable Trust Co.of New York v. Dawson Partners. 27 Lloyd's Rep 49(1927). 原文为:"There is no room for documents which are almost the same or which will do just as well."
③ F.Eisemann, R.A. Schutze. Das Dokumentenakkreditiv im Internationalen. Handelsverkehr, 1989: 178-179.
④ Paolo S.Grassi. Letter of Credit Transaction: The Bank's position in Determining Documentary Compliance. A comparative Evaluation under U.S.. Swiss and German Law, 7 Pace Int'l L. Rev.81 (1995): 99.
⑤ J. Stoufflet. Le Crédit Documentaire. Paris, 1957: 212.
⑥ Seaconsar Far East Ltd. v. Bank Markazi Jomhouri Islami Iran. [1993] 3 W.L.R. 756 (HL), [1993] 1 Lloyd's Rep 236 (CA).

的一份单据中证号被省略了。英国高等法院据此裁定银行有权拒付。Lloyd 大法官认为,原告关于证号为细微错误的抗辩是不能成立的,他强调,任何信用证中明确规定的要求都不能被忽视,换言之,信用证条款是没有可以忽略不计的内容的。这样严格的要求也使得银行在发现极细微的单证不符时,多数也选择拒绝支付,以此减少自身承担的风险。UCP600 中,原先一再被强调的银行在审单中需要做到的"合理的注意"一词的删除①,又进一步明确了单证严格相符是衡量银行是否应当付款的最重要的标准。

"严格相符"原则的实际执行是十分困难的,尤其是在数据信息不完善又无智能技术支持的纸质信用证时期。涉及原始文件、多种类文件等问题时,"严格相符"的标准就更难被界定。② 对单据严格相符的判定本来应当是银行客观判断的过程,然而,主观性因素却不可避免地成为困扰。一旦涉及信用证欺诈问题,银行的审单过程便更加错综复杂。一方面银行面对可能存在的欺诈行为,犹豫于是否付款之间;另一方面,"欺诈例外"适用的不确定性,又让银行更倾向于寻找单据中细微的不符点先予拒付以保障自身利益。此时数据化的严格标准就显得尤为重要。

近年来,在国际贸易实务中,因单证不一致造成的银行拒绝支付比例日益增加。根据国际商会的研究报告,每年的信用证交易中,能够完全做到单证严格相符的状况,只占总交易的 25% 左右。在多数情况下,银行会与开证申请人沟通,如果开证申请人选择接受细小的不符点,银行还是可以付款。只有申请人不愿作出让步时,银行才会选择拒绝支付。但是,在特殊的情况下,严格相符的原则也可能成为申请人和银行在商品市场价格下跌时,拒绝支付货款的借口。2016 年 8 月 31 日,在世界排名第七的船务公司"韩正海运"宣布破产。这一事件在各行业产生连锁反应,由韩进集团作为申请人开立的大量信用证被拒付,"数字金额舍弃小数点后三位""产地证上出口人姓名"等莫须有的不符点均成为退单理由,甚至还出现了开证行承兑后拒不付款的情形。③ 当面临巨额经济损

---

① UCP500 13 条中对银行支付义务的界定以其是否进行了"合理的注意"为准。这一条在 UCP600 中被略去了。
② 例如 JH Raynor & Co. Ltd. v. Hambro's Bank Ltd. [1983] Q.B. 711; Glencore International AG & Anor v. Bank of China. [1996] C.L.C. 95.
③ 藏玉晶、阎之大:《韩进事件对信用证独立抽象原则的冲击》,《中国外汇》,2016 年第 10 期,第 27 页。

失的时候,银行的独立性付款责任和信用证的独立性原则瞬间崩塌,作为信用证存续基础的"银行信用"也荡然无存,最伤感的是,从法律上讲受益人却很难追回损失,"单证相符"原则此时反而成为阻碍受益人获得合法权益的天然屏障。

除了拒付,UCP600 的研究小组报告还曾指出,每年大约有 70%的信用证单据在首次提交时因不"严格相符"被退单。虽然最终被认定为成立的不符点比例常常不到 20%[1],但即使以后不符点被弃,银行付款,信用证的商业信用损害程度依然可见一斑。受益人原本支付高额的信用证成本所预期的迅速收款权利不能得以实现,那么选择信用证结算还有何意义?

"严格相符"的判定疑义都和信用证实际运作过程中当事人(主要是银行)的主观认知差异相关,任何客观制度一旦被渗入主观因素都会多少偏离原先预设的制度轨道。在信用证体系中,银行应当是不涉及任何基础合同利益的,作为信用证项下独立的付款保证人,如果银行不能保持中立和客观,信用证的高效与安全根本无法实现。"欺诈例外""严格相符"这一系列信用证项下的基本原则,无"银行信用"作为基本保障,均会沦为一纸空文。"数据孤岛"时代下"被干扰的银行信用"成为信用证信用危机的根本原因。实际上,2008 年金融危机以来,欧美发达国家大批的银行破产,在很多商人眼中,即使是处于完全中立地位的银行,也已经无法真正担负起独立保函人的责任。[2]

(二)独立保函领域关于"严格相符"的探讨

在独立保函领域单据相符原则的相关规定与信用证的惯例并不存在差异,司法实践中,各国判例对严格相符原则的判定却存在一定差异。

《跟单信用证统一惯例(UCP600)》

第 14 条(d)款规定了单据审核标准:"单据中内容的描述不必与信用证、信用证对该项单据的描述以及国际标准银行实务完全一致,但不得与该项单据中的内容、其他规定的单据或信用证相冲突。"

---

[1] 夏霖:《信用证:充满生机》,《中国外汇》,2019 年第 2 期,第 52 页。
[2] 程啸:《民法典物权编担保物权制度的完善》,《比较法研究》,2018 年第 2 期,第 56 页。

> **《见索即付保函统一规则(URDG758)》**
>
> 第19条(b)款规定:"保函所要求的单据的内容应结合该单据本身、保函和本规则进行审核。单据的内容无须与该单据的其他内容、其他要求的单据或保函中的内容完全一致,但不得矛盾。"

在英国法上,对于独立保函中的部分单据,相符的判断标准较为明确,比如日期条款。在 Ermis Skai Radio & Television v.Banque Indosuez SA 案[①]中,履约保函本身规定是为了担保一项9月14日缔结的合同,受益人提交了的单据却表明索款是基于9月13日签订的合同,法院认为单据与付款条件不相符合,银行有权利拒绝付款。对于判断标准较为模糊的单据,其相符标准则值得探讨,独立保函的既有判例在相符原则问题上存在明显的分裂。

支持的观点认为,在独立保函项下,受益人必须提交与担保文件严格相符的索款请求,正如信用证项下的单据必须与信用证条款严格相符一样。反对的观点则强调独立保函与信用证之间存在的差异,认为不应当将严格相符原则不加区分地适用于独立保函场合。比如,在 Siporex Trade SA v. Banque Indosuez 案中[②],信用证和履约保函对严格相符条件的适用被认定为存在差异,在信用证项下,付款条件严格相符的要求是迫切的,而在履约保函项下,只需要表明特定事项的发生即可,并不需要准确的措辞。在 IE Contractors Ltd.[③]案中,英国上诉法院将严格相符原则适用于履约保函中,并指出除了独立抽象性原则之外,严格相符原则是此类交易的第二个基本原则。这两种观点在普通法上的独立保函单据相符原则判例中被分别援引。

德国法院认为严格相符原则是银行拒绝付款的基本依据,在 OLG Hamburg, 7 July1977 案中,独立保函要求受益人提交一项伦敦仲裁裁决,但是申请人选择英国法院解决了基础合同争议,英国法院审理后作出了申请人败诉的判决,当受益人凭此判决索款时担保银行以单据不符为由拒绝付款。德国上

---

① Ermis Skai Radio & Television v. Banque Indosuez SA. 24 February 1997.
② Siporex Trade SA v. Banque Indosuez. [1986] 2 Lloyd's Rep 146.
③ IE Contractors Ltd. v.Lloyd's Bank Plc.. [1990] 2 Lloyd's Rep 496.

诉法院认定拒付符合严格相符原则。

　　反之在法国,信用证的严格相符责任在独立保函案件中被弱化。法院认为,根本无法完成的条件应当予以忽略,银行付款后向受益人索偿时,受益人提出了单据不符的抗辩,法国法院认为受益人已经充分证明了其获得付款的权利,申请人应该向银行偿付。在荷兰最高法院的一个判例①中严格相符原则亦未被僵硬恪守。在案中,独立保函的付款条件为一个特定调查员出具的申请人违约的第三方文件,而该调查员以利益冲突为由拒绝出具该文件,受益人请求另外一个调查员出具了一份声明申请人违约的文件,并提交银行索款,担保银行以单据不符为由拒绝付款。但荷兰最高法院认为,与付款条件相符的单据由于申请人的行为而无法完成,因此银行应当付款。尽管单据与独立保函规定的条款不严格相符,但是法院指出,此案中严格遵守该原则并不利于当事人合法利益的实现。②

　　从制度层面而言,严格相符原则是对信用证的保护,使其在一定程度上免受滥用索款权行为的损害,从而避免损害到独立保函作为简单付款工具的功能。但是,在独立保函中,严格相符原则的此种价值已经在很大程度上被削弱。信用证项下的相符单据在当事人之间传递,对于持有人而言,一方面是一种保护,另一方面也体现出权利的正当基础。但是,独立保函项下的单据并不像信用证项下的单据一样高度流通,也通常并不表征任何价值。因而,从单据差异的角度而言,独立保函项下单据对严格程度的要求要逊色于信用证。

本编观点

——大数据赋能信用证"信用危机"的法制化解

　　信用证素以高效、快捷、安全而著称,从单据的审核到货款的支付,信用证的一系列程序都是通过指定银行的职能来完成的。银行独立性的付款责任消除了卖家远距离收款的顾虑,"单证相符、单单相符"的付款依据也免去了买家

---

① HR 26 March 2004, JOR 2004, at 153. 转引自 Roe land Bert rams. Bank Guarantee in International Trade(3rd edition). Kluwer Law Press, 2004: 141.
② WM1978, at 260. 转引自 Roe land Bert rams. Bank Guarantees in International Trade (3rd edition). Kluwer Law Press, 2004: 140.

对于货物运送不达的担忧。在相当长的时间里,"银行的独立性付款责任"成为有效解决国际进出口国际贸易中交货和付款矛盾的基础。① 信用证作为一种传统的贸易、金融结算工具,已经活跃于国际商事领域超过 200 年②,作为贸易金融领域中历史最为悠久的结算工具之一,信用证曾经是国际贸易结算市场的第一大支付工具,市场占比率超过 80%。然而,信用证结算本身也存在一定的风险。单据不符时的拒付风险、货物偏离合同要求时的违约风险等都是信用证独立性原则下的当事人可能面临的交易安全问题,在"数据孤岛"时代,这一问题就更为显著。"数据孤岛"意味着各个信用证体系下的当事人即便拥有物理上可检测交易风险的相关数据,也不能通过逻辑连接和分析作出准确判断。这使得信用证制度固有的缺陷,如结算周期时间过长、项下法律关系复杂等,又进一步引发了信用证欺诈、软条款植入等延伸性问题。随着信用证项下的"银行信用"的安全与稳定性频遭质疑,在世界范围内信用证使用率也明显下降。③ 近年来,面对信用证的信用危机,欧美发达国家商人开始尝试采用赊账等成本相对较低的结算方式替代信用证结算。以"银行信用"为基础的"中心化"优势几近被摧毁,"信息盲点"和"核心信用障碍"成为传统"中心化"贸易金融体系的发展痛点,也形成了多年来国际贸易金融领域的发展困局。"个体追逐利益最大化,就能实现社会利益最大化"④,然而,一旦交易主体存在信息不对称的问题,贸易背景的真实性、融资结构中企业资产的透明性等就很难在金融体系中得到证实,理性的个体之间此时很难建立起信任关系。

---

① 刘斌:《独立保函的独立性:法理内涵与制度效力——兼评最高人民法院独立保函司法解释》,《比较法研究》,2017 年第 5 期,第 28 页。
② 19 世纪中后期,随着资本主义国家间跨国贸易的不断增加,贸易各方间商业信用问题凸显,处于不同国家和地区的交易双方对对方的资信及其所处地的政治经济政策和法律法规均不甚了解,信用证作为由银行信用为基石的新型结算方式,在英国应运而生,并被世界各国广泛运用,逐渐成为国际结算中一种通用的支付方式。
③ 在 20 世纪 60—70 年代,信用证曾经是国际贸易结算市场的第一大支付工具,市场占比率超过 80%。然而 90 年代以来,伴随信用证危机出现的信用证高拒付率,严重损害了"银行信用"的声誉。信用证频现信用危机,拒付率持续高升,世界各个国家、地区由于信用证风险导致的交单失败平均比率近 50%。2017 年,在贸易融资交易中,亚太地区遭拒率最高,达到 21%,其次是中东 18%,非洲为 17%、西欧及拉丁美洲 11%,北美 7%。小微企业为遭拒率的重灾区,比例达到 39%。(数据来源为国际商会公布的"2018 GLOBAL TRADE-SECURING FUTURE GROWTH ICC GLOBAL SURVEY ON TRADE FINANCE")
④ [英]亚当·斯密著:《国富论》,胡长明译,重庆:重庆出版社,2015 年,第 290 页。

(一)"数据孤岛"时代信用证频现信用危机

与发达国家相比,经济发展相对欠发达地区的商事主体仍然依赖信用证来维护交易安全。从信用证的业务量看来,我国当前的发展现状依然对信用证业务存在较大的依赖。近年来,我国正处于经济高速、平稳发展时期,商业领域的保函、信用证、保理等业务迅速增长。对于成长期的中小企业来说,资金短缺、合作关系不成熟等问题仍然很普遍,依靠信用证结算保证交易安全的需求依旧稳定。从国际上看,我国企业"走出去"的合作对象,常常存在于政治经济环境相对不稳定的国家和地区,企业倾向于选择安全保障系数较高的金融工具进行融资担保和贸易结算①,这时候,信用证又成为企业规避风险的最优选择。② 但在多年信用证实践中,各类纠纷屡见不鲜,2005年《最高人民法院关于审理信用证纠纷案件若干问题的规定》(以下简称《信用证司法解释》)的出台和2016年的《信用证新规》的修订,在一定程度上为人民法院提供了判案指导。然而,一旦涉及信用证制度本身缺陷的问题,当前立法仍显乏力,部分地方法院更是出现法律适用无据的混乱现象。③ 信用证信用危机和当前我国贸易金融市场对信用证结算的大量需求存在着巨大矛盾。

20世纪中后期,信用证开始进入电子时代。电子信用证其实就是在传统的信用证业务中加入大数据、电子技术和人工智能的元素,实现开立信用证、通知信用证、交单、审单乃至付款的全电子化流程运作。电子信用证时代的来临为信用证信用危机的解决提供了契机,大数据通过人工智能可以借助电子平台给贸易金融行业提供信用评估和信息匹配,从而大大降低欺诈等风险。信用证结算的历史性和功能性决定了其在国际商事领域的重要作用,面对欧美国家出现的信用证适用锐减的情况,结合大数据时代下电子信用证的发展需求,国际商会多次尝试对相关规则进行修正和补充,此次《跟单信用证统一惯例关于电子交单的附则(EUCP2.0)》的发布,对信用证的发展意义深远。于我国而言,要

---

① 陆璐:《保函欺诈例外:一例国际商事规则的中国式创新诠释》,《河南师范大学报(哲学社会科学)》,2018年第1期,第73页。
② 虽然商业信用在国际贸易中认可度的增加,使得国际贸易方可以选择托收、电汇等以商业信用为付款保证的结算方式以减少信用证支付的高额成本,但信用证的安全快捷特性还是其他结算方式无法替代的。
③ 2015年上海钢贸事件和青岛港融系列案件连续爆发后,各级法院信用证止付数量激增就是明确的例证。

在制度上、司法上减轻和避免当下信用证信用危机对我国商业、银行业的损害,首先应当明确信用危机的来源及其成因,并从国际商事规则的法制历程中总结经验。认清大数据和人工智能时代下法制能动性的发展方向,只有"当我们理解风险时,我们才愿意承担风险;如果我们没有竞争优势或经验有限",我们就应当"将风险承担最小化"①。

(二) 信用证的制度缺陷

独立抽象原则是信用证体系得以存续的基石,而银行独立于基础合同的付款责任则是独立抽象原则最重要的体现。银行作为独立保函人的独立性,要求银行必须不受任何基础合同条款的干扰,独立地审核受益人提交的单据,依据"单证相符、单单相符"的"严格相符"原则决定是否付款。这是信用证体系的制度保障,却也成为"数据孤岛"时代下信用证无法避免的制度缺陷。

1. 独立于基础合同下的信用证欺诈

在信用证体系中,各方当事人交易的内容实际上是单据而不是具体的货物,只要单据内容与信用证条款严格相符,银行就必须付款。独立于基础合同的基本特征,使得银行可以无需考虑信用证项下合同的履行,只依据专业对相关单据进行审核。相对地,信用证的受益人也就不需要向银行证实基础合同的实际履行情况。信用证单据与基础合同实际履行的分离,无疑给不法分子提供了利用信用证进行欺诈的空间,数据信息的缺乏,逻辑匹配技术的不足,又无形中扩大了这一空间。"从诈骗的角度看,信用证诈骗最吸引人的地方就在于,犯罪人只要交付了信用证条款中指定的单据就可以要求银行支付,即便货物根本没有装船,犯罪人甚至不需要真正拥有一艘货船,也可以实施信用证欺诈。"②自信用证被广泛应用以来,国际上信用证欺诈案件时有发生,20世纪中期,案件数量更呈直线上升趋势③,由信用证欺诈引发的信用证

---

① 刘云飞、郑晓泉、朱旭刚:《重新审视国内信用证业务》,《中国外汇》,2016年第16期,第39页。
② Barbara Conway. The Piracy Business (1981). Lloyd's of London Press,1981:23-25. See also Barbara Conway. Maritime Fraud. Lloyd's of London Press, 1990:8-9.
③ 如:Old Colony Trust Co. v. Lawyers' Title & Trust Co. (1924) 297 F 152.; Maurice O'Meara v. National Park Bank. (1925) 146 NE 636.; New York Life Insurance Co. v. Hartford National Bank & Trust Co. (1977) 378 A 2d 562. Intraworld Industries v. Girard Trust Bank. (1975) 336 A. 2d 316.; Dymanics Corp. of America v. Citizens & Southern Nat'l Bank. (1973) 356 F. Supp. 911; SEC v. Capital Gains Research Bureau Inc. (1963) 375 US 180.

诈骗更是屡见不鲜。仅在 1995 年的美国，信用证诈骗所引起的经济损失就超过 5 亿美元。20 世纪 90 年代起，信用证欺诈引发的巨大经济损失严重影响了信用证在欧美国家的信用信誉，这也是信用证结算在欧美应用锐减的重要原因之一，而在我国作为信用证发展较晚的发展中国家，信用证欺诈也逐渐蔓延。1998 年我国香港的信用证欺诈案件高达 21 起，涉及金额达数十亿元，2008 年震惊我国法学界的"中盛粮油案"[①]也是以信用证为载体实施的诈骗案件。

针对信用证运行中出现的欺诈问题，英美法学界很早就尝试以欺诈例外的形式予以规制。早在 1941 年，美国的 Sztejn v. J.Henry Schroder Banking Corporation[②]一案中，就确立了美国法下"欺诈例外规则"的雏形[③]，英国法院在 1976 年的 Discount Records[④]一案中也直接引入 Sztejn 一案的判决，明确了欺诈例外条款在英国信用证领域的适用。然而，由于缺乏基础的信息和数据支撑，法院只能从单一的法律规则适用角度进行法理分析，以判定"信用证欺诈"是否存在。"欺诈例外规则"本身与信用证的基本属性"独立性"又存在着固有的法理冲突，这使得规则下欺诈的判定在国际上始终处于困境。

尽管 1995 年的美国《统一商法典》(简称 UCC)明确了"实质性欺诈"作为欺诈例外在信用证交易中的适用标准，但"实质性欺诈"的标准侧重于考量欺诈行为对所涉及的基础合同的损害程度，也就是相关行为对基础合同履行的影响程度高低成为判定欺诈是否成立的依据。[⑤] 这一标准事实上是要求银行承担检查基础合同实际履行的责任，从根本上动摇信用证存在的基

[①] 2005 年起，"中盛粮油"通过亏本的棕榈油进口业务获取信用证套现，然后进入地下钱庄博取高利，在资金链断裂后，"中盛粮油"被数十家银行和金融机构提请诉讼保全，涉案金额超十亿元人民币。
[②] Sztejn v. J.Henry Schroder Banking Corporation. (1941)4 N Y.S.2d 631.
[③] 其核心含义是：在信用证交易中，即便受益人提交的单据与信用证要求完全相符，如果受益人被证实有欺诈的行为，那么开证人也有权拒绝支付。参见陆璐：《欺诈例外条款在英美法系信用证实践中的运用比较》，《江海学刊》，2008 年第 1 期，第 226 页。
[④] Discount Records Ltd. v. Barclays Bank Ltd. and Barclays Bank International Ltd. (1975) 1 Lloyds Rep 444.
[⑤] 陆璐：《独立保函国内适用难题研究——以信用证欺诈例外规则的引入为视角》，《苏州大学学报(哲学社会科学版)》，2014 年第 6 期，第 89 页。

石——独立性原则。① 在"数据孤岛"时代,银行也无法全面掌握相关基础合同信息,从而做出正确判断,有时候受益人提交的是虚假单据,全人工的检查程序也常常出现识别错误。同为英美法系的英国,其司法界对欺诈例外也遭遇同样的困难。虽然英国法采用了不同于美国的"受益人欺诈"理论②,但此理论除了要求欺诈事实被完全证实外,还将欺诈主体仅限于受益人,举例而言,即便受益人提供了虚假的单据或文件,只要无法证明受益人主观上伪造文件的事实,欺诈例外依然不能适用,对受益人是否主观上存在欺诈这一问题的判定也缺乏明确的客观标准。相较于英美法,大陆法系在此领域的规定更是乏善可陈,德国和法国对欺诈例外或采用宽泛认定,或采用个案认定,均未形成一般性原则。我国《信用证司法解释》第8条以列举的形式规定了信用证欺诈的情形,实际上是综合了英美两国对欺诈例外的适用标准,对我国信用证领域的欺诈起到一定的警示作用。但是,由于信用证交易脱离于基础合同的特性,仍使得证明欺诈行为的成立较为困难,同时伪造签名、单据等问题也同样困扰着银行的专业审单人。"数据孤岛"时代下欺诈例外的适用难题,一方面使得信用证欺诈无法得到有力的遏制,另一方面,法院如果贸然对疑似欺诈下达止付裁定又可能严重损害银行声誉,摧毁信用证的商事功用。

2. "附加保证条款"引入下的"软条款"风险

信用证的独立性原则,要求银行在信用证的审单过程中,脱离基础合同判断欺诈情形是否成立,基本数据信息无法得到全面掌握和分析使得信用证"欺诈例外规则"的司法适用陷入困境。鉴于此,各国法学界的学者也曾尝试通过信用证制度的修正填补其缺陷。英国 Leicester 大学法学院教授 Janet Ulph 在她的文章③

---

① 美国法院在实践中对"实质性欺诈"的认定也十分严格,甚至连根本违约行为都无法适用欺诈例外。2000 年的 MidAmerica Tire v. PTZ Trading Ltd. Import and Export Agent 一案中,MAT 通过 PTZ 的代理机构向 PTZ 购买一定数量的轮胎,PTZ 的代理机构就轮胎的数量、质量及价格向 MAT 作出保证,双方合议采用信用证结算方式。但在协议订立后,MAT 发现协议中关于轮胎质量、数量的条款均与原先 PTZ 代理机构的保证严重不符。MAT 向法院申请禁令,在一审中法院授予了该项禁令,但在上诉审中禁制令又被撤回,理由是信用证欺诈只局限于对买卖合同产生彻底损害的行为。

② 英国的"受益人欺诈"理论源于 1775 年,Mansfield 大法官在 Holman v. Johnson (1775) 1 Cowp 341 一案中提出的一项重要原则"ex turpi causa non oritur action"。Mansfield 大法官明确指出法院不会对任何违反法律和基本道德的诉讼请求予以支持,换言之,就是非法或者不道德的行为不能取得诉因。

③ Janet Ulph. The UCP 600:Documentary Credits in the 21st Century. Journal of Business Law,2007:355,362.

中提出,为了减少信用证欺诈风险,可以让受益人与申请人以及银行签订附加的担保协议,要求受益人对其提供的单据的真实性或者其本身不存在任何的欺诈行为作出担保,并承诺赋予银行在担保协议中相关情形出现时的拒付权。

Janet Ulph 教授的这一提议是针对信用证欺诈问题提出的,以担保协议的形式去防止欺诈。对于信用证之外的附加合同的效力问题,UCP600 并没有提及,但其实"附加保证条款"在英国法中也早有先例。① 2003 年 Sirius International 一案的判决在一定程度上承认了"附加保证条款"的效力,这在法学界曾引起了相当大的争议,Westminster 大学法学院教授 Jason Chuah 认为承认"附加保证条款"对信用证交易的效力是对信用证独立性原则的严重破坏,英国著名法学家 Christopher Hare 也认为"附加保证条款"的存在会使银行面对一个无法应对的状况。然而,英国的最高法院在对这个案子后来的审理中,并没有就"附加保证条款"的效力问题再做讨论,但从后来的信用证的发展看来,"附加保证条款"变相成为信用证的又一制度风险——"软条款"风险的发源。

UCP 作为国际性商事规则,并不具有国家立法般的强制性,其适用问题只有在合同各方选用信用证作为结算方式时才才涉及,而各国对信用证的单行立法和地方性法规还可能限制 UCP 的具体适用,从这个角度讲,UCP 的相关规则具有一定的合同性质。既然合同双方有更改合同条款的权利,那么为什么合同双方不能在信用证结算约定中对受益人的索款权利加以限制呢?"软条款"常被学界认知为信用证中的"陷阱条款",软条款可能会使受益人在交单索款的过程中遭遇障碍。"软条款"的存在要求受益人在索款时,除了提供约定的单据外还要满足其他条件,这一条件正是"软条款"的具体内容。"软条款"的形式千变万化,内容各异,他既可以限制信用证生效,也可以为信用证的修改提供空间,当然,其也可以作为防止受益人提交虚假单据的保障手段。尽管学界和实

---

① 早在 2003 年的 Sirius International Insurance Co. v. FAI General Insurance Ltd. [2004] 1 WLR 3251 (HL), [2003] 1 W.L.R. 2214 (CA)一案中,英国法院对附加保证条款的效力问题就已经表明了态度。在这个案件中,英国高等法院裁定信用证的受益人不得主张其收款的权利,因为他没能履行他与申请人签订的附加合同中承诺的义务。在附加合同中,信用证的受益人承诺在一定的条件没有满足之前,他不会声张信用证赋予其的收款权利。大法官 May 认为,受益人与申请人签订的附加合同是与信用证所依附的基础合同有本质的区别。附加合同对信用证的效力提出了明确的限制,在这种情况下,虽然信用证条款中并没有相应的限制性内容,信用证赋予受益人的收款权利还是应当受到附加合同的限制,受益人在满足附加合同中所规定的条件之前,是无权声张其收款权利的,但是此时银行的支付义务不应当受到影响。

务界对"软条款"的批评声不绝于耳,但是基于 UCP 商事规则的自治性,国际商会并未对"软条款"提出任何禁止性意见。

从根本上讲,拒绝禁止"软条款"是国际商会对信用证作为自由选择的结算方式的尊重,也是对 UCP 法律效力的明确,不应存在异议。然而,实践中由"软条理"引发的信用证风险却可见一斑。开证行对信用证业务的熟悉度,使其相较于受益人,在单证开立的条款设定时具有天然的优势。面对陷阱条款,受益人常常无法察觉,此时"银行信用"再一次成为信用证信用危机的保护伞。同样的矛盾与困境还出现在严格相符原则与银行的独立性审单责任问题中。

任何客观制度,一旦被渗入主观因素都会多少偏离原先预设的制度轨道,在信用证体系中,银行应当是不涉及任何基础合同利益的。作为信用证项下独立的付款保证人,如果银行不能保持中立和客观,信用证的高效与安全根本无法实现。"欺诈例外""严格相符"这一系列信用证项下的基本原则,无"银行信用"作为基本保障,均会成为一纸空文。"数据孤岛"时代下"被干扰的银行信用"成为信用证信用危机的根本原因。实际上,2008 年金融危机以来,欧美发达国家大批的银行破产,在很多商人眼中,即使是处于完全中立地位的银行,也已经无法真正担负起独立保函人的责任。① 相较而言,近年来中国信用证业务稳步增长的现象同样与"金融危机中逆势发展的富国银行经营理念"②密不可分。③

在系列问题的冲击下,信用证市场面临前所未有的危机,贸易融资也成为经济下行中的风险高发领域。伴随科技时代贸易电子化的发展,传统的支付手段发生了革新与进化。结合人工智能、数字金融的发展,信用证领域出现多种尝试替代传统信用证结算的变体新式,比如银行付款责任(Bank Payment Obligation,以下简称"BPO"),信用证结算本身也不断被加入电子化、高科技元素。国际商会也尝试根据电子商务时代下信用证的新变化,制定新的商事规则以填补信用证制度的固有缺陷,从而应对信用证的信用危机。从 eUCP 的制定到伴随"BPO"的发展而通过的《BPO 统一规则》(Uniform Rules for Bank Payment Obligations,以下简称"URBPO"),再到 2023 年 6 月 EUCP2.0 的发布,大数据、人

---

① 程啸:《民法典物权编担保物权制度的完善》,《比较法研究》,2018 年第 2 期,第 56 页。
② 刘云飞、郑晓泉、朱旭刚:《重新审视国内信用证业务》,《中国外汇》,2016 年第 16 期,第 39 页。
③ 杨建军:《国家治理、生存权发展权改进与人类运命共同体的构建》,《法学论坛》,2018 年第 1 期,第 16 页。

工智能赋能下信用证规则体系变革已成为客观趋势。国际商会对此类商事规则的多次修订和补充是学界和实务界以法律制定应对信用危机不断试错、纠错的过程,此间的经验与教训对贸易后发型的中国贸易金融市场颇具意义。

(三) 国际电子信用证规则的制定与修正

1. 电子信用证的产生与 eUCP1.0

信用证早期是以纸质形式开立的,但在 20 世纪 70 年代就已经实现了电开模式。在当今世界,信用证几乎都是通过"环球同业银行电讯协会(简称"SWIFT")"[①]系统开立的。"从传统的纸质信用证到电开信用证、网上信用证再到电子信用证,信用证的电子化程度在不断地加深。"[②]真正的电子信用证,应当实现全流程的电子化,目前国际上已建成部分第三方系统平台,如BOLERO(Bill of Lading Electronic Registry Organization)系统、ESS(Electronic Shipping Solutions)系统、TSU(Trade Services Utility)系统和TRADECARD、CCEWEB、CARGODOCS。1998 年成立的英国伦敦电子商务公司(Bolero International Limited,以下简称 Bolero 公司),开发了 Bolero 系统,至今已运行二十余年。Bolero 采用云端信息处理技术,结合相关贸易应用程序,开发出一套传输、交换电子单据与数据的网络平台,客户可以通过权利注册申请实现货物所有权的在线转让,银行可以通过该平台进行开证、信用证通知、审单等,真正实现了信用证体系运行的电子化。

为了适应大数据时代下国际货物交付、运输、邮递等业务的相应变化,国际商会很早开始尝试制定针对电子信用证交单的相关规则,《跟单信用证统一惯例 UCP500 关于电子交单的附则》(eUCP Supplement to UCP500 for Electronic Presentation,以下简称 eUCP1.0)于 2002 年应运而生。2007 年,伴随着 UCP600 的生效,国际商会又对 eUCP1.0 进行了更新,即《跟单信用证统一惯例 UCP600 关于电子交单的附则》(eUCP Supplement to UCP600 for Electronic Presentation,以下简称 eUCP1.1)。UCP600 本身的相关条款也明确承认了电子信用证的法律效

---

① SWIFT1973 年在比利时首都布鲁塞尔成立,到目前为止已经有超过 212 个国家的近一万多家银行成为了 SWIFT 的会员。SWIFT 各会员国银行之间,采用全球卫星或海底电缆与会员国的国内电路相互连接,构成了完整的通讯网络。
② 吴庆宝、孙亦闽:《信用证诉讼原理及判例》,北京:人民法院出版社,2005 年,第 161 页。

力,并专门规定了电讯传递的信用证及其修改规则。①

　　相较于传统信用证,电子信用证在坚持信用证基本原则的基础上,有着独特的优势。电子化、网络化的实时操作,可以加速信用证的流转功能,避免延误带来的法律风险,特别是在防止信用证欺诈的问题上。一方面,在电子信用证项下,基础合同通常会与信用证及有关单据通过大数据平台向银行整体打包提交,因此银行可以更方便地获知交易双方基础合同的相关信息,这可以有效地遏制基础合同欺诈的发生。当然,这并不意味着银行需要根据基础合同来审核单据,电子信用证和传统信用证一样遵循独立于基础合同的独立性原则。另一方面,依托信用证电子化技术,在电子平台上进行单据提交的同时,也可以通过特定的权限设定,剔除信用证流转单据被换的风险②,这大大填补了立法对信用证欺诈规制的盲点。此外,伴随着电子化审单的全面实现,电子化审单标准也可以明确化。在传统信用证体系中,银行独立的审单付款责任可能受到利益驱使的主观因素也可以彻底避免。在电子信用证下,信用证体系从单一依赖于银行信用转变为同时依托于大数据与银行信用,这一变化可以有效地遏制主观因素对客观制度的影响,有利于信用证在原先预设的制度轨道上保持运作,这也是 eUCP1.0 制定的初衷。

　　eUCP1.0 和 eUCP1.1 作为对 UCP 的补充规则,实际上是尝试解决原有国际惯例如何适用于电子交单的问题。eUCP 的出台在一定程度上实现了传统国际惯例与新兴技术的衔接,但并没有改变信用证的基本原则。电子信用证依然是独立于基础合同的贸易结算方式,银行在电子信用证项下依然承担独立的付款责任,表面相符的审单原则也没有改变。eUCP 的核心问题是电子信用证的交单与审单问题③,然而,从 eUCP1.0 到 eUCP1.1,作为电子审单的补充规

---

① UCP600 第 11 条 a 款规定:"经证实的电讯信用证或修改文件将被视为有效的信用证或修改,任何随后的邮寄证实书将被不予置理。若该电讯文件声明'详情后告'(或类似词语)或声明随后寄出的邮寄证实书将是有效的信用证或修改,则该电讯文件将被视为无效的信用证或修改。开证行必须随即不延误地开出有效的信用证或修改,且条款不能与电讯文件相矛盾。"
② 王晓健、何玥、王丽华、陈晓妍:《可转让信用证的风险防控》,《中国外汇》,2019 年第 13 期,第 130 页。
③ ICC 工作小组在起草 eUCP 时曾经指出,"对 UCP 的增补规则只应该涉及电子交单和审单的问题,而不涉及任何有关电子化信用证的开证与通知的问题。因为目前的国际惯例与 UCP 在此前的很长一段时间内已经允许信用证开证以及通知的电子化。"James E. Byrne, Dan Taylor. ICC Guide to the EliCP-Understanding the Electronic Supplement to the UCP 500. ICC PUBLISHING S.A.,2002:12.

则,eUCP 只是对原则性的问题作出了宏观上的概括规定,再加上其颁布时电子信用证的发展仍处于初级水平,规则制定的针对性不强,两个版本均没能对商事实践作出合理的归纳,对很多具体问题,如"单据的损坏""银行的物理地址"等都没有明确规定,种种原因使得 eUCP 的实际操作性不强,没能得到广泛的应用。可以说,通过对电子信用证的规则制定解决信用证信用危机的初步尝试并不成功。

2. 银行付款责任的兴起与 URBPO

2010 年以后,面对信用证结算市场的继续萎缩,很多学者提出了信用证结算已被边缘化的观点[1],如何在提供交易安全的基础上,摆脱单据审核的繁琐性和复杂性,提高银行担保结算的效率成为国际结算领域讨论的重点。SWIFT 组织研发推出一种新型的贸易金融工具——银行付款责任(Bank Payment Obligation,以下简称 BPO),"BPO"被定义为付款银行(买方银行)在 TSU(Trade Service Utility)等电子平台中,向收款银行(卖方银行)做出的独立、不可撤销的即时或延期付款责任承诺。ICC 于 2013 年通过了《BPO 统一规则》(Uniform Rules for Bank Payment Obligations,以下简称 URBPO),为 BPO 业务提供了权威的规则依据。BPO 在本质上是对赊账业务与信用证业务的中间填充,它结合了信用证的安全性与赊销的快捷性,采用纯数据化的无纸操作。在 BPO 项下,付款银行依据前期约定,在数据匹配成功的基础上向收款银行付款。URBPO 针对 BPO 业务涉及的基本概念、主要参与方及其责任、适用法律、数据要求等事项进行了描述与规范。

BPO 的最大优势是适应了电子商务、人工智能时代以数据为载体的快捷商务实践的需要。纯数据化的操作和直接的人工智能匹配减轻了银行的工作量,也彻底避免了基础交易、单据等其他因素对银行付款责任独立性的影响,同时还提升了贸易结算的准确率。然而,从 2013 年 URBPO 发布至今,BPO 在贸易金融结算领域的实际推行情况并不乐观。根据 2018 年的数据统计,全球只有 48 个国家和地区的 169 家金融机构参加了 BPO 业务办理的技术平台,而

---

[1] 邵作仁、刘涛:《信用证结算地位弱化的成因及其策略——以农产品贸易为例》,《WTO 经济导刊》,2014 年第 5 期,第 88 页。

证实采用 BPO 开展业务的银行只有 58 家。①

URBPO 的最大问题是主体的缺位。贸易结算方式本身的效率与功用根本上是建立在市场客户需求的基础之上的。与 UCP 不同,URBPO 的规则完全以银行为中心,对买卖双方及其他实际的贸易参与方的权利、义务均无表述。换言之,URBPO 只规范了银行等金融机构之间的权责和利益关系,甚至连 BPO 项下的受益人都完全采用了卖方银行替代卖方的方式。再加上 URBPO 以尊重数据的客观性为原则,明确银行仅根据买方或卖方提供的数据进行录入,不对买方或卖方提供数据的来源、真实性、准确性负责,也不需要审查或传递相关贸易单据,这等于是变相表明:银行对可能的欺诈不负任何责任。然而,纯数据化的操作并不能杜绝虚假交易和恶意录入的情形。URBPO 规则框架的最大缺陷就是忽视了贸易结算真正的参与主体,首先应当是买卖双方。特别是卖方,作为贸易结算中的真正收款权利人,如果其权利在 URPBO 规则体系下不能得到明确保障,买卖双方与银行间的法律关系还需要通过另行法律文本加以约定,那 BPO 的成本效益自然无法平衡。当然,相较 URBPO 而言,UCP 已经是经过百年考验并在不断修正的规则体系,但至今仍有缺陷被人诟病。当前还缺乏经验引导的 URBPO 规则依然有望在实践中不断完善,贸易金融的数字化转型对商事规则变革的影响早已成为必然。不过就当前看来,以 BPO 替代信用证实现银行在贸易结算下的担保功能依然路途遥远。此次 EUCP2.0 的修订出台,是国际商会以法制应对信用证危机的新一轮尝试。

3. 电子信用证的发展与 eUCP2.0

2019 年 6 月 eUCP2.0 的发布,正式开启了电子信用证的 2.0 时代。eUCP2.0 在细节上弥补了部分此前 eUCP1.0、eUCP1.1 版本的不足。比如,在第 1 条 d 款明确规定电子信用证显示开证行(包括指定行、保兑行在内)实体地址的要求,解决了此前无法确认纸质交单时间、制裁政策等问题的难题;再如,在第 3 条增加了相关电子词汇的定义,还特别强调了作为审单要求的电子记录与基础交易无关,这相当于再次重申了传统信用证的独立性原则同样适用于电子信用证;还有,在第 6 条扩展了银行的审单条款,明确指出只要银行传递电子记录的行为表明其已确认电子记录的表面真实性,明确指定行发出相符电子记

---

① 邓紫楠:《BPO 在国际货物贸易中的应用研究》,《对外经贸实务》,2019 年第 8 期,第 62 页。

录后即使开证行(保兑行)不能审核也必须付款;此外,还分别在第 13 和 14 条增加了两类银行可以免责的情形,即对自身之外的数据处理系统不能运行的免责和对不可抗力的免责条款。

eUCP2.0 在具体内容上的微观调整,是对一定期间内电子信用证运行和发展过程中出现的具体问题的回应与修正。而 eUCP2.0 通过宏观上对中心思想的表达,真正实现了对传统信用证制度缺陷的弥补,明确了数字化商业时代转型下电子信用证法制的基本理念和规制方向,为信用证信用危机提出了可能的解决方案。

此次规则修订最为重要的贡献,就是通过多项条款的修订"动摇"了当前信用证信用危机的重要根源——"被干扰的银行信用"。在第 3 条的 b 款[①],增加了"DATA CORRUPTION""DATA PROCESSING SYSTEM""REPRESENT"等条款的定义,明确了数字化时代下,虚拟世界相关产品的概念,使得电子信用证下单据审核的标准更为清晰和透明。在第 5 条和第 7 条[②]要求,信用证必须明确格式要求,且银行必须依据约定之格式审核单据,除非提交人提交之单据不符合约定的格式,否则银行不得以格式为由拒绝付款,如果信用证未约定格式,由此产生的格式歧义不得成为银行的拒付理由,这实际上是明确了银行对格式约定的法定责任。此外,在国际商会对 eUCP2.0 的官方解释中,电子交单规则的中立性被一再强调,基于这一原因,eUCP2.0 并未对电子审单的具体平台、具体步骤和技术要求做详细规定,这其实是赋予了信用证当事人自主选择电子商务平台进行电子审单的权利,但同时强调了相关银行对自身负责的数据处理系统有维护的责任。

---

① eUCP2.0 第 3 条 b 款规定,在 eUCP 中使用的下列用语应具有以下含义:i."数据变损(data corruption)"意指因任何数据的失真或丢失而致使无法全部或部分读取已提交的电子记录。ii."数据处理系统(data processing system)"意指全部或部分用于处理和操作数据、发起指令、或响应数据信息或性能的计算机化或电子化或任何其他自动化的方法。iii."电子记录(electronic record)"意指以电子方式创建、生成、发送、传输、收到或储存的数据,包括(适当时)逻辑上相关或另外链接在一起以便成为电子记录一部分的所有信息,而无论这些信息是否同时生成,并且发送人的表面身份、其包含的数据的表面来源及其是否保持完整和未被更改,可以被证实;并且能够根据 eUCP 信用证条款审核其相符性。

② eUCP2.0 第 5 条规定,eUCP 信用证必须注明每份电子记录的格式。如未注明,则电子记录可以任何格式提交。按指定行事的指定银行、保兑行(如有)或开证行无法审核 eUCP 信用证所要求格式的电子记录,或当未要求格式时,无法审核提交的电子记录,这一情形不构成拒付的依据。

整体而言,eUCP2.0 结合大数据和人工智能影响下电子信用证的特殊性,对传统信用证项下银行主观因素干扰银行信用的可能情形作出了修正性预防。有电子商务平台参与的电子信用证业务,从实质上改变了传统信用证以"银行信用"为唯一核心的运行体系,形成了电子平台信用与银行信用相结合的系统保障模式。在电子信用证的运行模式中,审单的过程是由银行在电子平台的技术配合和规则限制下完成的。eUCP2.0 正是借助大数据时代下的信用证的智能转型,尝试建立与科技相结合的法律规则体系,排除可能干扰到"银行信用"的主客观因素,保障信用证体系的制度化运行。

另外,对于传统信用证核心的"独立抽象原则",eUCP2.0 给予了重点的强调与突出。电子审单的出现,要求银行在审核电子单据的同时通过外链审核逻辑相关的信息,在表面上相较于传统信用证扩大了审单的范围,实际上是将审单的内容更具体化、细致化,同时为银行表面单据的审核提供了明确的依据,始终将审核内容限定在单据和数据的范围内。为了进一步明确电子信用证项下的独立抽象原则,eUCP2.0 的第 4 条还明确了排除在银行审单之外的其他责任。① 电子信用证作为传统信用证智能化发展的产物,依然遵循信用证的基本原则,银行的基本义务并不因电子媒介的介入而产生任何变化,单据审核的电子化只是进一步充实了银行的审单依据,从而提高其准确性。

此次 eUCP2.0 并没有针对信用证日益丰富的融资功能,对信用证保险等新兴问题作出规定,然而,在官方解释中,专家委员会还是表明了暂时未作出针对性修订的原因。专家组认为,信用证保险业务实现电子化还需要一定时间的发展积累,当前的电子信用证规则的规制重点应当主要集中在信用证电子审单问题上。② 值得注意的是,尽管 eUCP2.0 是 UCP 规则的补充,但其并不仅限于对商业信用证的规制,国际商会的官方解释确认了 eUCP2.0 同样适用于备用信用证,这充分体现了国际贸易金融领域对信用证、备用信用证乃至独立保函统一规制的趋势。

近年来,国际商会对信用证结算规则相对密集的意见征集和修订主要是基

---

① eUCP 2.0 第 4 条:"银行不处理电子记录或纸质单据可能涉及货物、服务或履约行为。"
② 参见国际商会关于 eUCP2.0 的官方解释。

于两个现状,一是"数据孤岛"时代信用证信用危机所导致的信用证使用率锐减,二是大数据赋能电子科技时代下信用证发展的实际需要。从这两个角度看,国内信用证相关规则的修订十分必要。我国作为信用证业务大国,短期内不可能像信用证市场相对健全的欧美国家那样迅速寻找到信用证的替代物。因此,对信用危机的预防和应对刻不容缓,2016 年《信用证新规》的出台将国内信用证的发展带入了 2.0 时代,为国内信用证的长远发展营造了良好的政策环境,有利于该业务的普及和对实体经济的推动[1],但其内容上与科技金融时代下电子信用证发展的差距急需填补。2019 年我国《电子商务法》的出台和《电子签名法》的修订均为我国电子信用证的法律规制提供了重要指引[2],同时也体现我国电子商务发展实践的整体性法制需求。笔者认为,作为信用证规则体系建构起步较晚的国家,制定专门的电子信用证法典篇章不具备现实可能性,2006 年的《信用证司法解释》仅仅是我国最高人民法院的司法解释,不属于真正意义上的立法,而《信用证新规》更只是中国人民银行发布的行业规则。我国的《信用证法》本身就处于缺位状态,但从我国企业当前在国内外的信用证业务开展情况看,至少有以下几点问题,必须在法律的层面厘清:

第一,明确 eUCP 规则的适用。我国当前立法层面电子信用证规则的缺失极易造成电子信用证运行的混乱,eUCP2.0 可以很好地避免我国当前电子信用证体系不健全可能引发的法律风险,因此应当在法律层面明确其适用。[3]

第二,形成与国际接轨的国内电子信用证规则体系。电子信用证取代传统纸质信用证已成为必然趋势,人工智能、大数据对国际结算业务产生重要影响。我国的国际结算和贸易融资业务也将加速电子化进程,国内信用证业务在电子化方向上与国际信用证必然走向趋同,统一的电子信用证规则体系有利于我国企业、银行提前适应国际电子信用证规则,也有利于我国贸易金融领域信用证信用危机的克服。

---

[1] 史晓玲、阎之大:《理解国内信用证新规实质》,《中国外汇》,2016 年第 12 期,第 27 页。
[2] 刘风景:《法律互鉴是构建人类命运共同体之良方》,《法学论坛》,2018 年第 4 期,第 30 页。
[3] 《信用证司法解释》第 2 条规定:"人民法院审理信用证纠纷案件时,当事人约定适用相关国际惯例或者其他规定的,从其约定;当事人没有约定的,适用国际商会《跟单信用证统一惯例》或者其他相关国际惯例。"这一规定表明我国电子信用证纠纷适用 eUCP 规则的可能性。

第三，综合信用证与保函实务，明确贸易金融领域国际惯例与法律融合的法制方向。长期以来，国际商会发布的商事规则对我国信用证、保函领域法律规则的制定都有重要的引导作用。此次 eUCP2.0 的出台，再次领先于我国电子信用证法制发展，其明确信用证规则同样适用于保函领域的立法思维表明了全球贸易金融发展下，商事工具重实质轻形式的趋同发展，或可引领我国贸易金融领域的统一立法思维的发展。

第五编

独立保函：司法管辖

> "天下之事，不难于立法，而难于法之必行。"
> ——张居正《请稽查章奏随事考成以修实政疏》①

---

① ［明］张居正：《张居正奏疏集》，上海：华东师范大学出版社，2014年，第18页。

一、法理：独立保函司法管辖及法律适用的基本原则

（一）民商事案件的司法管辖的一般原则

《民事诉讼法》

第265条规定："因合同纠纷或者其他财产权益纠纷，对在中华人民共和国领域内没有住所的被告提起的诉讼，如果合同在中华人民共和国领域内签订或者履行，或者诉讼标的物在中华人民共和国领域内，或者被告在中华人民共和国领域内有可供扣押的财产，或者被告在中华人民共和国领域内设有代表机构，可以由合同签订地、合同履行地、诉讼标的物所在地、可供扣押财产所在地、侵权行为地或者代表机构住所地人民法院管辖。"

《民事诉讼法司法解释》

第531条第1款规定："涉外合同或者其他财产权益纠纷的当事人，可以书面协议选择被告住所地、合同履行地、合同签订地、原告住所地、标的物所在地、侵权行为地等与争议有实际联系地点的外国法院管辖。"

《涉外民事关系法律适用法》

第41条规定："当事人可以协议选择合同适用的法律。当事人没有选择的，适用履行义务最能体现该合同特征的一方当事人经常居所地法律或者其他与该合同有最密切联系的法律。"

1. 意思自治原则。意思自治即协议管辖原则，是指双方当事人在纠纷发生之前或之后，以协议的方式确定由哪个国家或地区的法院管辖。

2. 最密切联系原则。最密切联系原则,是指当事人为确保法院判决得到顺利执行,侵权行为能够得到有效规制会选择在与案件具有密切联系的地方,如侵权行为地、扣押财产所在地或者诉讼标的物所在地提起诉讼。如管辖法院认为与案件有密切联系,可依此确定具有管辖权。

3. 不方便法院原则。不方便法院原则源于英美法系,是指在法院依法受理案件后,在审理过程中发现案件存在诸多"不方便管辖"的因素,认为当事人可以向域外更方便的法院提起诉讼,从而放弃对案件的管辖权。

(二) 独立保函管辖权的独立性

在确定独立保函案件管辖权的问题上,各国均赋予了独立保函当事人的协议管辖的权利,协议管辖条款被普遍接受。URDG 458 确立的协议管辖规则和担保人所在地法院的专属管辖规则在 URDG 758 中仍然得到了继承。

二、中国法:规范与理念

(一) 独立保函管辖权的独立性

基于独立保函独立性的本质特征,独立保函案件的管辖权也具有独立性。独立保函案件的管辖不受基础交易合同中仲裁或诉讼管辖条款的影响。

(二) 独立保函纠纷一般管辖规则

由协议管辖与担保人所在地法院专属管辖相结合的管辖规则,除非独立保函载明由其他法院管辖或提交仲裁,独立保函受益人和担保人因独立保函产生争议的,由担保人住所地或被告住所地法院管辖。

(三) 独立保函欺诈纠纷的例外管辖规则

无论是独立保函受益人和申请人之间关于基础合同纠纷的争议解决约定,还是受益人和担保人之间关于独立保函纠纷的争议解决约定,都无法直接适用于独立保函欺诈纠纷案件。保函欺诈属于侵权法律关系,因此独立保函欺诈纠纷适用侵权纠纷的管辖。

独立保函欺诈法律关系表现为受益人违反诚信原则,滥用独立保函项下权利进行索款,其不仅损害担保人的利益,亦损害保函申请人的利益。独立保欺诈法律关系的当事人为三方,即保函申请人、保函担保人(包括反担保人)和保函受益人。而基础交易法律关系的当事人是申请人和受益人,独立保函申请法律关系的当事人是申请人和担保人,独立保函法律关系的当事人是担保人和受益人。因此,当基础合同或者独立保函中存在仲裁条款,当事人就独立保函欺诈纠纷以侵权为由提起诉讼,不受基础合同或者独立保函仲裁条款约束。

(四) 平行诉讼中的国家主权原则

在独立保函纠纷案件中涉及平行诉讼时,我国法院秉持国家主权原则,对涉外民事案件具有司法管辖权。一方当事人向外国法院起诉,而另一方当事人向中华人民共和国法院起诉的,人民法院可予受理。判决后,外国法院申请或者当事人请求人民法院承认和执行外国法院对本案作出的判决、裁定的,不予准许。

三、中国法:实践

案例 5.1

印度 GMR 卡玛朗加能源公司与山东电力基本建设总公司涉外保函欺诈纠纷案

最高人民法院(2018)最高法民辖终 156 号

申请人山东电力基本建设总公司(以下简称山东电建)通过上海浦东发展银行股份有限公司济南分行(以下简称浦发银行济南分行)向中国工商银行股份有限公司山东省分行(以下简称工行山东省分行)开具《预付款反担保函 1》《预付款反担保函 2》,工行山东省分行向印度国家银行上海分行开具《预付款反担保函 3》《预付款反担保函 4》,印度国家银行上海分行向印度国家银行班加罗尔分行开具《预付款反担保函 5》《预付款反担保函 6》,印度国家银行班加罗尔分行向印度 GMR 卡玛朗加能源公司(以下简称能源公司)开具《预付款反担保函 7》《预付款反担保函 8》。

山东电建公司通过浦发银行济南分行向印度国家银行上海分行开具《预付款反担保函 9》,印度国家银行上海分行向印度国家银行班加罗尔分行开具《预付款反担保函 10》,印度国家银行班加罗尔分行向印度能源公司开具《预付款反担保函 11》)。

山东电建公司以保函欺诈为由向一审法院起诉,请求判令:(1)浦发银行济南分行终止向工行山东省分行支付《预付款反担保函 1》《预付款反担保函 2》项下款项;(2)工行山东省分行终止向印度国家银行上海分行支付《预付款反担保函 3》《预付款反担保函 4》项下款项;(3)印度国家银行上海分行终止向印度国家银行班加罗尔分行支付《预付款反担保函 5》《预付款反担保函 6》项下款项;(4)浦发银行济南分行终止向印度国家银行上海分行支付《预付款反担保函 9》项下款项;(5)印度国家银行班加罗尔分行终止向能源公司支付《预付款反担保函 7》《预付款反担保函 8》《预付款反担保函 11》项下款项。山东电建起诉认为能源公司索赔全部保函项下的全部金额,属于欺诈性的恶意索赔,鉴于能源公司的索赔,印度国家银行班加罗尔分行、印度国家银行上海分行、工行山东省分行和浦发银行济南分行会顺序向反担保函的申请人山东电建索款,一旦各反担保函对外支付,山东电建将遭受不可挽回的损失,故其提起本案诉讼,请求判令相关银行终止支付案涉保函项下的款项。

印度能源公司和印度国家银行上海分行在提交答辩状期间,对管辖权提异议。一审法院山东省高级人民法院认为,山东电建以能源公司存在保函欺诈为由提起诉讼,本案属于涉外独立保函欺诈纠纷。案涉保函均约定 URDG458。依据《独立保函司法解释》第 21 条第 2 款的规定,山东电建请求止付的反担保函的开立人系浦发银行济南分行,其住所地位于山东省济南市,且被告之一工行山东省分行的住所地亦位于山东省济南市,属一审法院辖区,一审法院作为独立保函开立人住所地及被告住所地法院对本案享有管辖权。本案系保函欺诈纠纷,不是因基础交易合同引发的纠纷,故不受基础交易合同条款约束。基础交易合同中是否存在仲裁条款对本案没有约束力。境外法院是针对同一争议,不影响本案管辖权的确定。一审法院裁定:驳回印度能源公司、印度国家银行上海分行提出的管辖权异议。

印度能源公司不服一审裁定,向最高人民法院提起上诉称:(1)一审法院依据《独立保函司法解释》第 21 条第 2 款的规定,确定其对本案享有管辖权存在事实和法律上的错误。能源公司为使保函不失效而请求保函开立人将保函展期,但若未能展期的,则该"请求"将被视为其在保函下的索赔。所以,保函下并不存在山东电建所主张的欺诈或滥用权利的事实。《独立保函司法解释》不适用于本案。(2)退一步而言,即使依据《独立保函司法解释》确定管辖权,一审法院的理由也不能成立。山东电建所主张的所谓欺诈情形如果存在,亦只能存在印度国家银行班加罗尔分行开立的保函下,而非针对各国内银行开立的反担保函。一审法院不应以其为国内银行所在地的法院为由,建立对本案的管辖权。而且如果保函下的欺诈成立,则反担保函自然可以不予给付。山东电建在印度已经采取针对保函的止付法律行动且获得救济,一审法院应遵循国际通行"先受理法院规则",不宜在印度法院已经受理的情况下再受理本案,以避免重复诉讼的结果。(3)山东电建本来是将上述各国内银行列为"第三人"的,后又通过变更诉讼地位申请将其变更为本案的被告,但未能指出各国内银行有任何违法行为。山东电建正是意识到一审法院对本案无管辖权,这才通过将国内银行变更为被告,试图违法达到一审法院取得本案管辖的目的。综上,请求依法撤销一审裁定,驳回山东电建的起诉。

最高人民法院认为,案涉保函均载明适用URDG458。本案为涉外保函欺诈纠纷,依照《独立保函司法解释》第21条第2款规定,除非独立保函载明由其他法院管辖或提交仲裁,独立保函受益人和担保人因独立保函产生争议的,由担保人住所地或被告住所地法院管辖。对涉外独立保函而言,若作为保函担保人的国内银行希望将与境外保函受益人产生的争议交由国内银行住所地法院管辖,在独立保函中就不宜另行约定争议解决的管辖。应当依据《独立保函司法解释》确定本案的管辖权。浦发银行济南分行及工行山东省分行既是本案的被告,亦是山东电建请求止付的案涉相关保函的开立人,浦发银行济南分行及工行山东省分行的住所地均位于山东省济南市,属于一审法院的辖区。一审法院对本案具有管辖权。印度法院是否受理有关案件,并不对一审法院对本案的管辖权产生影响。至于山东电建所主张的欺诈或滥用权利的事实是否存在,其诉讼请求能否得到支持,需要人民法院经过实体审理以后作出认定。二审法院裁定:驳回上诉,维持原裁定。

本案为涉外保函欺诈纠纷,最高人民法院认为,独立保函欺诈法律关系表现为受益人违反诚信原则滥用独立保函项下权利进行索款,其不仅损害担保人的利益,亦损害保函申请人的利益。独立保函欺诈法律关系的当事人为三方,即保函申请人、保函担保人(包括反担保人)和保函受益人。而基础交易法律关系的当事人是申请人和受益人,独立保函申请法律关系的当事人是申请人和担保人,独立保函法律关系的当事人是担保人和受益人。因此当事人就独立保函欺诈纠纷以侵权为由提起诉讼,不应当受基础合同或者独立保函仲裁条款约束。此案已在印度法院受理,同时又向我国法院提起诉讼,目前我国法律体系中并没有专门的法律针对国际民事诉讼管辖权的冲突问题进行规定,我国与印度也未缔结或参加可判断印度法院在此种情形下有无管辖权的国际条约。法院在案件审理过程中秉持国家主权原则,坚持我国法院对涉外民事案件的司法管辖权。印度法院是否受理有关案件,并不对一审法院对该案的管辖权产生影响。

【裁判要旨】

1. 区分了独立保函纠纷和独立保函欺诈纠纷。受益人虚构基础合同项下的违约向开立人索取保函款项,侵害开立人的财产权益,属于独立保函欺诈纠纷。中国法院通常将保函欺诈案件归为侵权纠纷,独立保函欺诈纠纷案件是在履行独立保函合同过程中发生的侵权纠纷,应按侵权纠纷确定管辖。根据《民事诉讼法》第29条,因侵权行为提起的诉讼,由侵权行为地或者被告住所地人民法院管辖。这里的侵权行为地既包括侵权行为实施地,也包括侵权行为结果发生地。

2. 独立保函欺诈纠纷的案件管辖不受基础合同争议解决条款的约束。在司法实践中,除非三方当事人达成明确一致意见,否则一般情况下开立人与受益人之间的独立保函争议解决条款也难以影响独立保函的欺诈纠纷管辖。不能仅凭基础交易当事人在基础交易协议中就适用法律和司法管辖约定认定当事人就独立保函欺诈的适用法律和司法管辖达成了协议。在保函申请人、受益人和开立人三方当事人就保函欺诈纠纷适用法律和司法管辖未达成协议的情况下,保函开立人所在地人民法院可以管辖,适用保函开立人经常居住地或开立保函分支机构登记地法律解决独立保函欺诈纠纷。

3. 在独立保函欺诈纠纷案件中涉及平行诉讼问题,秉持国家主权原则,我国法院对涉外民事案件具有司法管辖权。一方当事人向外国法院起诉,而另一方当事人向中华人民共和国法院起诉的,人民法院可予受理。判决后,外国法院申请或者当事人请求人民法院承认和执行外国法院对本案作出的判决、裁定的,不予准许。

平行诉讼是指当事人就同一争议,基于相同事实同时或先后在两个或者两个以上不同国家或地区提起仲裁或者诉讼,且均被受理的现象。通常可体现为多个国家或地区内多个诉讼程序并存的平行诉讼程序、诉讼与仲裁混合并存的平行诉讼仲裁程序以及多个仲裁并存的平行仲裁程序。

独立保函业务项下涉及一系列交易关系,包括但不限于当事人之间的基础交易合同(如国际货物买卖)、申请人与担保人之间的委托担保合同、担保人与收益人之间的独立保函,参与交易的主体通常来自不同国家和地区,当本国法院和外国法院均主张对同一争议具有管辖权,当事人可任意选择其中法院起诉,继而产生平行诉讼。

案例5.2

中国葛洲坝集团股份有限公司与意大利裕信银行股份有限公司上海分行独立保函纠纷案

上海金融法院(2018)沪74民初1419号

2018年2月12日,中国葛洲坝集团股份有限公司(以下简称葛洲坝集团公司)与位于意大利的CMC公司签订了分包合同,约定由葛洲坝集团公司将科威特南穆特拉住房基础设施建设项目中的部分工程分包给CMC公司。双方并约定,作为合同生效的一项条件,CMC公司应当向原告出具一份不可撤销的无条件履约保函,履约保函的金额应为分包合同总价的10%。2018年3月5日,意大利裕信银行股份有限公司上海分行(以下简称裕信银行上海分行)根据CMC公司的申请,以葛洲坝集团公司为受益人开具编号为G560的履约保函,载明:鉴于葛洲坝集团公司与CMC公司(申请人)于2018年2月12日签署了金额为98 875 988.93科威特第纳尔的分包合同,并要求开具9 887 598.89科威特第纳尔的履约保函。裕信银行上海分行应申请人要求作为担保人,不可撤销且无条件地承诺,在收到葛洲坝集团公司的书面付款请求的5日内,向其支付总额不超过9 887 598.89科威特第纳尔的款项。葛洲坝集团公司的书面付款请求声明CMC公司存在违约及具体违约情形,并于2018年11月24日,葛洲坝集团公司向裕信银行上海分行发出书面付款通知,载明:由于CMC公司未按分包合同条款履行,并错误地终止合同,葛洲坝集团公司基于

G560号保函,要求裕信银行上海分行向葛洲坝集团股份有限公司银行账户支付保函项下款项。2018年11月26日,渣打银行武汉分行向裕信银行上海分行发出SWIFT电文确认了葛洲坝集团公司在上述付款通知中的签章。

2018年12月3日,意大利拉文纳普通法院民事法庭根据CMC公司2018年11月30日提交的申请,签发临时禁令,命令意大利裕信银行不得支付本案系争保函项下的请求金额。

2018年12月5日,裕信银行上海分行向葛洲坝集团公司发函确认其2018年11月28日收到葛洲坝集团公司关于系争保函的付款要求,但鉴于裕信银行上海分行并非独立于意大利裕信银行股份有限公司的法律实体,受意大利拉文纳普通法院禁令约束,不能履行涉案保函的付款义务。

2019年3月8日,裕信银行上海分行得知意大利拉文纳普通法院撤销了上述禁令,遂于2019年3月14日指令其代理行裕信银行米兰分行当日向葛洲坝集团公司收款银行的代理行渣打银行纽约分行支付G560号保函项下的9 887 598.89科威特第纳尔,因该行无法处理该币种而付款未成。

2019年3月28日,裕信银行上海分行向葛洲坝集团公司开立于汇丰银行中东支行的账户支付了涉案保函项下的金额。葛洲坝集团公司于2019年4月2日收到该款项。

葛洲坝集团公司起诉要求裕信银行上海分行赔偿因延期支付G560号保函项下款项造成的利息损失(以起诉时9 887 598.89科威特第纳尔折合的人民币价款为基数,按中国人民银行人民币同期同档贷款基准利率,自2018年12月5日起计至2019年4月2日)。

诉讼中,裕信银行上海分行以外国法院受理止付程序在先为由,主张中国法院对本案不具有管辖权。

URDG758第35条a款规定,除非保函另有约定,任何担保人和受益人之间与保函有关的争议,应由担保人开立保函的分支机构所在地的国家有管辖权的法院排他性地管辖。裕信银行上海分行既作为被告,又是开立人,其住所位于中国(上海)自由贸易试验区,故本案应由上海金融法院管辖。本案被告为外国公司,具有涉外因素。根据《中华人民共和国涉外民事关系法律适用法》第41条的规定,当事人可以协议选择合同适用的法律。因系争保函对URDG758之外的法律适用未作约定,根据URDG 758第34条a款的规定,保函的适用法律应为担保人开立保函的分支机构或营业场所所在地的法律,即中华人民共和国法律。

在本案中,上海金融法院认为,双方当事人在案涉保函中明确选择适用URDG758,将URDG758各条款纳入保函条款中,对保函当事人具有约束力。对此,原告、被告双方在庭审中亦再次进行了确认,故URDG758应作为该案争议处理的依据之一。保函对URDG758之外的法律选择未另作约定,因此,该案适用被告营业场所所在地法律——中国法律。

【裁判要旨】

本案明确了独立保函管辖权纠纷中的意思自治原则,即协议管辖原则,诉讼双方当事人在纠纷发生之前或之后,以协议的方式确定纠纷由哪个国家或地区的法院管辖及选择哪个国家或地区的法律、国际惯例或国际条约。

案例5.3

澳大利亚杜罗·费尔格拉私营股份有限公司与大连华锐重工国际贸易有限公司信用证欺诈纠纷案

最高人民法院(2017)最高法民辖终264号

《URDG758》

第34条:"a.除非保函另有约定,保函的适用法律应为担保人开立保函的分支机构或营业场所所在地的法律。b.除非反担保函另有约定,反担保函的适用法律应为反担保人开立反担保函的分支机构或营业场所所在地的法律。"

第35条:"a.除非保函另有约定,担保人与受益人之间有关保函的任何争议应由担保人开立保函的分支机构或营业场所所在地有管辖权的法院专属管辖。b.除非反担保函另有约定,反担保人与担保人之间有关反担保函的任何争议应由反担保人开立反担保函的分支机构或营业场所所在地有管辖权的法院专属管辖。"

《独立保函司法解释》

第5条:"独立保函载明适用《见索即付保函统一规则》等独立保函交易示范规则,或开立人和受益人在一审法庭辩论终结前一致援引的,人民法院应当认定交易示范规则的内容构成独立保函条款的组成部分。不具有前款情形,当事人主张独立保函适用相关交易示范规则的,人民法院不予支持。"

2011年8月31日,大连华锐重工国际贸易有限公司(以下简称大连华锐公司)作为设备供应商与买方澳大利亚Roy Hill公司(后更名为澳大利亚杜罗·费尔格拉私营股份有限公司,以下简称澳大利亚杜罗公司)签订了基础合同。

基础合同第28.3条约定:"仲裁地为新加坡,仲裁过程应使用英语。仲裁应根据本合同签署当日有效的《联合国国际贸易法委员会仲裁规则》进行……仲裁应按照第36(b)项中所述的规则进行。在法律允许范围内,双方同意:(a)西澳大利亚州《民事责任法案》第1F章所授予法院的相关权力和施加的相关限制不得授予或施加于根据第28.3条指定的仲裁员;以及(b)排除要求第28.3条指定的任何仲裁员必须适用或考虑依据西澳大利亚州《民事责任法案》第1F章条款(或任何其他国家或地区的类似法律规定),对相关纠纷发布仲裁令或仲裁裁决的权力。该第1F章条款的规定,只有在没有第28.3条的情况下才默认适用于仲裁案件。"基础合同附录E《担保和赔偿契约》第10.3条约定:"(a)第10.3至10.9条仅适用于担保人是一家外国公司的情况[见2001年企业法(Cth)第9部分所定义]。(b)任何直接或间接基于本契约、由本契约或与本契约有关的争端、主张或争议(包括但不限于针对本契约存续、有效性或终止的任何问题)均应提交仲裁,并按照澳大利亚国际商业仲裁中心的仲裁规则(简称ACICA仲裁规则)最终仲裁解决。(c)仲裁地点为西澳大利亚珀斯。(d)仲裁员的人数应为一人。(e)仲裁语言为英语。"

2013年9月18日,大连华锐公司委托中国银行股份有限公司辽宁省分行(后更名为中国银行股份有限公司大连市分行,以下简称中行大连市分行)向受益人澳大利亚杜罗公司开立了一份《履约保函》。保函记载:"此无条件履约保函受西澳大利亚法律管辖并据其解释。"如下表所示。

案涉文件	争议解决方式	适用法律（准据法）/规则
《基础合同》	仲裁—新加坡	适用联合国《国际贸易法委员会仲裁规则》
《担保和赔偿契约》	仲裁—西澳大利亚珀斯	适用 ACICA 仲裁规则
《履约保函》	未做约定	由西澳大利亚法律管辖并据其解释

2016年4月7日，澳大利亚杜罗公司提出立即支付保函款项的要求。2016年4月15日，大连华锐公司以澳大利亚杜罗公司为被告，中国银行股份有限公司辽宁省分行（以下简称中行辽宁省分行）、中行大连市分行为第三人向辽宁省高级人民法院提起诉讼。同日，大连华锐公司向辽宁省高级人民法院申请诉讼保全。2016年4月19日，辽宁省高级人民法院作出（2016）辽民初24号民事裁定，裁定中行辽宁省分行、中行大连市分行中止支付保函项下款项。澳大利亚杜罗公司在提交答辩状期间，对管辖权提出异议。

澳大利亚杜罗公司向最高人民法院上诉。最高人民法院裁决驳回上诉，维持原裁定。

一审辽宁省高级人民法院认为：（1）本案属于侵权民事纠纷。（2）澳大利亚杜罗公司与大连华锐公司在《基础合同》中虽约定了相关争议需由新加坡仲裁庭仲裁解决，但澳大利亚杜罗公司与中行大连市分行在案涉保函中没有约定管辖地法院或者仲裁。因本案审理的法律关系是中行大连市分行与澳大利亚杜罗公司之间的担保合同法律关系，并非大连华锐公司与澳大利亚杜罗公司之间的合同法律关系，故大连华锐公司与澳大利亚杜罗公司之间约定的管辖效力不能及于本案。（3）本案属涉外商事案件，侵权结果发生地位于辽宁省，诉争标的额在1亿元以上，依法应由该法院管辖，故对澳大利亚杜罗公司的异议不予支持。裁决驳回管辖权异议，裁定中止支付保函项下款项。

本案中大连华锐公司、中行辽宁省分行、中行大连市分行都是在中国登记设立的法人。大连华锐公司的诉讼请求是确认澳大利亚杜罗公司在该案所涉保函项下的索款过程存在欺诈，判决银行终止向澳大利亚杜罗公司支付保函项下款项。最高人民法院认为，该案的审理涉及大连华锐公司和中行辽宁省分行、中行大连市分行的利益，因该案独立保函欺诈纠纷当事人之间并不存在将纠纷交由其他法院管辖或提交仲裁的合意,依照《独立保函司法解释》第21条第2款的规定,该案应由被请求止付的独立保函担保人住所地或被告住所地法院管辖,且诉争标的额在1亿元以上,原法院作为被请求止付的独立保函担保人住所地法院对该案享有管辖权;同时,该案的审理涉及大连华锐公司和中行辽宁省分行、中行大连市分行的利益,该案情形显然不符合《民事诉讼法司法解释》第532条规定的条件。因此,澳大利亚杜罗公司关于该案应适用不方便法院原则的上诉理由不能成立,最高人民法院不予支持。

【裁判要旨】

1. 在当事人对管辖权和准据法的选择上,适用意思自治原则,有约定的从其约定。

2. 最密切联系地原则适用于独立保函。在当事人没有约定的情况下,则选择与合同具有最密切联系的法律。

四、域外:学术

(一)国际平行诉讼管辖权冲突下"阻断"与"禁令"的制度屏障

各国有权依国际条约和国内法规定所确定的受理涉外民事案件的权限范围和特定民事案件行使审判权,这是民事管辖权的基本内涵。各国国内立法中对涉外民事管辖权的规定差异成为平行诉讼中管辖权冲突最主要的原因。迄今为止国际上还没有一套世界各国都能普遍接受和遵照的国际条约来规范各国法院对国际民事案件管辖权的行使,除了外国国家、外国国家元首及外交代表的司法豁免,即使某些国家之间达成的规范国际民事案件管辖的双边或多边条约,也由于数量和适用范围的有限性,无法形成普遍意义的国际法规范。一旦发生国际民事案件,各有关国家的法院就会依照其国内法中有关国际民事案件管辖权的规定,来确定对该案是否有管辖权。在各类案件中,各国法院对国内法院行使国际民事管辖权所依据的法律事实的理解也有很大差异,当两个或两个以上国家主张自己的法院对某类涉外民事案件享有审判管辖权时,平行管辖冲突问题不可避免。这也是导致国际冲突的原因之一。尽管各国立法和司法实践一直在寻求以适当方式公正合理协调解决平行诉讼带来的管辖权冲突,但并未收到好的成效。英美法国家通常依据"不方便法院"加禁诉令机制处理国际平行诉讼,即如果当事人在本国提起的诉讼违反诚信、滥用程序,法院可以通过"不方便法院"原则对程序滥用予以制止。而如果本国法院管辖"符合司法正义结果的真正利益",禁诉令机制则成为制止当事人在外国法院滥用程序的利器。① 实践中,英美法系国家之间也经常产生禁诉令大战,形成反禁诉令(Anti-anti-suit Injunction)。② 近年来,全球经贸的一体化发展,局部经济制裁对全球经济秩序发展带来的长期负面冲击和系统性影响,经济制裁强烈的政治特性,又促进以国家政府作为制裁启动主体衍生出国际组织、地方政府乃至私人主体等多元样态,经济制裁的措施更是不断更新。以制裁为目的的禁令跨境下达愈发频繁,特别是限制当事人在外国法院发起国际平行诉讼禁诉令,通过禁令的形式越来越频繁地跨越一国边境,由一国法院向另一国的当事人下达,形成国内法的域外适用。

禁令制度作为一项古老的衡平法救济措施在英美法系中具有完善的立法体系和司法框架。③ "公正和便利"是禁令制度中的核心理念,在英国,1975年的 American Cyanamid Co. v. Ethicon Ltd.案④首次对禁令的适用规则做出了清晰的规定。下达禁令所需满足的法律要件有三:实体胜诉的可能性,经济赔偿的不充分性和裁决的公平合理性。大法官 Lord Diplock 创造性地提出通过"便利平衡(balance of convenience test)"检验禁令的下达是否有利于实现"公正和便利(just and convenient)",即"不下达禁令对禁令申请人可能造成的损害是否大于下达禁令可能对被申请人造成的损害"。若大于,则下达禁令;反之,则驳回禁令申请。"便利平衡"测试适用于评价裁决的公平合理性,大法官 Lord Diplock 将"公正和便利"这一原则性规定转化为具有操作性的评价方法,为禁令的下达提供了明确指引,在其后的大量案件中被广泛采纳。⑤ 1981年,

---

① 伊鲁:《论中国反禁诉令制度的构建》,《中国海商法研究》,2020年第2期,第106页。
② 例如在 Laker Airways Ltd. v. Sabena, Belgian World Airlines 案中,英国法院作出禁止当事人于美国诉讼之命令,美国联邦法院即作出反禁诉令。
③ 禁诉令源于中世纪的英国,当时英国的普通法法院(common law court)使用禁止令(writs of prohibition)来阻止诉讼当事人和其他法庭进行特定的诉讼,主要是为了解决王室法院和教会法院之间的管辖权冲突。而同一时期的衡平法院使用禁诉令来实现基本相同的结果。Thomas Raphael QC. The Anti-Suit Injunction. Oxford University Press, 2019.
④ American Cyanamid Co. v. Ethicon Ltd. [1975] AC 396.
⑤ Roy Goode, Ewan McKendrick(ed). Goode on Commercial Law. The Penguin Group, 2010.

英国《高等法院法》进一步确认了"公正和便利"的法律内涵。[1] 在国际范围内，2006年修订并实施的《联合国国际贸易法委员会国际商事仲裁示范法》（下称《示范法》）也采纳了这一司法逻辑。[2] "公正和便利"原则要求禁令的下达应以保护当事人的正当权益和维护公平正义为目的，而此目的实现依然很大程度上依赖于法官对当事双方合法权益得失的考量。[3] 法官通常先界定申请人是否因被申请人不善意（unconscionable）的行为遭受"不可弥补的损害（irreparable harm）"[4]，再依据便利平衡原则界定当事双方面临的潜在损害和损害程度[5]，从而判断下达禁令是否公正合理。英国的衡平法官在1821年的 Bushby v. Munday 案下达了英国现代意义上首例国际禁诉令。[6] 而作为阻断缘起的美国域外制裁，也常以"制裁禁令"为主要形式，下达在贸易、金融、旅游等众多领域产生美国法域外适用的实践效果。

在大多数的大陆法系国家，传统司法制度和诉讼制度并不包含禁令制度。大陆法系普遍认为禁诉令有干预一国司法主权、破坏司法友好互信之嫌，对禁诉令一般采取否定态度。[7] 在20世纪90年代欧盟就曾申请启动世界贸易组织（WTO）争端解决程序裁决《赫尔姆斯-伯顿法》是否违背 WTO 基本原则。此后加拿大、墨西哥等国也相继出台阻断法令（Blocking Statute）[8]拒绝承认单边经济制裁的域外效力，否认美国的管辖合法性。欧盟法院也依据布鲁塞尔公约（Council Regulation (EC) No 44/2001）认为成员国法院下达的禁诉令破坏

---

[1] 英国《高等法院法》第37条，赋予英国高等法院下达禁令的权利，并在第37条第1款中对这一权利做出了限制，即禁令的下达应以维护"公正和便利（just and convenient）"为基本原则。
[2] 《示范法》第17A规定，禁令的下达应满足两个条件。第一，损害赔偿不足以补偿禁令申请人所遭受的损失，并且不下达禁令对申请人造成的不可弥补的损失远大于下达禁令对被申请人造成的损失。第二，申请人的上诉具有实体胜诉的可能性。由此，成文法明确规定了禁令适用一般性规则。
[3] South Carolina Insurance Co. v. Assurantie Maatschappij. [1987] AC 24.
[4] Adrian Zuckerman. Zuckerman on Civil Procedure: Principles of Practice. Sweet & Maxwell, 2021.
[5] Roy Goo 在各国相关的阻断立法中，均确立了"公正和便利"原则的核心地位。Roy Goode, Ewan McKendrick(ed). Goode on Commercial Law. The Penguin Group, 2010.
[6] Bushby v. Munday. (1821) 5 Madd 297.
[7] Richard Ewelina Kajkowska. Anti-suit Injunction in Arbitral Awards: Enforcement in Europe. The Cambridge Law Journal, 2015: 412-415.
[8] 欧盟以《欧盟阻断法案》（Council Regulation (EC) No 2271/96），加拿大以《外国域外措施法》（Foreign Extra-Territorial Measures Act (FEMA)，墨西哥通过《保护贸易和投资免受违反国际法的外国法律规制法》（Act to Protect and Investment from Foreign Norms that Contravene International Law)阻止外部其他司法管辖区的法律在其境内生效。

了成员国间友好互信的司法关系①,应采取阻断措施否认此类禁诉令在欧盟内的效力。

(二)"反禁令"逻辑下阻断制度的基本原理

以"反禁令"逻辑为基础的阻断制度,与禁令制度基本原理极为相似。

首先,阻断令与禁令一样,都是对既有法律救济的补充。禁令制度源自英国法中的衡平法,是衡平法中重要的救济手段,其目的在于修正或避免因严格适用普通法和成文法对申请人造成非"公正合理"的结果。本质上禁令是对普通法和成文法中法律救济的补充。禁令的适用以损害赔偿不能为申请人提供充分的救济为前提。若禁令申请人遭受的损失可以通过经济赔偿得到充分的救济,且禁令的下达会给被申请人施加沉重的压力,法院不会批准禁令的请求,而是通过损害赔偿对申请人给予救济。只有当禁令申请人遭受的损失难以用损害赔偿弥补时,下达禁令才是"公正合理"之举。同理,阻断制度并非源自既有法律框架,阻断令的下达亦是为了避免域外法令可能对本国及本国当事人造成"非公正合理"的后果,阻断令在本质上是当事人面对"非公正合理"后果的法律救济途径。

其次,阻断令与禁令的下达都是法官围绕"公正合理"对个案进行考量。禁令作为衡平法中的救济,其下达既不受成文法的约束,也不必然完全严格地遵照先例②,而是根据个案的具体情况,衡量下达禁令是否可以及时责令被申请人终止恶意的行为,避免对申请人造成不公正的损害,进而维护正义,法官在禁令的下达中,拥有较大的自由裁量权。③ 英国法院在禁令制度发展初期,通过对禁令相关判例的归纳总结建立了"公正合理"的一般标准。一方面,禁令的下达应及时为申请人提供救济,防止损失扩大。申请人应在其合法权益受到

---

① Chukwudi Paschal Ojieghe. From West Tankers to Gazprom: Anti-Suit Injunctions, Arbitral Anti-Suit Orders and the Brussels I Recast. Journal of Private International Law, No.11(2) (2015): 267-294; Council Regulation (EC) No 44/2001: Regulation (EC) No 44/2001 of 22 December 2000 (on jurisdiction and the recognition and enforcement of judgments in civil and commercial matters); Recitals 16 in the Preamble to Regulation No 44/2001 read: (16) Mutual Trust in the Administration of Justice in the Community Justifies Judgments Given in a Member State Being Recognised Automatically without the Need for any Procedure except in Cases of Dispute.
② Mercedes Benz AG v. Leiduck. [1996] 1 AC 284.
③ Alastair Hudson. Understanding Equity & Trust. Routledge, 2022.

实际侵害之前,及时向法院申请禁令,为禁令发挥作用提供足够的时间。禁令的作用在于及时纠正被申请人的行为,进而及时挽回或减少申请人的损失。因此,若严重后果或损失已经产生,则下达禁令也将无济于事。① 另一方面,申请人应有具体的诉求,即其在法律上或衡平法上的权益确有被损害的危险。② 禁令的内容是限制被申请人的侵权行为,下达的依据是维护申请人的合法权益。

阻断制度沿用了禁令制度的一般规则,对国家利益、国际关系的考量以及对申请人和被申请人相关利益的合理权衡基于"公正和便利"原则,以保护当事人的正当权益和维护公平正义为目的,但根据英美判例法逻辑,这一目的的实现很大程度上依赖于法官对当事双方合法权益得失的考量。③ 法官对申请人是否因被申请人不善意的行为遭受"不可弥补的损害"④的界定,以及依据"公正和便利"原则对当事双方面临的潜在损害和损害程度⑤的衡量都富含"自由裁量"性。

(三)规则错位下"禁诉令"与"阻断反制"的实践拉锯

在近年来的多起禁诉令域外下达的案件中,"公正和便利"原则就多次被英美法法官依据"自由裁量"进行了扩展适用,"禁止反言规则"的例外适用是最鲜明的例子。在 Aggeliki Charis Compania Maritima SA v. Pagnan SpA(The Angelic Grace)案中,原告与被告签订租船协议,其中包含英国伦敦仲裁条款。双方因卸货产生纠纷,原告依据租船合同中的仲裁条款,将双方纠纷提交伦敦仲裁,被告同时在意大利法院诉原告侵权。原告随后向英国法院提交禁诉令申请,要求被告终止其在意大利法院的诉讼程序。英国上诉法院判定,被告在意大利的诉讼程序违反租船合同的仲裁条款。若禁诉令不能及时地签发,原告将运输纠纷诉诸伦敦仲裁的合同权利将被侵犯,且损害赔偿不足以弥补原告所遭受的损失,原告禁诉令的申请应予以批准,这一案件的判决为后续的案件所沿用。在系列案件中,法院均认定被申请人的境外诉讼行为背离诚实守信原则,违反仲裁条款,构成反言,并以阻止被申请人的恶意违约行为为由,下达禁诉

---

① Jaggard v. Sawyer and Another. [1995] 1 W.L.R. 269.
② Paton v. British Pregnancy Advisory Service Trustees and Another. [1979] Q.B. 276.
③ South Carolina Insurance Co. v. Assurantie Maatschappij. [1987] AC 24.
④ Adrian Zuckerman. Zuckerman on Civil Procedure: Principles of Practice. Sweet & Maxwell, 2021.
⑤ Roy Goode & Ewan McKendrick(ed). Goode on Commercial Law. The Penguin Group, 2010.

令,以纠正被申请人的违约行为。禁止反言规则的适用成为禁诉令下达的直接依据①,这也直接引发了禁诉令与阻断令的博弈。

禁止反言规则并不是法院下达阻断令的首要原则。在阻断制度中,国际关系基本原则和国家利益是衡量"公正和便利"的核心要素。在 Turner v. Grovit 案中②,欧盟法院认为,英国法院下达禁诉令的依据是对另一成员国法院司法主权的侵犯,违背了布鲁塞尔公约中司法友好互信原则;在 Allianz SpA v. West Tankers Inc③ 案中,欧盟法院则判定,案件所涉仲裁条款不在布鲁塞尔公约适用范围内,但由英国法院下达禁诉令是以干预另一成员国法院的司法管辖权为目的,违反了布鲁塞尔公约中司法友好互信原则,因此,禁诉令被阻断在欧盟范围内使用。④ 国际法、国际关系基本准则和国家利益的保障依旧是阻断制度适用中衡量的中心要素。阻断制度与禁诉令规则适用的差异无疑加剧了二者的冲突,在近年来的阻断制度跨国适用中,禁诉令与阻断令的拉锯与博弈不断加剧。

2020年9月23日,武汉市中级人民法院作出裁定,要求"交互数字"立即撤回或中止在印度执行针对"小米"的专利许可费裁决及禁令,且不能在全球任何法院针对"小米"申请执行相关裁决及禁令⑤;同年10月9日,印度德里高等法院向小米公司签发阻断令,禁止小米公司向武汉市中级人民法院申请执行有关禁令⑥;2020年12月25日,武汉市中级人民法院在"三星电子株式会社等诉爱立信公司案"⑦中向爱立信公司签发禁令;美国法院于2021年1月11日向三星

---

① Gary Born. International Commercial Arbitration. Kluwer, 2009: 1148: "This doctrine rests in part on principles of contract law and good faith, aimed at objectively identifying the parties to a contract, but also on notions akin to estoppel and abuse of right, which operate independently from principles of consent."
② Turner v. Grovit (C- 159/02). [2005] 1 AC 101.
③ Allianz SpA (formerly Riunione Adriatica di Sicurta SpA) v. West Tankers Inc (C- 185/07). [2009] 1 A.C. 1138.
④ Richard Ewelina Kajkowska. Anti-suit Injunction in Arbitral Awards: Enforcement in Europe. The Cambridge Law Journal, No. 74(3) (2015): 412–415.
⑤ "小米通讯技术有限公司等诉交互数字控股有限公司案",湖北省武汉市中级人民法院(2020)鄂01知民初169号之一民事裁定书。
⑥ Interdigital Technology Corporation & Ors. v. Xiaomi Corporation & Ors., I.A.8772/2020 in CS (COMM 295/2020).
⑦ "三星电子株式会社等诉爱立信公司案",湖北省武汉市中级人民法院(2020)鄂01知民初743号民事裁定书。

公司签发阻断令,责令三星公司撤销禁令。①

阻断反制是应对域外经济制裁的产物,尽管阻断制度的适用以及阻断令的下达在一定程度上从法理上削弱了禁令的效力。然而,从实际效果上看,阻断令与禁诉令形成拉锯与博弈并未从根本上消除国家间的法治冲突,面对无休止的"禁诉"与"阻断"对垒,当事人的实体纠纷多因程序纠纷的持续始终处于悬而未决的状态,法律冲突的加剧和升级甚至可能进一步损害企业合法权益乃至国家司法主权。

本编观点

——涉外法治实践下的中国阻断反制机制

我国《民事诉讼法》目前没有对国际民商事管辖权冲突问题作出具体规定,而对于当事人就同一案件在不同国家法院提起重复诉讼或对抗诉讼两类平行诉讼(parallel proceedings),我国司法实践均持承认态度。我国并无制度化的禁令规则,国内立法反制贡献了阻断和制裁两种具体路径。② 2021年商务部发布的《阻断外国法律与措施不当域外适用办法》(下称《阻断办法》)被认为是我国反对单边主义,捍卫国家主权,反击阻碍国际自由贸易与资本自由流动行为,维护国际经济秩序的一个重要举措。在《阻断办法》颁布实施之前,我国法律仅在海事强制令和行为保全领域的相关判决中对禁令制度有所涉及。

(一)"海事强制令"的阻断功能及其局限性

海事强制令是海事法院根据海事请求人的申请,为使其合法权益免受侵害,责令被请求人作为或者不作为的强制措施。根据《中华人民共和国海事诉讼特别程序法》(下称《海诉法》)第四章的相关规定,"海事强制令"适用于阻断侵犯我国当事人合法权益的禁令具有明确的法律依据。在海商相关案件中,我国海事法院已多次通过下达海事强制令实现阻断功能。在华泰财产保险有限

---

① Ericsson Inc. v. Samsung Electronics Co., Ltd., No. 2:20-CV-00380-JRG (E. D. Texas, Jan. 1, 2021), 2021 WL 89980.

② 廖诗评:《中国法域外适用法律体系:现状、问题与完善》,《中国法学》,2019年第6期,第20页。

公司深圳分公司诉克利伯租船公司①案中,当事人在默认武汉海事法院对涉案纠纷的管辖权后,却向香港高等法院申请禁诉令,违反我国法律规定,武汉海事法院依据《海诉法》第五十一条下达阻断涉案禁诉令执行的海事强制令。以保护请求人的合法权益和我国的司法主权为基础的海事强制令具有明确的阻断属性,但其适用具有局限性。

一方面,在适用范围上,《海诉法》作为特殊法,其适用于海商事领域。② 非海事相关的事由无法通过海事强制令实现阻断国外法律在中国境内的不当适用。另一方面,海事强制令的适用条件也相对模糊。《海诉法》第五十六条第3款对"损害"的定义过于宽泛,仅以"情况紧急"作限定条件,但"情况紧急"未予以限定,适用标准相对模糊。近年来,禁令的域外下达屡见不鲜③,对另一国的司法主权和经济贸易的健康发展提出挑战,阻碍实体纠纷的高效解决。英国商事法庭曾多次向中国当事人签发禁诉令,要求其终止在中国的诉讼程序。④ 海事强制令已难以应对愈加频繁的境外禁令。

---

① 民事裁定书(2017)鄂72行保3号。在华泰和克利伯的货物运输纠纷中,华泰于2017年6月在武汉海事法院起诉克利伯。武汉海事法院受理了该案,并向被告克利伯送达了该案的起诉状副本、应诉通知书、举证通知书、开庭传票和送达回证等法律文书。然而,克利伯未对以上文书予以回复,未就武汉海事法院的管辖权提交书面的异议申请,而是以相关海运提单中包含仲裁援引条款为由在香港特别行政区高等法院申请了禁诉令。香港高等法院以相关仲裁援引条款有效为由,批准了克利伯的请求,向华泰下达了禁诉令。华泰遂向武汉海事法院申请海事强制令,要求克利伯撤回禁诉令。武汉法院认为,克利伯未在答辩期间内提出有效的管辖权异议,表明接受了武汉法院对涉案纠纷的管辖权,故其向香港高等法院申请禁诉令的行为,侵犯了华泰的合法权益,华泰申请海事强制令符合法律规定。
② 《海诉法》第五十六条第1款将海事强制令的适用范围局限为"海事"领域。
③ The Grace Ocean Private Ltd. v. COFCO Global Harvest (Zhangjiagang) Trading Co. Ltd. MV "Bulk Poland". [2021] 1 Lloyd's Rep 194; A v. B. [2020] EWHC 3657 (Comm); The Ulusoy Denizilik AS v. Cofco Global Harvest (Zhangjiagang) Trading Co. Ltd. [2021] 1 Lloyd's Rep 177; Qingdao Huiquan Shipping Co. v. Shanghai Dong He Xin Industry Group Co. Ltd. [2019] 1 Lloyd's Rep 520.
④ 在Grand Financing Co. v. La Mere Maritime[Grand Financing Co. v. La Mere Maritime SA. [2021] EWHC 1803 (Comm)]案中,涉案双方因货物运输产生纠纷,相关海运提单中载有英国伦敦仲裁条款。La Mere在青岛海事法院向Grand Financing提起诉讼,要求Grand Financing放货。青岛海事法院受理案件并作出判决,判定相关海运提单无效且La Mere有权要求Grand Financing放货。然而,Grand Financing不服青岛法院的判决,向英国法院申请禁诉令,要求La Mere终止在中国的诉讼。英国法院认为,涉案海运提单有效且涉案双方受海运提单中仲裁条款的约束。据此,英国法院向La Mere签发禁诉令,令其撤销在中国的诉讼程序,并将纠纷交由伦敦仲裁,若中国当事人不遵守该禁令将面临重大经济损失和严重法律后果。英国法院签发的禁令侵犯我国司法主权,违背国际礼让原则,并且对我国当事人的合法权益造成严重损害。

(二) 司法实践下行为保全制度的反制功能拓展

2019年,最高人民法院在华为技术有限公司诉康文森无线许可有限公司案(下称"华为案")中签发了中国首个禁令[①],责令被申请人康文森公司在本案终审判决作出之前不得申请执行德国杜塞尔多夫地区法院就康文森公司诉华为技术公司、华为技术德国有限公司、华为技术杜塞尔多夫有限公司侵害标准必要专利权纠纷案件作出的停止侵权判决。这一禁令的下达在客观上也起到了阻断德国杜塞尔多夫地区法院侵权判决执行的效果。

在案件审理过程中,最高人民法院通过对国际关系、国家利益和个人合法权益三个方面的利益衡量考量是否应当采取行为保全的措施,特别是在对申请人和被申请人相关利益的合理权衡上,最高人民法院首先考量了若不采取行为保全是否会使申请人的合法权益受到损害,认为若德国法院的裁决得以执行,华为将承受包括损失商业声誉、被迫退出德国市场、被迫放弃在中国法院获得法律救济的机会等重大非经济损失,且经济损失数额巨大;而如若采取行为保全措施,被申请人康文森公司会遭受德国法院裁决延期执行的风险,以及相当有限的经济损失。鉴于申请人华为公司所面临的非经济损失难以衡量,难以弥补,其损失程度远大于被申请人康文森可能面临的裁决延期执行的风险,且本案的涉外因素涉及国际礼让原则,最高人民法院批准华为公司的行为保全措施申请,下达了我国首个禁令。

最高人民法院下达的首个禁令是对我国行为保全制度有效拓展,将禁令相关的司法实践从海商法领域延伸至知识产权领域,更为重要的是,最高人民法院对"行为保全依据"的考量,弥补了《中华人民共和国民事诉讼法》(下称《民诉法》)关于"损害"、"难以弥补"和"情况紧急"等术语解释的缺失。且从经济损失和非经济损失两个方面对"损害"的考量,对申请人和被申请人双方的损失的利益衡量,以及从难以弥补的视角对情况紧急的认定,这一系列逻辑与英美法检验禁令下达的"便利平衡(balance of convenience test)"原则极为相似[②],以行为

---

① "华为技术有限公司诉康文森无线许可有限公司案",最高人民法院(2019)最高法知民终732、733、734号之一民事裁定书。

② 1975年的 American Cyanamid Co. v. Ethicon Ltd. 案对禁令的适用规则做出了清晰的规定。英国大法官 Lord Diplock 创造性地提出通过"便利平衡(balance of convenience test)"检验禁令的下达是否有利于实现"公正和便利(just and convenient)",即"不下达禁令对禁令申请人可能造成的损害是否大于下达禁令可能对被申请造成的损害"。法官须考量"不下达禁令对禁令申请人可能造成的损害是否大于下达禁令可能对被申请造成的损害";若大于,则下达禁令;反之,则驳回禁令申请。

保全制度的平行拓展诠释了禁令的下达规则，也为我国阻断反制机制的构建奠定了扎实的法理基础。当然，行为保全应用于阻断制度中仍面临适用的障碍，以及法治化与政治化二律背反的必然冲突，阻断反制必然面临执行难度。外国法院拒绝承认与执行阻断措施屡见不鲜。

（三）法治互动下阻断反制的协调联动机制

《阻断办法》在制度安排上创设了外国法律与措施不当域外适用的信息报告与评估确认制度，以阻断外国法律或者行政命令在国内的执行，也针对受影响当事人设置了司法救济制度。前者为本国人不遵守外国制裁命令提供依据[①]，后者能够向制裁发起国发起进攻性反制，提高反制威慑力。在我国，阻断反制具有天然的涉外法治基因，涉外法治作为连接国内法治与国际法治的桥梁与纽带，不仅包括本国法的域外延伸，也包括外国法域内适用的调控。但由于"遵守"行为缺乏确定的法律内涵，在《阻断办法》下对当事人诉权的认定标准、适用范围等方面具有较大的不确定性，我国《民事诉讼法》及相关司法解释对于涉外民事管辖权也还缺少细化规定，阻断反制实施面临诸多瓶颈。

涉外法治下的阻断反制通常涉及国内法、外国法以及国际法的多重差异化互动。作为国家意志与法制发展相结合的规则，阻断法的实施也很难通过单一固化的机制来实现。

与英美法国家不同，禁令制度在我国并无深厚的法理渊源。但在我国司法实践中，对禁令制度中"公正和便利"的核心理念多表现为采纳的态度。实践中对《民诉法》行为保全制度的诠释也与英美法检验禁令下达的"便利平衡（balance of convenience test）"原则极为相似。鉴于涉外法治与国际法治的差别，立足于我国较为完整的国内法体系的国内外法治互动是阻断反制实施的重要环节。行为保全措施是法院通过为申请人提供的临时措施，行为保全是人民法院为了及时防止申请人的合法权益受到难以弥补的损害，根据当事人的申

[①] 《阻断办法》第8条允许中国公民、法人或其他组织申请豁免遵守禁令。第9条赋予中国公民、法人或者其他组织对遵守禁令范围内外国法律与制裁的行为寻求损害赔偿之请求权，并允许对外国判决造成的损失提出追偿。

请,适时责令被申请人作为或不作为的裁定。① 从及时阻断被申请人的侵害行为的视角来看,行为保全措施本身就具有阻断属性,且行为保全措施可广泛地适用于公民之间、法人之间、其他组织之间以及他们相互之间因财产关系和人身关系提起的民事诉讼。尽管由于《民诉法》对"损害"、"难以弥补"和"情况紧急"等术语解释的缺失,该制度在司法实践中对法院裁判的指引力不足,但从国内外法治互动的视角来看,参照行为保全制度来实现阻断反制下禁诉令和反禁诉令的功能,将行为保全制度应用于我国的阻断反制实践,可以实现阻断反制与国内法对接互动下的动态衔接。以部门法体系的动态链接打通程序壁垒,从而通过阻断反制化解平行诉讼中协调机制缺失的问题。

---

① 《中华人民共和国民事诉讼法》第一百零三条:人民法院对于可能因当事人一方的行为或者其他原因,使判决难以执行或者造成当事人其他损害的案件,根据对方当事人的申请,可以裁定对其财产进行保全、责令其作出一定行为或者禁止其作出一定行为;当事人没有提出申请的,人民法院在必要时也可以裁定采取保全措施。人民法院采取保全措施,可以责令申请人提供担保,申请人不提供担保的,裁定驳回申请。人民法院接受申请后,对情况紧急的,必须在四十八小时内作出裁定;裁定采取保全措施的,应当立即开始执行。第一百零四条:利害关系人因情况紧急,不立即申请保全将会使其合法权益受到难以弥补的损害的,可以在提起诉讼或者申请仲裁前向被保全财产所在地、被申请人住所地或者对案件有管辖权的人民法院申请采取保全措施。申请人应当提供担保,不提供担保的,裁定驳回申请。人民法院接受申请后,必须在四十八小时内作出裁定;裁定采取保全措施的,应当立即开始执行。申请人在人民法院采取保全措施后三十日内不依法提起诉讼或者申请仲裁的,人民法院应当解除保全。

结束语

制度型开放下的中国保函法制发展

> "法律绝非一成不变的,相反地,正如天空和海洋因风浪而起变化一样,法律也因情况和时运而变化。"
>
> ——黑格尔《法哲学原理》[①]

[①] [德]格奥尔格·威廉·弗里德里希·黑格尔著:《法哲学原理》,邓安庆译,北京:人民出版社,2017年,第510页。

一、中国保函：法制范式

中国对外开放已由器物层面转变为制度层面，即由商品、要素流动转变为以规则、制度开放为基础的新阶段。在制度型开放驱动下，国内法规范、规则等也应在透明化的国际环境中竞争调试与革新，最终实现制度的国际化融入。在国际商事领域，通过规则优化，建立一套与国际高标准贸易投资规则相接轨的基本制度体系成为国家法制与经济可持续发展的核心环节。在智慧与科技赋能下，规则范式还须具备动态化调试能力。

产生于20世纪50年代国际商事实践的独立保函，早年就在欧美发达国家的建设工程、进出口贸易等诸多领域广泛应用。随着独立保函多样化功能的不断发展，独立保函的应用领域也不断扩张，针对独立保函运用于电子商务、建筑工程、融资租赁等不同领域产生的法律问题也不断涌现。[①]《独立保函司法解释》的制定是为了使独立保函更满足我国发展的实践要求，其直接意义就是对独立保函区别于传统担保的独立性特征的肯定，以中国化视角制定的《独立保函司法解释》必然也面临着与国际法律与实务的对接，这也是全球化背景下国际商事立法需求趋同性的重要体现。尽管国际商事领域对独立保函作为必要工具的特殊功用已无异议，资本主义生产方式中所隐含的目的因子还是深深影响了独立保函具体规则发展的基本向度。独立保函制度在不同国度、不同的社会历史条件下仍呈现出差异性的适用实践，以功能化和保障性为目标的制度保障也应在差异性实践中随之调试。

在美国，基于商事自治原则产生的备用信用证制度，在建构之初就具备了

---

① Joshua Stein. An Update On the Bankruptcy Law of Large Letters of Credit For Leases. Real Property, Probate, and Trust Journal, 2010(2); Casius Pealer. The Use of Standby Letters of Credit in Public and Affordable Housing Projects. Journal of Affordable Housing & Community Development Law, 2005(3).

自由的血液。在法国,独立保函就首先出现于 20 世纪 60 年代的"国际市场"。法国企业在中东和拉丁美洲的工程招标中都需要提供高昂的押金作为履约担保,为了减少数目不菲的经济压力,企业尝试以银行信用替代押金给进口方提供保障。① 法国大型企业运用独立保函主要目的是替代国际合同订立中所必须设立的押金。在相当长的一段时间里,由于法国银行以及出口企业十分注重国际声誉,法国参与的独立保函商事实践较少引发争议。② 这也使得法国最高法院对涉及国际商事实务的独立保函的认定呈现较为宽松的态度,法国法院对独立保函制度于国际商事领域的效力认定基本无障碍。然而,当独立保函制度由国际商事领域转入法国国内市场,由于国际市场和国内市场中采用独立保函的不同目的,法国法对"纯国内合同关系"的独立保函和"涉外"独立保函开始适用不同规则,对独立性的认定转向保守与严格。

二、保函风险:事前预防

在我国,传统担保的从属性渊源深厚,但在相当长的国内司法实践中,独立保函区别于从属性担保的独立性特征并没有得到确认③,法院主要是参照国际惯例解决涉外独立保函纠纷。因此,我国法院对独立保函"非典型金融工具"的功能定位符合我国的社会经济与法治发展需求。但以"一带一路"为实践导向的独立保函的应用还面临着与欧美国家完全不同的挑战。总体而言,"一带一路"沿线国家多处于现代化建设阶段,面临突出的政治转制、经济转轨、社会转型的艰巨任务,国内政治经济的稳定性和成熟度普遍较低,法律规制也相对不健全。很多国家没有或没有清晰的保函类法律,当事人对保函的功能认知也较为有限,相较于欧美发达国家,一些企业对于国际声誉、商业信用的意识也不

---

① 李世刚:《法国担保法改革》,北京:法律出版社,2011 年,第 23 页。
② 注重声誉的法国银行和出口企业通常出于对名声的重视而更愿意支付。Cass. Com., 8 juin 1993 (法国最高法院商事庭 1993 年 6 月 8 日之一项判决); D. 1993, somm. 313, obs. L. AYNES, JCP E. 1993, I 300, 10 Ph. SIMLER; Cass. Com., 13 déc. 1994 (法国最高法院商事庭 2004 年 7 月 6 日之一项判决)。
③ 在 1986 年颁布的《民法通则》中,担保合同被明确为主合同的从合同。1995 年颁布的《担保法》第 5 条第 1 款在肯定了主从合同法律关系的基础上规定:"担保合同另有约定的,按照约定",但在其后 2000 年的最高人民法院《关于适用〈中华人民共和国担保法〉若干问题的解释》中,并没有对此但书作出明确的解释。换言之,此项"但书"并非对独立保函独立性的承认。

强。我国企业要"走出去"拓展境外承包工程业务,除了需要依靠自身雄厚的实力外,更有赖于国内金融的系统性支持,但面对不同的商业合作对象,应当谨慎选择金融担保工具。独立性与表面审查规则作为独立保函优势,本身也为受益人欺诈索赔打开了后门,独立保函作为效率与安全双重保障的平衡担保工具,在金融信用、法治发展较为发达的地区更能发挥积极作用。独立保函的规则具有极强的表面化与严格性,从"非善意受益人"的角度看,独立保函最大的优势就在于,他们只需要提出付款请求就可以索得款项,即便他们自始就无履行基础合同的意图。而对于担保人而言,对受益人欺诈的证明却是极其困难的。尽管欺诈止付为当事人提供了相对有效的法律救济途径,但从商事工具功能化保障的视角,司法对于商事交易的干涉必然损伤独立保函的商业效率优势。作为历史悠久的高效率的国际化工具,独立保函在特定区域低效率最终将损害该国家或地区的金融信用与司法权威。

建议当事人根据基础交易现实谨慎选择金融担保工具,事前防范法律风险:

(一)严格资信调查

申请人应严格对受益人资信的调查。通过受益人所在国的资信评估机构、银行、商会、行业协会等对其资信进行考证,了解其既往交易诚信和企业的规模等。

受益人要对申请人与银行的资信进行调查,确认银行是否面临倒闭、破产风险。

担保人要对申请人的资信状况、偿债能力及发展前景进行详细的调查和严格的审查,做好风险防范工作,避免将来遭受损失。

(二)谨慎设置独立保函条款

担保人在办理对外担保业务时,应根据担保类型严格审查独立保函文本,特别是涉及金额、索赔、生效、增减额,以及法律适用、争议解决条款等内容时。

在期限上,独立保函自开立之日起生效,换言之,受益人在保函开立后可以立即提出付款要求,即使未到申请人履行基础合同的期限。同时也应关注失效条款的设置,谨慎设置可无限延期的独立保函。

在金额上,应当设置适当的独立保函金额,过高的独立保函金额会加重申请人的责任。在必要的情况下应当设置保函金额递减条款,并明确设置独立保函金额递减条件,在申请人已经履行部分担保事项的情况下,相应减少保函金额。

在设置反担保时,应当仔细审核并确认反担保函相关条款是否与担保条款保持一致。

对法律适用和争议解决方式要提前确认,同时还需要了解准据法国家对独立保函的特殊规定。

(三)付款条件的单据化

申请人和担保人应尽量将事实条件转化为单据条件,明确、严谨地约定种类、数量、内容、提交时间和提交方式,并将约定转换为单据条件条款,减少欺诈索赔风险以及恶意的当事人滥用权利的机会。

三、"FinTech"与金融法制的动态革新

在机遇与风险并存的网络时代,科技创新已经成为人类赖以发展的源生力量,伴随着人工智能和科技创新对金融行业的全方位渗透,宏观独立保函领域与金融科技的结合势不可挡。在贸易金融领域,金融与科技的交互发展并不会也不可能只停留在技术与产品的层面,二者在发展中的共生与融合,继而引发的金融乃至整个商事领域的制度变革将会成为法学界关注的焦点,贸易金融领域的整体法律规制将成为独立保函领域法制的发展方向。在国内,数字经济和网络金融的迅速发展,使得信用证和独立保函的商事功用性一再扩展,特别是在贸易金融领域。在大数据、区块链、云计算、人工智能等新兴前沿技术带动下,传统金融体系中核心金融机构的中心地位逐渐动摇,银行业推动贸易金融资产证券化的发展,独立保函法律规制的重点也将从"中心化"的"银行信用"向"去中心化"的"信息信用"转化。

大数据时代下电子化、科技化的创新当然不仅限于信用证,甚至蔓延到了贸易金融领域。在大数据背景下,人工智能与"数据信息"相结合,作用于金融业,传统的金融行业结构发生了质的改变,"FinTech(金融科技)"时代已然到来。"FinTech"一词是 Finance Technology 的缩写,象征着金融和科学技术的融合,根据金融稳定理事会(Financial Stability Board,简称

"FSB")的定义①,"金融科技"主要是指由大数据、区块链、云计算、人工智能等新兴前沿技术带动,对金融市场以及金融服务业务供给产生重大影响的新兴业务模式、新技术应用、新产品服务等。"FinTech"实际上就是通过科技手段,革新传统金融行业的项下产品和服务。智能科技的应用,大幅提升了金融行业的效率,有效地降低了运营成本。然而"FinTech"赋能下,金融业务的"链式"互通又泛化了行业风险,催化科技金融法律规制的范式革新在所难免。早在2011年科技部会同各部委编制的《国家"十二五"科学和技术发展规划》中,"科技金融"就被赋予了明确的概念,即"银行业、证券业、保险业金融机构及创业投资等各类资本,创新金融产品,改进服务模式,搭建服务平台,实现科技创新链条与金融资本链条的有机结合,为初创期到成熟期各发展阶段的科技企业提供融资支持和金融服务的系统安排"。这一定义从业务类型和业务流程的角度确认了"科技金融"立足于金融业、服务于实体经济的基本性质。与"FinTech"不同,"科技金融"实质上就是金融的一个下位概念,科技创新技术的应用造就了"科技金融"独特的气质。

(一)"区块链"赋能贸易金融行业变革

金融在本质上是在不确定的情形下,跨越时间和空间的距离,对资本进行的优化配置。在传统金融体系下,投资者和融资者通常是通过第三方建立信任机制的。在直接融资中,交易主体会委托具有专业资质的第三方机构,如专业会计师或分析师团队,提供尽职调查、财务分析、风险汇集等专业服务,通过专业的分析结果,实现风险定价和交易。而在间接投资中,交易主体则会通过付费的形式向银行等金融机构购买风险管理的系统性服务,由金融机构识别和分担金融风险,银行有时还会在风险管理的基础上提供担保服务。无论是直接融资还是间接融资,金融交易下的融资人和投资人都是通过第三方机构的管理或者担保服务建立交易互信的。作为交易项下的中立者,专业机构提供的信息和信用是金融业务运行的核心保障。换言之,第三方机构的专业资质和良好信誉是传统金融交易下"核心信用"的体现。

---

① Financial Stability Board, Financial Stability Implications from FinTech, Supervisory and Regulatory Issues that Merit Authorities' Attention, June 2017, p.7, http://www.Fsb.org/wp-content/uploads/R270617.pdf,2019年9月2日访问。

1. "中心化"贸易金融的发展困境

在"FinTech"兴起之前,金融体系下的投资者长期依靠核心金融机构的专业技能和信誉保证,在时间和空间的交错中,实现优质资本配置。中心金融机构的"核心信用"是金融体系得以运行和发展的核心要素,为金融业务的开展提供了基本保障,然而,这也成为金融体系发展的"痛点"之源。作为金融体系下重要组成部分的贸易金融业务,依托买方和卖方的交易,借助对交易过程中物流、资金流以及信息流的掌握与控制,为买方或卖方在交易的不同阶段提供结算、融资、担保、增信以及外汇避险等服务,成为金融业与实体经济行业互动的通道和桥梁。

区别于一般的金融投资业务,贸易金融本质上是以企业的债权、债务作为风险管理的载体的,针对企业的动产资源进行的融资创新。在贸易金融体系中,金融资源可以更全面地被配置到经济社会发展的重点领域和薄弱环节,以满足实体经济多样化的金融需求。[①] 传统的贸易金融普遍以"中心化"担保机构的担保责任为基础,"银行信用""核心企业信用"是贸易金融体系运行的根本保障。贸易金融产品,无论是信用证、保函还是保理,亦或福费廷业务,都普遍具有自偿性特征,"中心化"担保机构的担保责任是贸易金融体系运行的基础。然而,单纯依赖于中心机构"核心信用"的融资体系,时常缺乏互信机制,一旦中心机构信誉缺失,融资链条就可能呈现断崖式崩裂。基于"物"化信用的融资业务又存在监管困难,企业间内部业务信息的相对隔离更增加了洞察基础交易真实性的难度,只要出现虚假交易,金融机构就可能面临巨大损失。以信用证交易为例,"银行独立性付款责任"是有效解决国际进出口国际贸易中交货和付款顺位矛盾的基础,"单证相符、单单相符"的付款依据免去了买家对于货物运送不达的顾虑。但单据之所以成为信用证交易的核心,根本还是在于源于真实的基础交易,无交易价值的单据不能给信用证项下的任何当事方提供有效的担保利益,基础合同与银行信用证业务的分离又使得银行很难正确辨识"信用证欺诈"。[②]

20世纪90年代以来,伴随信用证危机出现的信用证高拒付率,严重损害

---

① 李新彬:《重新定义贸易融资:反思与革新》,《银行家》,2019年第8期,第54页。
② 针对信用证运行中出现欺诈问题,英美法学界率先引入"信用证欺诈例外规则"。

了"银行信用"的声誉。① 信用证频现信用危机,拒付率持续高升,世界各个国家、地区由于信用证风险导致的交单失败平均比率近50%。其中,美洲39.60%,亚洲和澳大利亚53.20%,欧洲57.90%,中东49.60%,南美45.70%。② 作为贸易金融领域中历史最为悠久的结算工具之一,信用证曾经是国际贸易结算市场的第一大支付工具,市场占比率超过80%。然而,随着信用证项下的"银行信用"的安全与稳定性频遭质疑,在世界范围内信用证使用率明显下降。近年来,面对信用证的信用危机,欧美发达国家商人开始尝试采用赊账等相对成本较低的结算方式替代信用证结算。贸易金融结算领域以"银行信用"为基础的"中心化"优势几近被摧毁,类似的困境也出现在贸易金融的其他领域:2017年,在贸易融资交易中,亚太地区遭拒率最高达到21%,其次是中东18%,非洲及中东均为17%,西欧及拉丁美洲11%,北美7%。小微企业为遭拒率的重灾区,比例达到39%。③ "信息盲点"和"核心信用障碍"成为传统"中心化"贸易金融体系的发展痛点,也形成了多年来国际贸易金融领域的发展困局。

与发达国家相比,经济发展相对欠发达地区的商事主体仍然依赖信用证来维护交易安全。根据国际商会《2018年贸易融资报告》,2017年,亚太地区信用证的使用量在世界范围内占比77.2%,而欧洲和北美合体占比不足20%。2017年全球开立的约4 200万信用证中涉及中国有130万,出口信用证业务量排名世界第一,进口信用证业务量排名世界第三。从信用证的业务量看来,我国当前的经济发展现状依然对信用证业务存在较大的依赖。尽管作为贸易后发性国家,相较于传统发达国家,我国国内贸易金融的起步和发展较晚,但近年来,商业领域的保函、信用证、保理等业务迅速增长,特别是在"一带一路"倡议下,我国企业出于"走出去"的发展需要,更倾向于选择安全保障系数较高的贸易金融项下金融工具进行融资担保和贸易结算。④ "个体追逐利益最大化,就能实现社会利益最大化。"⑤然而,一旦交易主体存在信息不对称的问题,贸易

---

① 刘洪彬、王柳:《信用证结算存在的风险及防范措施》,《经营与管理》,2018年第2期,第105页。
② 数据来源于国际商会(ICC)公布的《2018年贸易融资报告》("2018 GLOBAL TRADE-SECURING FUTURE GROWTH ICC GLOBAL SURVEY ON TRADE FINANCE")。
③ 数据来源于《2018年贸易融资报告》。
④ 陆璐:《保函欺诈例外:一例国际商事规则的中国式创新诠释》,《河南师范大学报(哲学社会科学)》,2018年第1期,第73页。
⑤ [英]亚当·斯密著:《国富论》,胡长明译,重庆:重庆出版社,2015年,第290页。

背景的真实性、融资结构中企业资产的透明性等问题就很难在金融体系中得到证实,理性的个体此时很难建立起信任关系,这正是贸易金融领域危机问题的真实写照。贸易金融体系中的"信息盲点"极有可能引发重大违法犯罪问题,在"供应链金融"结构下,企业间的关联程度增加,如果参与机构不能清晰掌握相关数据信息,则更容易陷入欺诈泥潭,容易引发系统性风险。"FinTech"适时赋能"区块链"技术应用于传统贸易金融,在贸易金融项下发展的"科技金融",从源头上解决了贸易金融中的信息流通和信息安全问题。

2."区块链"技术治愈贸易金融发展"痛点"

"区块链"本质上是一种分布式的数据存储技术,它通过多种技术的组合①,在信息不对称的情况下,应用基于互联网大数据的加密算法,创设了以节点为单位的信任机制,无需第三方机构提供担保。② "区块链"技术下的数据具有不可篡改、公开透明、可追溯等特性。2008年,中本聪提出用基于"分布式账本"的区块链来解决互联网上的信任问题③,此观点一经提出,多国政府就出台政策推动"区块链"技术发展。英国、美国、澳大利亚、瑞士、新加坡等国都尝试应用"区块链"在身份认证、政府管理、税收、数字货币、支付、土地交易、金融监管等多领域推进政府管理创新。④ 我国国务院2016年底印发的《"十三五"国家信息化规划》⑤中也明确将区块链技术作为我国战略性前沿技术。

著名的全球管理咨询公司麦卡锡认为,"区块链"是继蒸汽机、电力、信息和互联网科技之后,目前最具有触发第五轮颠覆性科技革命潜能的核心技术。在商事交易中,运用"区块链"技术,商事主体可以共享关键性的信息数据。具体到贸易金融领域,"区块链"的全面应用可以极具针对性地"治愈"贸易金融发展痛点。一方面,"区块链"中数据信息采用的"分布式网络储存"对建立不依赖第三方机构的"去中心化"信任体系意义斐然。其"分布式""网络化"特征彻底改

---

① 大数据领域的学者普遍认为,区块链包含多项核心技术,如P2P网络链接、透明和分布式账本、分类账本的同步复制和分布式核实打码等。
② [加]唐塔普斯科特,[加]亚力克斯·塔普斯科特著:《区块链革命:比特币底层技术如何改变货币、商业和世界》,凯尔、孙铭、周沁元译,北京:中信出版社,2016年,第12页。
③ Satoshi Nakamoto, Bitcoin. A Peer-to-Peer Electronic Cash System. https://bitcoin.org/bitcoin.pdf., 2019年10月2日访问。
④ 赵金旭,孟天广:《技术赋能:区块链如何重塑治理结构与模式》,《当代世界与社会主义》,2019年第3期,第188页。
⑤ 国发〔2016〕73号。

变了以核心机构为中心的信用担保体系,取而代之的是扁平化的网状"多中心信息保障",传统贸易金融体系过于依赖"银行信用""核心企业信用"的情形不复存在,"核心信用障碍"问题被有效规避。另一方面,"区块链"项下数据的公开透明性也有效地解决了信息缺失、信息虚假、信息链断裂等可能引发的"信息盲点"问题,有助于贸易金融项下主体洞察虚假交易、单据伪造等贸易真实性问题。此外,"区域链"下数据的不可篡改性也减少了欺诈的可能性,从根本上缓解了贸易金融体系下的风控压力。

"区块链"技术赋能于贸易金融领域的应用,为科技金融的创新发展提供了契机,同时更为贸易金融的发展困局提供了一种稳定、互信、高效的解决方案,贸易金融从根本上实现了"去中心化"的变革,贸易金融项下的"核心信用"体系被彻底颠覆,"银行信用"在贸易金融中的核心地位也被"多中心信息保障"所取代。

所谓金融法制的"范式转移",其实就是指金融体系的健康发展必须建立在实体经济稳步前行的基础之上,金融业务应当充分依托实体经济,并将为实体经济服务作为工作的出发点和落脚点,否则可能成为国民经济发展的陷阱和障碍。①

3."去中心化"贸易金融体系下制度内核转变

近年来,以"区块链"为首的"FinTech"科技引发的贸易金融行业变革,打破了原有的金融行业的发展轨迹,人工智能的发展在相当程度上简化了贸易金融业务的人工处理程序,开证机器人、审单机器人,甚至反洗钱机器人等工具的出现更开启了贸易金融的"AI时代"。② 借助互联网与科学技术的发展,"FinTech"突破了传统的"核心信用"模式。

贸易金融作为非资金密集型的业务,本身就对人工操作有很强的依赖性。银行和客户签订合同,有相当烦琐的审核流程,在审核后的付款过程中,贸易融资又涉及反洗钱、欺诈等制裁合规问题的筛查和对比。融资发放后,银行还需要对客户的征信及其他相关的大量数据进行有效分析。在流程更为烦琐、交易

---

① 如果资金在金融体系内部空转就可能形成金融体系"脱实向虚"的自我循环。2008年以来,在以美国为代表的发达国家爆发的次贷危机就是最为深刻的发展教训。
② 薛键:《贸易金融的"AI"时代》,《中国外汇》,2019年第12期,第35页。

主体更为多元的供应链金融业务中,基于复杂的交易程序而产生的贸易真实性风险则更甚。近年来,"区块链"技术在贸易金融领域的应用,彻底改变了传统模式下"银行信用"的核心地位,贸易金融项下当事人间的法律关系也随之发生变化。尽管基于不同融资工具的功用差异和区块链下"多中心"的主体结构,要从宏观角度具体明确贸易金融的项下主体存在一定困难,但"去中心化"贸易金融中基于"数据信息"的金融担保信任机制,还是奠定了"数据信息"在制度体系中的核心地位。"区块链"技术作用于贸易金融领域本身就是"去中心化"的过程,在这个过程中,其制度内核已然发生变化。

一般理论认为,商事交易的发生源于商事主体间的合意,这也是我们通常所说的合同成立。任意商事合同中的任意一方主体都是基于对对方的信任而订立双方的法律关系的。"从哲学的角度考量,信任的本质是社会成员在面对社会不确定性和复杂性增加时体现出的对自己依赖对象所维持的时空性特征。"[①]在传统的贸易金融体系下,交易主体间的信任主要来源于"银行信用",以银行为代表的信息中枢正是通过长期充当信用共识,逐渐成为现代金融交易乃至整个市场活动的中心的。因此在"中心化"的贸易金融制度下,无论是国际性规则,如《见索即付保函统一规则(URDG758)》《国际备用证惯例(ISP98)》《跟单信用证统一惯例(UCP600)》《联合国独立保函与备用信用证公约》等,还是域内法规,如2005年《最高人民法院关于审理信用证纠纷案件若干问题的规定》(简称《信用证司法解释》)、2016年新《国内信用证结算办法》(简称《信用证新规》)以及《最高人民法院关于审理独立保函纠纷案件若干问题的规定》(简称《独立保函司法解释》)等,不管是成文法还是案例法,均以"银行信用"作为其制度下的核心规则。"区块链"技术改变了贸易金融项下主体信任建立的基础,交易主体本身不存在既有的社会关联和互动,彼此间数据信息的交换与互通成为其信任机制建立的主要依据,协商谈判从本质上也是借助信息的沟通建立互信的过程。在"去中心化"的贸易金融体系下,"数据信息"体系的稳定与安全成为新的制度内核,"信息信用"替代"银行信用"成为贸易金融法制的存在与发展的保障。

---

① 洪名勇、钱龙:《多学科视角下的信任及信任机制研究》,《江西社会科学》,2013年第1期,第191页。

在高速发展的科技时代,"大数据和人工智能对社会发展的冲击远超过工业革命时期的百倍,甚至千倍。"①"区块链"技术本身对于法学界的冲击,也远不止于某一领域的法律规制问题。"区块链"赋能于贸易金融体系所带来的变革是金融科技发展对金融业产生颠覆性影响的缩影。贸易金融体系下制度内核的变化也悄然发生在金融体系的其他领域。一方面,以互联网为依托的业务开展模式,为金融产品、金融服务的营销提供了便利;另一方面,人工智能作用下创新科技的发展也使得传统金融体系中单一的"物化"核心信用机制产生质的改变。随着传统的核心信用机制的打破,基于数据信息的透明与互通产生的"信息信用"替代"核心机构信用",为实现金融风险的数据化管控提供了基础保障。金融法律规制的制度内核从"核心信用"转变为"信息信用",这一变化必然产生全新的体系法制需求。科技金融法律规制要做到服务于金融创新产业的发展,首先应当认清当前科技金融发展的主要障碍,即阻碍科技金融核心利益实现的主要因素,再针对危机对法律规制路径进行动态调试。

(二)"数据信息"引发的"科技金融"发展障碍

伴随着传统金融体系中单一的"物化"核心信用转变为"信息信用","信息盲点"和"核心信用障碍"问题得以有效规避。然而,大数据、人工智能与互联网技术的结合,只是丰富了商业个体参与金融交易的方式和方法,扩大了金融交易的主体范围和开展渠道,但并没有改变金融交易的本质。金融交易的实质依然是商事主体跨时空、跨地域的价值交换和资本互易。"FinTech"的技术潜能和应用价值在根本上依赖的依然是信息的交换和风险的识别,只是这项职能不再必须依靠第三方机构来完成了。智能科技带来了更强大和稳定的学习与分析能力,但一切"物化"能力的实现都必须依靠基础"数据信息"这一"物质"的存在。在互联网科技下,单一个体实现了以数据信息流通为媒介的互通,物联网技术下万物互联的社会形态有效促进了原本碎片化的数据信息,形成有序"链接",海量的数据自然形成数据市场,人工智能的学习和计算功能又进一步提升了"数据信息"的经济价值。经过采集、筛选、整

---

① Richard Dobbs, James Manyika, and Jonathan Eoetzel. No Ordinary Disruption: The Four Global Forces Breaking All the Trends. Public Affairs, 2015:29.

理、分类的"数据信息"成为重要的可利用资源,用以协助人类对各类问题作出决策,在人工智能驱动下,"数据信息"还可能直接被机器深度学习,根据不同的情境对不同的问题作出准确判断。与人工智能相结合的"数据信息"是社会"精神利益"与"财产利益"的来源,但同时也可能成为金融风险泛化的源头。

1. "信息信用"的缺失

"数据信息"作为"物质"存在本身,并不是创新科技发展的结果。一直以来,人类的社会交往都是依靠各类信息标识的识别实现的,人与人的交往,各类社会关系的建立本质上都是个体的信息表达、信息传递和信息解读的结果。个人需要通过对信息的识别来认识他人、了解社会再形成判断和选择。不可否认,即使是最原始的"数据信息",本身也是存在价值的,然而创新科技的发展,通过人工智能对数据的收集、加工和使用赋予了"数据信息"超物化的精神价值和经济价值。当大数据被广泛应用于商业社会之中,"数据信息"又成为企业获取经济财富的源泉,这就是我们通常所说的"大数据红利"。"大数据红利"本质上就是"数据信息"与人工智能相结合后,赋予人类分析特定对象、特定现象的能力,这一能力通常可以产生直接或间接的经济价值,乃至社会价值。当然,大数据所带来的"红利"并不局限于商事领域,科学发展、行政管理、社会治理、人类进步无一例外地都是创新科技发展的"受益者",但是没有哪个领域像商业领域那样直接地体会到数据作为经济资源的价值。在商业利益的驱使下,"数据信息"已然成为企业的竞争力和财富力的来源。

在科技金融体系下,无论是投资主体还是数据平台,对"数据信息"都有很强的依赖性。前文中涉及"区块链"技术赋能的贸易金融领域,也是以"数据信息"为媒介去完成"去中心化"体系变革的。科技金融的制度核心就是基于"数字信息"共享与互通的"信息信用"。然而当前在我国,数据权属问题依旧不明确,尽管《民法典》第127条明确了数据的财产属性,但并未就其权属问题作出规定,况且相较于"数据","数据信息"概念内涵本身就更为复杂。除了包含原始数据,"数据信息"的概念更强调了人工智能作用于原始数据后产生的有效信息,经过智能处理和分析之后的"数据信息"被附着了更为丰富的经济利益。从根本上讲,"FinTech"对金融体系的赋能的最大功用就是以客观、可靠的"信息信用"替代了主观、善变的"核心机构信用"。如果说"信息信用"是科技金融发展的根基，那么，"数据信息"则是"信息信用"的"种子"，一旦"数据信息"真实性和合法性失去基本法律依据，那么"信息信用"则无任何信用可言。失去了"信息信用"这一制度内核的科技金融不仅不能促进商业创新和社会经济发展，还可能引发隐私侵犯、经济欺诈、危害网络安全等系列违法犯罪问题，科技金融也将必然成为无根的浮萍，难逃凋零的命运。

2. 金融风险的泛化

"数据信息"结合人工智能技术在金融领域的应用，为金融业务的开展提供了便利，金融产品的销售再也不用受到时间与地点的限制，线上金融形式成为最为高效且低成本的金融服务模式之一。然而，金融业务不断渗透至社会经济各个角落的同时，金融风险也随之泛化。

一方面，蕴含着科技活力的"数据信息"大大降低了金融从业人员的门槛，大量非金融机构和个人依托互联网平台开展金融服务业务，通过创新技术向客户提供低成本的产品，在完全不具备专业知识的情况下，也可以通过智能软件直接向消费者推荐金融产品，如P2P等线上融资模式。但这也引发了大量的融资纠纷和经济犯罪，用户在不知不觉中陷入巨大的投资风险之中。以网络科技为基础的业务操作模式对信息技术和互联网科技依赖极大，一旦出现技术错误或者网络安全问题，风险损失就可能呈网状扩散，波及范围难以预计也极难控制。金融机构基于技术需求，与科技公司等第三方机构的合作又加大了非金融专业问题危及系统性风险的可能性。此外，如果原生系统风险一旦波及第三方机构，还可能进一步引发第三方机构的其他合作方卷入系统混乱，遭受损失。

另一方面，随着"FinTech"创新在金融领域的普遍使用，充满科技活力的供应链金融应运而生并迅速发展，供应链金融的最大特点就是其实现了内部涉及贸易交易的链式互通。在供应链金融中，融资风控由核心企业向产业供应链动态整体发展转移，这使得原先资金体量较小的中小企业可以更好地获得融资，改变了早期实践中参与融资性贸易的主体多为大型企业的行业形态，为小微企业融资带来了更多契机，真正实现了普惠金融的发展目标。然而，供应链金融下的"链式"互通机制，又增加了风险损失波及群体的密度和金额的数量。近年来资金空转型融资贸易引发的供应链金融欺诈案件屡见不鲜①,"FinTech"在惠及大众的同时也成了金融风险的孵化器和催化剂,给个人和社会都造成了巨大的财产损失。

(三)"科技金融"法律规制的需求扩展

"法为人所用,非人为法而生",从根本上讲,法律需要普遍地增进国民的福利,包括物质利益和精神追求。② 利益法学认为,只有通过调整不同层次的利益才能实现利益均衡,达成立法目的,利益均衡是实现整个社会的最大福利。③ 如果说立法的核心问题是如何准确有效地对各种利益进行协调,降低利益冲突,促成社会利益最大化,那么法律的修订与完善则是对制度体系内各种类型利益取舍的过程。"法律是社会中各种利益冲突的表现,是人们对各种冲突的利益进行评价后制定出来的,实际上是利益的安排和平衡。"④被安排和平衡的利益其实也就是制度体系下法治需求的体现。

(四)"数据信息"驱动下科技金融法律规制的动态革新

蕴含着经济价值的"数据信息",在改变人们认知方式和生活方式的同时,也对当下的法律思维模式产生巨大冲击。面对技术的快速发展,立法者、司法者应如何适用和调整法律?不管是在英美法还是在大陆法,无论在民商法学界还是刑法、行政法学界,这都是一个重要议题。早在二十年前,苏力教授就曾质疑:"法学界、法律界作为一个职业集团,是否会因为自己知识的优势和缺陷(相对擅长道德哲学、政治哲学的术语而缺乏对科技知识甚至科技常识的了解和关心),是否会有意无意地为了维护职业利益,抬高我们所熟悉的那些道德化的概念或将我们所熟悉的国内外某些法律制度和原则永恒化,而以一种鸵鸟政

---

① 青岛"德正资源控股有限公司、陈基鸿等诈骗案"中,被告人陈基鸿于 2004 年 9 月注册成立德正资源控股有限公司,并以该公司为基础,先后实际控制经营 60 余家境内外公司,在 2012 年 11 月至 2014 年 5 月间,指使、授意他人通过私刻公章、伪造单据等手段,欺骗国际上具有较高信誉的仓储监管公司为其出具监管仓单,并通过贿赂等手段获取内容虚假的证明文件,以"德正系公司"名义与大量国内外公司签订销售、回购合同,骗取多家公司资金共计 123 亿余元,还通过重复质押或伪造货权凭证质押于银行等方式,骗取 13 家银行贷款、信用证、承兑汇票,共计 36 亿余元。涉案金额之大、涉及人员之多均令人瞠目,社会影响极其恶劣。
② Portalis. Discours Preliminaire Au ler Projel de Code Civil. Edition Confluences, 2012:27.
③ 何鹏:《知识产权立法的法理解释——从功利主义到实用主义》,《法制与社会发展》,2019 年第 4 期,第 22 页。
④ 梁上上:《利益衡量的界碑》,《政法论坛》,2006 年第 5 期,第 70 页。

策对待科学和技术,对待大量的经验性实证研究。"①

1. 以市场化的法制理念,明确科技金融的核心制度利益

法律制度是理性构建的产物,也是利益平衡的产物。某一法律制度本身所追求的或者所凝固的制度利益是其核心价值,深刻地影响着该制度的生存与发展。② 这一核心价值也使得不同的法律制度呈现差异化的性格,与核心利益相区别的制度领域的法律规制需求也当然呈现类别化特征。对新型权利、新生利益的考量应当明确其所处的法律领域,从深层次说,不同的规则背后隐藏着不同的价值,正是这些不同的规则和不同的价值形成了不同性质的法律制度。可以说,法律制度是事实、逻辑与价值的结合体,即便相同的事实,也会因为制度内在核心价值的差异形成截然不同的法理逻辑。③ 科技金融本身是金融与科技相结合的结果,在本质上,科技金融和传统市场交易一样,也具有契约的性质,总体上金融产品的销售、金融服务的提供都是交易主体以合同的形式加以确定的。因此,金融法律规制下的核心利益应当是与整个商事法律关系体系保持一致的。

"商法经常成为法律发展的开路者。"④与民法有着不同历史起源的商法,其最重要的渊源之一就是地中海沿岸的商人间的交易习惯。商人间的行会组织至今都在商事交往中起到重要作用,即便在具有重农抑商历史传统的我国,各地区商人也都会自发形成区域性的商会组织,而在国际范围内看,国际商会更是一如既往地在国际商法领域发挥着重要的作用。商事活动固有的逐利属性决定了商法在价值理念上具有鲜明的功利主义特征。尽管国家公权力对商事活动的干预在一定程度上限制了商事活动的自由属性,"但商法内在的基因却是奔放的,商人逐利的冲动甚至可以抵过上绞架的威胁"⑤。以商业效率为制度价值的商法规范始终是以保障营利为首要目的,商法的这一特征在商事领域的非传统行业,如金融、证券等交易中,表现

---

① 苏力:《法律与科技问题的法理学重构》,《中国社会科学》,1999 年第 5 期,第 55 页。
② "制度利益"直接联结当事人利益与社会公共利益,它的衡量是利益衡量的核心所在。"制度利益"类似于社会公共利益,是指一项法律制度所固有的根本性利益。参见梁上上:《制度利益衡量的逻辑》,《中国法学》,2012 年第 4 期,第 82 页。
③ [日]北川善太郎著:《日本民法体系》,李毅多、仇京春译,北京:科学出版社,1995 年,第 2-3 页。
④ [法]伊夫·居荣著:《法国商法》,罗结珍译,北京:法律出版社,2004 年,第 1 页。
⑤ [德]马克思著:《资本论》,曾令先、卞彬、金永译,北京:人民出版社,1975 年,第 829 页。

得更为明显。① 在立法层面上而言,原则是规则的立法基础,尽管安全与秩序、公正与公平等法律固有价值的追求也当然地适用于商法领域,但商事交易的效益原则仍然是商法最重要的原则。在商法的世界里,任何其他利益衡量的最终目的都是为了服务市场。至此,商事法律制度的核心利益追求变得明确而具体,那就是服务于商事效率的交易安全保障。这一核心制度利益具体于金融法领域,则应该表现为促进金融业高效、安全的发展。当然,出于对金融风险的防范、国家监管的需要,金融法规则也具备着一定的公法性质。在我国,金融法也属于经济法,因此对金融法规中核心利益的判断也涉及公共利益与个人利益的排序。② 然而,尽管通常情况下公共利益高于个人利益,但从保障商事交易安全与效率的角度,在一般情况下公共利益与个人利益并不相互矛盾。从金融监管的角度,政府对金融市场的干预和限制,本质上是为了促进金融业发展下的国民经济增长,而"以损害个人利益来保障公共利益应该是穷尽其他可能手段之后的无奈选择"③。金融法律规制的根本目的就是要实现核心制度利益,促进金融创新产业高效、安全的发展,这也是大数据在金融领域经济价值的重要体现。保障"信息信用",促进以"数字信息"为媒介的金融创新产业高效、安全的发展就是科技金融法律规制的核心利益。科技金融领域核心利益的明确进一步为金融法律规制范式转移提供了目标和方向,在此基础上,科技金融法律规制应当以实现制度体系的核心利益为目标,以排除当前科技金融行业创新发展的主要障碍为基本方向,实现服务于市场的法律规制思维范式转移。

2. 以信息化的思维范式,建立科技金融领域下"数字信息"的透明和共享机制

在大数据时代,"数据信息"是社会交往和社会治理的重要工具,也是数据经济时代的重要资源。在人类历史长河中,数据一向被认为处于公共领域,是任何人都可以收集、运用的公共资源。即使在知识产权制度产生之后,仍然没

---

① 王文宇:《从商法特色论民法典编纂——兼论台湾地区民商合一法制》,《清华法学》,2015 年第 6 期,第 67 页。
② 杨东:《金融消费者保护统合法论》,北京:法律出版社,2013 年,第 44 页。
③ 朱飞:《金融法裁判的利益衡量方法》,《法律方法》,2018 年第 3 期,第 7 页。

有将事实、数据、思想等纳入到知识产权保护的体系中。① 在人工智能、云计算等高新技术的驱动下,"数据信息"的经济价值逐渐显现,在不同领域对"数据信息"的使用,均可能产生或多或少的"精神利益"或"物质利益"。因此,对"数据信息"的法律规制应当与利益联系起来。不同的领域,数据信息的价值表现也有所不同。以"个人信息权"为例,在英美法系,尤其以美国为代表,一切与人有关的权益保护均落入隐私权的范畴。② 在欧洲,个人数据保护被视为个人数据的基本权利,在《个人数据保护法》中予以规制(参见下表),但从法律法规的具体内容看,在民法领域,个人主体利益依然被限定在尊严、自由和平等一般人格利益的范围内。然而,在大数据的时代背景下,个人信息早已被赋予了其承载经济价值的社会利益。

欧洲《个人数据保护法》的相关规定

权利内容	制止他人不当使用行为(包括未经同意的使用行为)
规范对象	不当或不法收集和使用(处理行为)
民事责任	违法行为侵害个人主体权益的民事责任(停止侵害和损害赔偿)
涉及法益	保护数据上的主体利益,即人格尊严、自由和平等(不歧视)

在商业领域,"数据信息"常常被视为创新性的竞争资源,企业对数据信息的收集可以获取相当的商业利益,对增进消费者的福祉,促进国家经济结构调整,增强综合国力也有重要作用。③ 在科技金融领域,由于"信息信用"的核心地位,数据信息的透明性和真实性成为制度体系下的首要需求。如果以"当事人的具体利益""群体利益""制度利益"(即法律制度的利益)和"社会公共利益"的利益类别④,对由"数据信息"产生的多种利益进行必要的识别、排序

---

① 高富平:《数据经济的制度基础——数据全面开放利用模式的构想》,《广东社会科学》,2019 年第 5 期,第 14 页。
② 高富平:《个人信息使用的合法性基础——数据上利益分析视角》,《比较法研究》,2019 年第 2 期,第 82 页。
③ 钟裕民、许开轶:《大数据与政府管理创新:国内研究进展与研究展望》,《当代世界与社会主义》,2016 年第 6 期,第 206 页。
④ 根据利益衡量的需要,利益可分为"当事人的具体利益""群体利益""制度利益"(即法律制度的利益)和"社会公共利益"。"制度利益"直接联结当事人利益与社会公共利益,它的衡量是利益衡量的核心所在。"制度利益"类似于社会公共利益,是指一项法律制度所固有的根本性利益。参见梁上上:《利益的层次结构与利益衡量的展开》,《法学研究》,2002 年第 1 期,第 56 页。

和衡量,那么毫无疑问,保障"数据信息"的共享与安全必然成为科技金融领域"制度利益"所向。① 在金融投资中,"信息披露制度历来扮演着投资者保护的功能,也应当成为我国股权众筹制度中保护投资者的首要选择"②。作为"大数据"、人工智能技术基础的"数据"本身并不具备什么内在价值,其真正的价值是通过被使用而创造出来的,"物"唯有融于"事"才呈现其多样的意义。③

以"区块链"为代表的智能技术本身,也是以"数据信息"为载体赋能于科技金融的。"区块链"分布式的信息记录形式的可靠性和安全性只是相对的,如果相关"数据信息"的真实性和共享性不能通过法制的形式予以建立和发展,那么隐私侵犯、数据造假、欺诈等问题的发生可能更为频繁。事实上,禁止数据的流通未必能够真正保护到权利主体的利益,对"数据信息"的使用还可能损耗数据信息的财产价值;更重要的是,科技金融所依托的"信息信用"也将失去价值,科技金融体系也必然失去其赖以生存的基本制度内核。2019年9月9日,美国联邦第九巡回法院在 hiQ Labs 公司诉 LinkedIn 公司一案中,就下达了初步禁令,禁止 LinkedIn 公司拒绝让 hiQ 公司访问其数据。法院认为 LinkedIn 公司有选择禁止潜在竞争对手访问和使用公共数据的行为在商业领域是不合适的,其行为涉嫌不公平竞争。

正如波斯纳所说:"命令的形成要从具体、真实的生活观念出发,最终是为了通过判决继续塑造具体的生活。"④在数据与信息的时代,只有发展原有以数据保护为基础的思维,平衡释放数据经济活力,改变当前依托于宏观立法的规制形式,明确实现信息数据的安全与共享兼顾的规则向度,在行业内部确立"数字信息"的透明与共享机制,才能形成以预防和促进相结合的保障金融数据安全制度下法律关系的平衡模式。

---

① 2015年7月通过的《中华人民共和国国家安全法》就将"实现重要领域信息系统及数据的安全可控"明确为立法宗旨之一,2016年发布的《中华人民共和国网络安全法》也是将网络数据安全保护和防止数据泄露或者窃取、篡改置于中心地位加以规制的。当前宏观法制对信息数据保护的重视符合国家安全的基本需求,对相关领域数据的私权利保护的必要性也不言而喻。
② 傅穹、杨硕:《股权众筹信息披露制度悖论下的投资者保护路径构建》,《社会科学研究》,2016年第2期,第79页。
③ 杨国荣:《基于"事"的世界》,《哲学研究》,2016年第11期,第82页。
④ [德]菲利普·黑克著:《利益法学》,傅广宇译,载《比较法研究》,2006年第6期,第146页。

3. 以专业化的法制思路，实现法律规范与行业规则的协调与互补

金融科技作为一种颠覆性的技术革新，对行业的冲击极为迅速，行业基础结合大数据和人工智能所暴露出的发展需求对法制建设提出多方面挑战。从风险防控的角度，法律的预防性功能被寄予前所未有的期待，然而，在不同类别的法学领域，法律预防性功能的可塑性可能因其固有学科特征而存在差异，比如面对作为最严厉制裁措施的刑法，人类应当更加注重刑法的最后手段性、谦抑性、法益保护辅助性。如果在刑法领域，去探寻刑罚于机器人的预防目的就是十分荒诞和可笑的。① 但是在基于商事自治性而产生的商法体系中，规则的确定性则比规则的制定方式影响更为深远。英国的霍齐勋爵2019年4月在爱尔兰商业律师协会的演讲中谈到，他认为成功的商法体系应当是促进而非限制诚信的商业活动的，具有高度法律确定性的法律体系往往有助于降低交易成本，鼓励商事发展。② 这也是长期以来商事制度体系下追逐效率的意识体现，这种与刑事法律体系中的教义法学思维存在巨大差异。

在商法的世界里，当传统的法律体系结构尚未调整以适应科技所带来的新型交易形式时，或者我们有必要重温一下波斯纳的《法律的经济分析》③。波斯纳认为"人是其自利的理性最大化者"，人们会对激励做出反应，如果一个人的环境发生了变化，而他通过改变其行为就能够增加他的满足，那他就会这样去做。由于自利本性的趋势，人们在交易过程和社会生活中行使各自的权利时就不可避免地会产生各种矛盾，这就需要法律作为平衡器进行利益的权衡，对各种权利进行界定，这一理论同样适用于人工智能发展下的贸易金融体系。根据社会成本理论、效率和平等理论，法律应该在权利界定和程序规则上使社会成本最低化、社会资源配置达到最优点。

参照我国当前商事领域的普遍立法习惯，期待科技金融领域的宏观立法的出台是不切实际的，即使在相对功能集中的贸易金融领域，当前也未见单行立法出台的迹象。相关的单行法规，如2005年《最高人民法院关于审理信用证纠

---

① 刘艳红：《人工智能法学研究中的反智化批判》，《东方法学》，2019年第5期，第111页。
② 原文为："A successful system of commercial law must promote rather than hinder honest commercial activity. A legal system which offers a high degree of certainty will trend to reduce the cost of transaction and so encourage commerce."
③ [美]波斯纳著：《法律的经济分析》，蒋兆康译，北京：法律出版社，2012年，第2页。

纷案件若干问题的规定》(简称《信用证司法解释》)、2016年新《国内信用证结算办法》(简称《信用证新规》)以及《最高人民法院关于审理独立保函纠纷案件若干问题的规定》(简称《独立保函司法解释》)等均以贸易金融工具类型为边界,仅就不同商事实践中出现的问题作出了基本规则引导,宏观作用较为优先,但也欠缺发展性思维下的法律风险防控效应。

面对数字金融技术应用产生的一些新问题,国务院办公厅、工信部等相继出台了指导意见和政策引导①,2019年9月,中国银行保险监督管理委员会发布的《中国银行保险监督管理委员会办公厅关于推动供应链金融服务实体经济的指导意见》再次为我国实务部门在供应链金融领域发展的需求释放信号,其提出的四项基本原则②,也从发展现状的角度突出了当前领域急需解决的问题,为我国金融行业的制度建设提供了一定思路。商事活动的自治性和自利性决定了商事领域倾向于制定自己的行业规则以满足商事发展的实际需求,在金融领域也不例外。信用证、保函领域的重要国际性规则《跟单信用证统一惯例(UCP600)》《见索即付保函统一规则(URDG758)》等都具备很强的行业商事自治特性,最新发布的《跟单信用证统一惯例关于电子交单的附则(EUCP2.0)》更是国际商会对信用证领域大数据人工智能发展的积极回应。面对金融科技的高速发展与法律天然滞后性特征之间的矛盾,科技金融领域的立法思维应当跟随"区块链"技术的脚步向"去中心化"转变。在现实中,金融科技背景下的很多商事合同也会突破一般的法律构造,以传统的理念和规则待之,其结果可能是无从裁判或难以彰显公平,甚至阻碍交易。

在科技金融领域,应当进一步重视相关行业规则的制定与解释适用。同时,还应当了解和适度接受互联网和网络空间中存在的"代码规则",互联网和网络空间自身是存在对行为的规制的,这类规制是通过代码完成的。数字代码

---

① 如国务院办公厅《关于积极推进供应链创新与应用的指导意见》(国办发〔2017〕84号);商务部、工信部等8部门《关于开展供应链创新与应用试点的通知》(商建函〔2018〕142号);中央办公厅、国务院办公厅印发《关于加强金融服务民营企业的若干意见》〔2019〕6号)等。
② 银行保险机构在开展供应链金融业务时应坚持以下基本原则:一是坚持精准金融服务,以市场需求为导向,重点支持符合国家产业政策方向、主业集中于实体经济、技术先进、有市场竞争力的产业链链条企业。二是坚持交易背景真实,严防虚假交易、虚构融资、非法获利现象。三是坚持交易信息可得,确保直接获取第一手的原始交易信息和数据。四是坚持全面管控风险,既要关注核心企业的风险变化,也要监测上下游链条企业的风险。

的差别导致了规则的不同,进而区分出了网络空间的不同部分。① 代码规则通过架构直接塑造网络空间来约束相应参与者的行为,主体只有遵守代码才可能成为网络空间的参与者。因此,区别于法律规范中存在的禁止性规定模式,在代码规则下,不存在可为与不可为的情形,而只存在可能与不可能问题,一个不遵守代码架构的参与者,根本不可能在相应的网络空间实施行为。② 基于互联网自身特性被制定的代码规则,对大数据人工智能时代的发展要求有着天然的适应性。作为法律滞后功能的调节和补充,在科技金融的法律规制中,可以适度发挥法律规范与代码规则的互补功能。当然,法律由立法机关制定的唯一性决定了行业规则、代码规则都不等同于法律,但基于商法的自治性特征,在科技金融这一新兴的特殊领域,可以尝试转变立法思维模式,通过特定的程序赋予行业规则、代码规则类似于法律的权威效力,从而更好地发挥行业规则的功能性特征,促进科技金融创新的繁荣发展。一种理论价值的实现不在于为多少人引用,作为炫耀自己学识的资本,而在于能否应用于实践,起到为人们排忧解难的作用。

---

① [美]劳伦斯·莱斯格著:《代码2.0 网络空间中的法律》,李旭、沈伟伟译,北京:清华大学出版社,2009年,第28页。
② 汪青松:《信任机制演进下的金融交易异变与法律调整进路——基于信息哲学发展和信息技术进步的视角》,《法学评论》,2019年第5期,第84页。

本书涉及的主要法律、法规、司法解释与惯例、公约相关重点条款

◇ 国内法律、法规及相关规则

(一)《中华人民共和国民法典》

第一百二十七条 法律对数据、网络虚拟财产的保护有规定的,依照其规定。

第六百八十二条 保证合同是主债权债务合同的从合同。主债权债务合同无效的,保证合同无效,但是法律另有规定的除外。

保证合同被确认无效后,债务人、保证人、债权人有过错的,应当根据其过错各自承担相应的民事责任。

(二)《中华人民共和国民事诉讼法》

第二十九条 因侵权行为提起的诉讼,由侵权行为地或者被告住所地人民法院管辖。

第一百条 调解达成协议,人民法院应当制作调解书。调解书应当写明诉讼请求、案件的事实和调解结果。调解书由审判人员、书记员署名,加盖人民法院印章,送达双方当事人。调解书经双方当事人签收后,即具有法律效力。

第一百零三条 人民法院对于可能因当事人一方的行为或者其他原因,使

判决难以执行或者造成当事人其他损害的案件,根据对方当事人的申请,可以裁定对其财产进行保全、责令其作出一定行为或者禁止其作出一定行为;当事人没有提出申请的,人民法院在必要时也可以裁定采取保全措施。人民法院采取保全措施,可以责令申请人提供担保,申请人不提供担保的,裁定驳回申请。人民法院接受申请后,对情况紧急的,必须在四十八小时内作出裁定;裁定采取保全措施的,应当立即开始执行。

第一百零四条　利害关系人因情况紧急,不立即申请保全将会使其合法权益受到难以弥补的损害的,可以在提起诉讼或者申请仲裁前向被保全财产所在地、被申请人住所地或者对案件有管辖权的人民法院申请采取保全措施。申请人应当提供担保,不提供担保的,裁定驳回申请。人民法院接受申请后,必须在四十八小时内作出裁定;裁定采取保全措施的,应当立即开始执行。申请人在人民法院采取保全措施后三十日内不依法提起诉讼或者申请仲裁的,人民法院应当解除保全。

第二百六十五条　因合同纠纷或者其他财产权益纠纷,对在中华人民共和国领域内没有住所的被告提起的诉讼,如果合同在中华人民共和国领域内签订或者履行,或者诉讼标的物在中华人民共和国领域内,或者被告在中华人民共和国领域内有可供扣押的财产,或者被告在中华人民共和国领域内设有代表机构,可以由合同签订地、合同履行地、诉讼标的物所在地、可供扣押财产所在地、侵权行为地或者代表机构住所地人民法院管辖。

第二百七十条　外国人、无国籍人、外国企业和组织在人民法院起诉、应诉,需要委托律师代理诉讼的,必须委托中华人民共和国的律师。

(三)《中华人民共和国商业银行法》

第三十五条　商业银行贷款,应当对借款人的借款用途、偿还能力、还款方式等情况进行严格审查。商业银行贷款,应当实行审贷分离、分级审批的制度。

(四)《最高人民法院关于适用中华人民共和国民法典有关担保制度的解释》(《担保制度司法解释》)

第二条　当事人在担保合同中约定担保合同的效力独立于主合同,或者约定担保人对主合同无效的法律后果承担担保责任,该有关担保独立性的约定无效。主合同有效的,有关担保独立性的约定无效不影响担保合同的效力;主合同无效的,人民法院应当认定担保合同无效,但是法律另有规定的除外。

因金融机构开立的独立保函发生的纠纷,适用《最高人民法院关于审理独立保函纠纷案件若干问题的规定》。

(五)《最高人民法院关于适用〈中华人民共和国民事诉讼法〉的解释》(《民事诉讼法司法解释》)

第五百三十一条第 1 款 涉外合同或者其他财产权益纠纷的当事人,可以书面协议选择被告住所地、合同履行地、合同签订地、原告住所地、标的物所在地、侵权行为地等与争议有实际联系地点的外国法院管辖。

(六)《涉外民事关系法律适用法》

第四十一条 当事人可以协议选择合同适用的法律。当事人没有选择的,适用履行义务最能体现该合同特征的一方当事人经常居所地法律或者其他与该合同有最密切联系的法律。

(七)《最高人民法院关于审理独立保函纠纷案件若干问题的规定》(《独立保函司法解释》)

第一条 本规定所称的独立保函,是指银行或非银行金融机构作为开立人,以书面形式向受益人出具的,同意在受益人请求付款并提交符合保函要求的单据时,向其支付特定款项或在保函最高金额内付款的承诺。

前款所称的单据,是指独立保函载明的受益人应提交的付款请求书、违约声明、第三方签发的文件、法院判决、仲裁裁决、汇票、发票等表明发生付款到期事件的书面文件。

独立保函可以依保函申请人的申请而开立,也可以依另一金融机构的指示而开立。开立人依指示开立独立保函的,可以要求指示人向其开立用以保障追偿权的独立保函。

第二条 本规定所称的独立保函纠纷,是指在独立保函的开立、撤销、修改、转让、付款、追偿等环节产生的纠纷。

第三条 保函具有下列情形之一,当事人主张保函性质为独立保函的,人民法院应予支持,但保函未载明据以付款的单据和最高金额的除外:

(一) 保函载明见索即付;

(二) 保函载明适用国际商会《见索即付保函统一规则》等独立保函交易示范规则;

(三) 根据保函文本内容,开立人的付款义务独立于基础交易关系及保函申请法律关系,其仅承担相符交单的付款责任。

当事人以独立保函记载了对应的基础交易为由,主张该保函性质为一般保证或连带保证的,人民法院不予支持。

当事人主张独立保函适用担保法关于一般保证或连带保证规定的,人民法院不予支持。

第五条 独立保函载明适用《见索即付保函统一规则》等独立保函交易示范规则,或开立人和受益人在一审法庭辩论终结前一致援引的,人民法院应当认定交易示范规则的内容构成独立保函条款的组成部分。不具有前款情形,当事人主张独立保函适用相关交易示范规则的,人民法院不予支持。

第六条 受益人提交的单据与独立保函条款之间、单据与单据之间表面相符,受益人请求开立人依据独立保函承担付款责任的,人民法院应予支持。

开立人以基础交易关系或独立保函申请关系对付款义务提出抗辩的,人民法院不予支持,但有本规定第十二条情形的除外。

第七条 人民法院在认定是否构成表面相符时,应当根据独立保函载明的审单标准进行审查;独立保函未载明的,可以参照适用国际商会确定的相关审单标准。

单据与独立保函条款之间、单据与单据之间表面上不完全一致,但并不导致相互之间产生歧义的,人民法院应当认定构成表面相符。

第八条 开立人有独立审查单据的权利与义务,有权自行决定单据与独立保函条款之间、单据与单据之间是否表面相符,并自行决定接受或拒绝接受不符点。

开立人已向受益人明确表示接受不符点,受益人请求开立人承担付款责任的,人民法院应予支持。

开立人拒绝接受不符点,受益人以保函申请人已接受不符点为由请求开立人承担付款责任的,人民法院不予支持。

第十二条 具有下列情形之一的,人民法院应当认定构成独立保函欺诈:

(一)受益人与保函申请人或其他人串通,虚构基础交易的;

(二)受益人提交的第三方单据系伪造或内容虚假的;

(三)法院判决或仲裁裁决认定基础交易债务人没有付款或赔偿责任的;

(四)受益人确认基础交易债务已得到完全履行或者确认独立保函载明的付款到期事件并未发生的;

(五)受益人明知其没有付款请求权仍滥用该权利的其他情形。

第十三条 独立保函的申请人、开立人或指示人发现有本规定第十二条情形的,可以在提起诉讼或申请仲裁前,向开立人住所地或其他对独立保函欺诈纠纷案件具有管辖权的人民法院申请中止支付独立保函项下的款项,也可以在诉讼或仲裁过程中提出申请。

第十四条 人民法院裁定中止支付独立保函项下的款项,必须同时具备下列条件:

(一)止付申请人提交的证据材料证明本规定第十二条情形的存在具有高度可能性;

(二)情况紧急,不立即采取止付措施,将给止付申请人的合法权益造成难以弥补的损害;

(三)止付申请人提供了足以弥补被申请人因止付可能遭受损失的担保。

止付申请人以受益人在基础交易中违约为由请求止付的,人民法院不予支持。

开立人在依指示开立的独立保函项下已经善意付款的,对保障该开立人追偿权的独立保函,人民法院不得裁定止付。

第十五条 因止付申请错误造成损失,当事人请求止付申请人赔偿的,人民法院应予支持。

第十六条 人民法院受理止付申请后,应当在四十八小时内作出书面裁定。裁定应当列明申请人、被申请人和第三人,并包括初步查明的事实和是否准许止付申请的理由。

裁定中止支付的,应当立即执行。

止付申请人在止付裁定作出后三十日内未依法提起独立保函欺诈纠纷诉讼或申请仲裁的,人民法院应当解除止付裁定。

第十七条 当事人对人民法院就止付申请作出的裁定有异议的,可以在裁定书送达之日起十日内向作出裁定的人民法院申请复议。复议期间不停止裁定的执行。

人民法院应当在收到复议申请后十日内审查,并询问当事人。

第十八条 人民法院审理独立保函欺诈纠纷案件或处理止付申请,可以就当事人主张的本规定第十二条的具体情形,审查认定基础交易的相关事实。

第十九条 保函申请人在独立保函欺诈诉讼中仅起诉受益人的,独立保函的开立人、指示人可以作为第三人申请参加,或由人民法院通知其参加。

第二十条 人民法院经审理独立保函欺诈纠纷案件,能够排除合理怀疑地认定构成独立保函欺诈,并且不存在本规定第十四条第三款情形的,应当判决开立人终止支付独立保函项下被请求的款项。

第二十一条 受益人和开立人之间因独立保函而产生的纠纷案件,由开立人住所地或被告住所地人民法院管辖,独立保函载明由其他法院管辖或提交仲裁的除外。当事人主张根据基础交易合同争议解决条款确定管辖法院或提交仲裁的,人民法院不予支持。

独立保函欺诈纠纷案件由被请求止付的独立保函的开立人住所地或被告住所地人民法院管辖,当事人书面协议由其他法院管辖或提交仲裁的除外。当事人主张根据基础交易合同或独立保函的争议解决条款确定管辖法院或提交仲裁的,人民法院不予支持。

第二十二条 涉外独立保函未载明适用法律,开立人和受益人在一审法庭辩论终结前亦未就适用法律达成一致的,开立人和受益人之间因涉外独立保函而产生的纠纷适用开立人经常居所地法律;独立保函由金融机构依法登记设立的分支机构开立的,适用分支机构登记地法律。

涉外独立保函欺诈纠纷,当事人就适用法律不能达成一致的,适用被请求止付的独立保函的开立人经常居所地法律;独立保函由金融机构依法登记设立的分支机构开立的,适用分支机构登记地法律;当事人有共同经常居所地的,适用共同经常居所地法律。

涉外独立保函止付保全程序,适用中华人民共和国法律。

(八)《最高人民法院关于审理信用证纠纷案件若干问题的规定》(《信用证司法解释》)

第二条 人民法院审理信用证纠纷案件时,当事人约定适用相关国际惯例或者其他规定的,从其约定;当事人没有约定的,适用国际商会《跟单信用证统一惯例》或者其他相关国际惯例。

第八条 凡有下列情形之一的,应当认定存在信用证欺诈:

(一)受益人伪造单据或者提交记载内容虚假的单据;

(二)受益人恶意不交付货物或者交付的货物无价值;

(三)受益人和开证申请人或者其他第三方串通提交假单据,而没有真实的基础交易;

(四)其他进行信用证欺诈的情形。

(九)《非银行金融机构行政许可事项实施办法》

第二条 本办法所称非银行金融机构包括:经银保监会批准设立的金融资产管理公司、企业集团财务公司、金融租赁公司、汽车金融公司、货币经纪公司、消费金融公司、境外非银行金融机构驻华代表处等机构。

(十)《国内信用证结算办法》

第三条 本办法适用于银行为国内企事业单位之间货物和服务贸易提供的信用证服务。服务贸易包括但不限于运输、旅游、咨询、通讯、建筑、保险、金融、计算机和信息、专有权利使用和特许、广告宣传、电影音像等服务项目。

(十一)《关于审查知识产权纠纷行为保全案件适用法律若干问题的规定》

第六条 有下列情况之一,不立即采取行为保全措施即足以损害申请人利

益的,应当认定属于民事诉讼法第一百条、第一百零一条规定的"情况紧急":

(一)申请人的商业秘密即将被非法披露;

(二)申请人的发表权、隐私权等人身权利即将受到侵害;

(三)诉争的知识产权即将被非法处分;

(四)申请人的知识产权在展销会等时效性较强的场合正在或者即将受到侵害;

(五)时效性较强的热播节目正在或者即将受到侵害;

(六)其他需要立即采取行为保全措施的情况。

第八条 人民法院审查判断申请人请求保护的知识产权效力是否稳定,应当综合考量下列因素:

(一)所涉权利的类型或者属性;

(二)所涉权利是否经过实质审查;

(三)所涉权利是否处于宣告无效或者撤销程序中以及被宣告无效或者撤销的可能性;

(四)所涉权利是否存在权属争议;

(五)其他可能导致所涉权利效力不稳定的因素。

第十条 在知识产权与不正当竞争纠纷行为保全案件中,有下列情形之一的,应当认定属于民事诉讼法第一百零一条规定的"难以弥补的损害":

(一)被申请人的行为将会侵害申请人享有的商誉或者发表权、隐私权等人身性质的权利且造成无法挽回的损害;

(二)被申请人的行为将会导致侵权行为难以控制且显著增加申请人损害;

(三)被申请人的侵害行为将会导致申请人的相关市场份额明显减少;

(四)对申请人造成其他难以弥补的损害。

(十二)《中华人民共和国海事诉讼特别程序法》

第五十一条 海事强制令是指海事法院根据海事请求人的申请,为使其合法权益免受侵害,责令被请求人作为或者不作为的强制措施。

第五十六条 作出海事强制令,应当具备下列条件:

(一) 请求人有具体的海事请求；

(二) 需要纠正被请求人违反法律规定或者合同约定的行为；

(三) 情况紧急，不立即作出海事强制令将造成损害或者使损害扩大。

(十三)《阻断外国法律与措施不当域外适用办法》

第八条 中国公民、法人或者其他组织可以向国务院商务主管部门申请豁免遵守禁令。

申请豁免遵守禁令的，申请人应当向国务院商务主管部门提交书面申请，书面申请应当包括申请豁免的理由以及申请豁免的范围等内容。国务院商务主管部门应当自受理申请之日起 30 日内作出是否批准的决定；情况紧急时应当及时作出决定。

第九条 当事人遵守禁令范围内的外国法律与措施，侵害中国公民、法人或者其他组织合法权益的，中国公民、法人或者其他组织可以依法向人民法院提起诉讼，要求该当事人赔偿损失；但是，当事人依照本办法第八条规定获得豁免的除外。

根据禁令范围内的外国法律作出的判决、裁定致使中国公民、法人或者其他组织遭受损失的，中国公民、法人或者其他组织可以依法向人民法院提起诉讼，要求在该判决、裁定中获益的当事人赔偿损失。

本条第一款、第二款规定的当事人拒绝履行人民法院生效的判决、裁定的，中国公民、法人或者其他组织可以依法申请人民法院强制执行。

◇ 国外法律、法规及相关规则

(一) The Uniform Commercial Code (1995)《统一商法典》

Article 5-108　Issuer's Rights and Obligations

(a) Except as otherwise provided in Section 5-109, an issuer shall honor a presentation that, as determined by the standard practice referred to in subsection (e), appears on its face strictly to comply with the terms and conditions of the letter of credit. Except as otherwise provided in Section 5-113 and unless otherwise agreed with the applicant, an issuer shall dishonor a presentation that does not appear so to comply.

第 5-108 条 发行人的权利义务

(a) 除 5-109 另有规定,发行人应当兑付(e)款提到的标准惯例确定的、表明严格符合信用证的条款和条件的提示,除 5-113 另有规定及除非申请人同意,发行人应当兑付表明不如此严格符合的提示。

Article 5-109 Fraud and Forgery

(a) If a presentation is made that appears on its face strictly to comply with the terms and conditlons of the letter of credit, but a required document is forged or materially fraudulent, or honor of the presentation would facilitate a material fraud by the beneficiary on the issuer or applicant:

(1) the issuer shall honor the presentation, if honor is demanded by (i) a nominated person who has given value in good faith and without notice of forgery or material fraud, (II) a confirmer who has honored its confirmation in good faith, (ill) a holder in due course of a draft drawn under the letter of credit which was taken after acceptance by the issuer or nominated person, or (iv) an assignee of the issuer's or nominated person's deferred obligation that was taken for value and without notice of forgery or material fraud after the obligation was incyrred by the issuer or nominated person; and

(2) the issuer, acting in good faith, may honor or dishonor the presentation in any other case.

(b) If an applicant claims that a required document is forged or materially fraudulent or that honor of the presentation would facilitate a material fraud by the beneficiary on the issuer or applicant, a court of competent jurisdiction may temporarily or permanently enjoin the issuer from honoring a presentation or grant similar relief against the issuer or other persons only if the court finds that:

(1) the relief is not prohibited under the law applicable to an accepted draft

or deferred obligation incurred by the issuer;

(2) a beneficiary, issuer, or nominated person who may be adversely affected is adequately protected against loss that it may suffer because the relief is granted;

(3) all of the conditions to entitle a person to the relief under the law of this State have been met; and

(4) on the basis of the information submitted to the court, the applicantis morelikelythaotReed under its claim of forgery or material fraud and the person demanding honor does not qualify for protection under subsection (a)(1).

第 5-109 条 欺诈和伪造

(a) 若表明严格符合信用证的条款和条件的提示被作出,但要求的文件系伪造或者实质上是欺诈性的,或者提示的兑付将促进受益人对发行人或申请人的实质性的欺诈:

(1) 发行人应兑付该提示,若由下述的人要求(I)已经善意地给予了对价、并且没有得到伪造、实质性欺诈的通知的指定的人,(ii)已经善意地兑付其批准的批准人,(iIi)汇票的适当持票人根据在发行人或指定的人接受之后取得的信用证提款,或(iv)发行人或指定的人的延期义务的受让人,在该义务被发行人或指定的人引起之后,此人被取得对价,而没有得到伪造或实质欺诈的通知;及

(2) 善意的发行人可以兑付或拒付在任何其他情形的提示。

(b) 若申请人主张要求的文件系伪造或实质上欺诈性的,或提示的兑付将会促进受益人对发行人或申请人实质性的欺诈,有权管辖的法院可以临时或永久地禁止发行人对发行人或其他人兑付提示或给予类似的救济,若该法院发现:

(1) 适用于被接受的汇票或发行人引起的延期义务的法律不禁止该救济;

(2) 可能受到不利影响的受益人、发行人、或指定的人被充分地保护防止其可能因该救济被赋予而遭受损失;

(3) 在本州法律下给予一个人救济权利的所有条件被满足;及

(4) 以提交给法院的信息为基础,申请人更可能成功主张伪造或实质欺

诈,并且要求兑付的人不具有(a)(1)下的保护的资格。

(二) United Nation Convention on Independent Guarantees and Stand-by Letters of Credit《联合国独立保函与备用信用证公约》

Article 14　Standard of conduct and liability of guarantor/issuer

1. In discharging its obligations under the undertaking and this Convention, the guarantor/issuer shall act in good faith and exercise reasonable care having due regard to generally accepted standards of international practice of independent guarantees or stand—by letters of credit.

2. A guarantor/issuer may not be exempted from liability for its failure to act in good faith or for any grossly negligent conduct.

第14条　保证人责任及其行动准则

(1) 保证人履行其依保函和本公约所负之义务时,一秉诚信并且给予合理注意,依从适用于独立保证或备用信用证之普遍公认的国际惯例与准则行事。

(2) 未尽诚信义务或有重大过失者,不能免除保证人的责任。

Article 16　Examination of demand and accompanying documents

1. The guarantor/issuer shall examine the demand and any accompanying documents in accordance with the standard of conduct referred to in paragraph 1 of article 14. In determining whether documents are in facial conformity with the terms and conditions of the undertaking, and are consistent with one another, the guarantor/issuer shall have due regard to the applicable international standard of independent guarantee or stand — by letter of credit.

2. Unless otherwise stipulated in the undertaking or elsewhere agreed by the guarantor/issuer and the beneficiary, the guarantor/issuer shall have reasonable time, but not more than seven business days following the day of receipt of the demand and any accompanying documents, in which to:

(a) Examine the demand and any accompanying documents;

(b) Decide whether or not to pay;

(c) If the decision is not to pay, issue notice thereof to the beneficiary.

The notice referred to in subparagraph (c) above shall, unless otherwise stipulated in the undertaking or elsewhere agreed by the guarantor/issuer and the beneficiary, be made by teletransmission or, if that is not possible, by other expeditious means and indicate the reason for the decision not to pay.

第 16 条 付款请求及附随文件之审查

（1）保证人应当依第十四条第（1）款所列行动准则审查付款请求以及任何附随文件。保证人应当充分考虑可适用于独立保证或备用信用证之国际准则以决定单据是否符合保函条款，以及彼此之间是否一致。

（2）除保函另有规定或保证人和受益人另有协议者外，保证人应当在合理期限内，但最长在收到请求和任何附随单据之日起七个营业日内，完成下列事项：

（a）审查付款请求以及任何附随单据；

（b）决定是否付款；

（c）若决定不予付款，应向受益人作出不付款的通知。

除保函另有规定或保证人和受益人另有协议者外，(c)项中所指通知应以电传方式，若电传不可能，应以其他快捷方式作出，并且应当表明不予付款的理由。

（三）The Uniform Customs and Practice for Documentary Credits 400（UCP400）《跟单信用证统一惯例》（国际商会第 400 号出版物）

Article 1　The Uniform Customs and Practice for Documentary Credits, 1983 Revision ICC Publication No. 400, shall apply to all Documentary Credits (including to the extent to which they may be applicable, Standby Letter (s) of Credit) where they are incorporated into the text of the Credit. They are binding on all parties thereto, unless otherwise expressly stipulated in the Credit.

第 1 条　《跟单信用证统一惯例。1983 年修订本》即，国际商会第 400 号出版物。适用于所有在信用证文本中标明按本惯例办理的跟单信用证（包括本惯例适用范围内的备用信用证），除非信用证中另有明确规定,本惯例对一切有关当事人均具有约束力。

（四）The Uniform Customs and Practice for Documentary Credits 600（UCP600）《跟单信用证统一惯例》（国际商会第 600 号出版物）

Article 6　Availability, Expiry Date and Place for Presentation

a. A credit must state the bank with which it is available or whether it is available with any bank. A credit available with a nominated bank is also available with the issuing bank.

b. A credit must state whether it is available by sight payment, deferred payment, acceptance or negotiation.

c. A credit must not be issued available by a draft drawn on the applicant.

d. i. A credit must state an expiry date for presentation. An expiry date stated for honour or negotiation will be deemed to be an expiry date for presentation.

ii. The place of the bank with which the credit is available is the place for presentation. The place for presentation under a credit available with any bank is that of any bank. A place for presentation other than that of the issuing bank is in addition to the place of the issuing bank.

e. Except as provided in sub — article 29（a）, a presentation by or on behalf of the beneficiary must be made on or before the expiry date.

第 6 条　有效性、有效期限及提示地点

a. 信用证必须规定可以有效使用信用证的银行，或者信用证是否对任何银行均为有效。对于被指定银行有效的信用证同样也对开证行有效。

b. 信用证必须规定它是否适用于即期付款、延期付款、承兑抑或议付。

c. 不得开立包含有以申请人为汇票付款人条款的信用证。

d. i. 信用证必须规定提示单据的有效期限。规定的用于兑付或者议付的有效期限将被认为是提示单据的有效期限。

ii. 可以有效使用信用证的银行所在的地点是提示单据的地点。对任何银行均为有效的信用证项下单据提示的地点是任何银行所在的地点。不同于开

证行地点的提示单据的地点是开证行地点之外提交单据的地点。

e. 除非如 29(a)中规定,由受益人或代表受益人提示的单据必须在到期日当日或在此之前提交。

Article 11(a)　An authenticated teletransmission of a credit or amendment will be deemed to be the operative credit or amendment, and any subsequent mail confirmation shall be disregarded. If a teletransmission states "full details to follow"(or words of similar effect), or states that the mail confirmation is to be the operative credit or amendment, then the teletransmission will not be deemed to be the operative credit or amendment. The issuing bank must then issue the operative credit amendment without delay in terms not inconsistent with the teletransmission.

第 11 条 a 款　经证实的电讯信用证或修改文件将被视为有效的信用证或修改,任何随后的邮寄证实书将被不予置理。若该电讯文件声明"详情后告"(或类似词语)或声明随后寄出的邮寄证实书将是有效的信用证或修改,则该电讯文件将被视为无效的信用证或修改。开证行必须随即不延误地开出有效的信用证或修改,且条款不能与电讯文件相矛盾。

(五) French Civil Code《法国民法典》

Article 2321　La garantie autonome est l'engagement par lequel le garant s'oblige, en considération d'une obligation souscrite par un tiers, à verser une somme soit à première demande, soit suivant des modalités convenues.

Le garant n'est pas tenu en cas d'abus ou de fraude manifestes du bénéficiaire ou de collusion de celui-ci avec le donneur d'ordre.

Le garant ne peut opposer aucune exception tenant à l'obligation garantie.

Sauf convention contraire, cette sûreté ne suit pas l'obligation garantie.

第 2321 条　独立担保是指担保人以第三方认购的债务为对价,在首次要求时或根据商定的条款支付一笔款项的承诺。

在受益人滥用专利或欺诈或受益人与委托人串通的情况下,担保人不受约束。

担保人可以根据被担保的义务不设抗辩。

除非另有约定,该担保不遵循担保义务。

(六) Bürgerliches Gesetzbuch《德国民法典》

§ 826 Sittenwidrige vorsätzliche Schädigung

Wer in einer gegen die guten Sitten verstoßenden Weise einem anderen vorsätzlich Schaden zufügt, ist dem anderen zum Ersatz des Schadens verpflichtet.

第 826 条　违反善良风俗的故意损害

以违反善良风俗的方式故意对他人施加损害的人,对他人负有损害赔偿义务。

(七) The Uniform Rules for Demand Guarantees (URDG 758)《见索即付保函统一规则》

Article 2

……

Complying demand means a demand that meets the requirements of a complying presentation;

Complying presentation under a guarantee means a presentation that is in accordance with, first, the terms and conditions of that guarantee, second, these rules so far as consistent with those terms and conditions and, third, in the absence of a relevant provision in the guarantee orthese rules, international standard demand guarantee practice;

第 2 条

……

相符索赔是指满足交单按要求的索赔;

相符交单是指所提交的单据及其内容首先与该保函条款和条件相符,其次与该保函条款和条件一致的本规则有关内容相符,最后在保函及本规则均无相关规定的情况下与见索即付保函国际标准实务相符。

Article 19 a. The guarantor shall determine, on the basis of a presentation alone, whether it appears on its face to be a complying presentation.

b. Data in a document required by the guarantee shall be examined in context with that document, the guarantee and these rules. Data need not be identical to, but shall not conflict with, data in that document, any other required document or the guarantee.

第 19 条 a. 担保人应仅基于交单本身确定其是否表面上构成相符交单;

b. 保函所要求的单据的内容应结合单据本身、保函和本规则进行审核。单据的内容无须与该单据的其他内容、其他要求的单据或保函中的内容等同一致,但不得矛盾。

Article 34 Governing law

a. Unless otherwise provided in the guarantee, its governing law shall be that of the location of the guarantor's branch or office that issued the guarantee.

b. Unless otherwise provided in the counter — guarantee, its governing law shall be that of the location of the counter — guarantor's branch or office that issued the counter — guarantee.

第 34 条 管辖法律

a. 除非保函另有规定,否则其适用的法律应当是担保人开立保函的分支机构所在地点的法律。

b. 除非反担保函另有规定,否则其适用的法律应当是反担保人开立反担保函的分支机构所在地点的法律。

Article 35 Jurisdiction

a. Unless otherwise provided in the guarantee, any dispute between the guarantor and the beneficiary relating to the guarantee shall be settled exclusively by the competent court of the country of the location of the guarantor's branch or office that issued the guarantee.

b. Unless otherwise provided in the counter — guarantee, any dispute between the counter — guarantor and the guarantor relating to the counter — guarantee shall be settled exclusively by the competent court of the country of the location of the counter — guarantor's branch or office that issued the counter — guarantee.

第三十五条　司法管辖权

a. 除非保函另有规定,任何担保人和受益人之间与保函有关的争议,应由担保人开立保函的分支机构所在地点的国家有管辖权的法院排他性地解决。

b. 除非反担保函另有规定,任何反担保人和担保人之间与反担保函有关的争议,应由反担保人开立反担保函的分支机构所在地点的国家有管辖权的法院排他性地解决。

(八) The International Standby Practices (ISP98)《国际备用证惯例》

Article 2.01 Undertaking to Honour by Issuer and Any Confirmer to Beneficiary

a. An issuer undertakes to the beneficiary to honour a presentation that appears on its face to comply with the terms and conditions of the standby in accordance with these Rules supplemented by standard standby practice.

第 2.01 条　开证人和保兑人对受益人的承付承诺

a. 开证人承担向受益人承付按本规则及标准备用证惯例表面上符合备用证条款的提示的义务。

(九)《eUCP Supplement to UCP600 for Electronic Presentation》(eUCP 2.0)《跟单信用证统一惯例 UCP600 关于电子交单的附则》

Article e1

SCOPE OF THE UNIFORM CUSTOMS AND PRACTICE FOR DOCUMENTARY CREDITS (UCP 600)

SUPPLEMENT FOR ELECTRONIC PRESENTATIONS ("eUCP")

a. The eUCP supplements the Uniform Customs and Practice for Documentary Credits (2007 Revision ICC Publication No. 600,) ("UCP") in order to accommodate presentation of electronic records alone or in combination with paper documents.

b. The eUCP shall apply where the credit indicates that it is subject to the eUCP ("eUCP credit").

c. This version is Version 2.0. An eUCP credit must indicate the applicable version of the eUCP. If not indicated, it is subject to the latest version in effect on the date the eUCP credit is issued or, if made subject to eUCP by an amendment accepted by the beneficiary, on the date of that amendment.

d. An eUCP credit must indicate the physical location of the issuing bank. In addition, it must also indicate the physical location of any nominated bank and, if different to the nominated bank, the physical location of the confirming bank, if any, when such location is known to the issuing bank at the time of issuance. If the physical location of any nominated bank and/or confirming bank, is not indicated in the credit, such bank must indicate its physical location to the beneficiary no later than the time of advising or confirming the credit or, in the case of a credit available with any bank, and where another bank willing to act on the nomination to honour or negotiate is not the advising or confirming bank, at the time of agreeing to act on its nomination.

第 e1 条 《跟单信用证统一惯例（UCP600）关于电子交单附则》（"eUCP"）的范围

a. eUCP 是对《跟单信用证统一惯例》（2007 年修订本，国际商会第 600 号出版物）（"UCP"）的补充，以适应电子记录的单独提交或与纸质单据联合提交。

b. 当信用证表明受 eUCP 约束（"eUCP 信用证"）时，eUCP 适用。

c. 本文本版本号为 2.0。eUCP 信用证必须表明适用的版本，否则即受开证日最新的有效版本约束；或如果因受益人接受的修改而使信用证受 eUCP 约束，则受在该修改日期的有效版本约束。

d. eUCP 信用证必须表明开证行的实体地址。此外，信用证还必须表明任何指定银行的实体地址，以及保兑行（如有）的实体地址（如与指定银行的不同），如开证行开证时已知悉该实体地址。如果信用证中未表明任何指定银行及/或保兑行的实体地址,则该银行必须在不迟于通知或保兑信用证之时向受益人表明其实体地址;或者,在信用证可在任一银行兑用的情况下,如另一家非通知行或保兑行的银行愿意按指定承付或议付,则在其同意按指定行事之时向受益人表明其实体地址。

Article e3

b.

i. Data corruption means any distortion or loss of data that renders the electronic record, as it was presented, unreadable in whole or in part.

ii. Data processing system means a computerised or an electronic or any other automated means used to process and manipulate data, initiate an action or respond to data messages or performances in whole or in part.

iii. Electronic record means data created, generated, sent, communicated, received or stored by electronic means, including, where appropriate, all information logically associated with or otherwise linked together so as to become part of the record, whether generated contemporaneously or not, that is:

a. capable of being authenticated as to the apparent identity of a sender and the apparent source of the data contained in it, and as to whether it has remained complete and unaltered, and

b. capable of being examined for compliance with the terms and conditions of the eUCP credit.

第 e3 条

b.

i."**数据变损**"意指因任何数据的失真或丢失而致使无法全部或部分读取已提交的电子记录。

ii."**数据处理系统**"意指全部或部分用于处理和操作数据、发起指令、或响应数据信息或性能的计算机化或电子化或任何其他自动化的方法。

iii."**电子记录**"意指,以电子方式创建、生成、发送、传播、收到或储存的数据,包括(适当时)逻辑上相关或另外链接在一起以便成为电子记录一部分的所有信息,而无论这些信息是否同时生成,并且:其发送人的表面身份、其包含的数据的表面来源及其是否保持完整和未被更改,可以被证实;并且能够根据eUCP信用证条款审核其相符性。

Article e4

ELECTRONIC RECORDS AND PAPER DOCUMENTS V. GOODS, SERVICES OR PERFORMANCE

Banks do not deal with the goods, services or performance to which an electronic record or paper document may relate.

第e4条 电子记录和纸质单据与货物、服务或履约行为

银行不处理电子记录或纸质单据可能涉及的货物、服务或履约行为。

Article e5

FORMAT

An eUCP credit must indicate the format of each electronic record. If the format of an electronic record is not indicated, it may be presented in any format.

第e5条 格式

eUCP信用证必须注明每份电子记录的格式。如未注明,则电子记录可以任何格式提交。

Article e6 PRESENTATION

a. i. An eUCP credit must indicate a place for presentation of electronic records.

ii. An eUCP credit requiring or allowing presentation of both electronic records and paper documents must, in addition to the place for presentation of the electronic records, also indicate a place for presentation of the paper documents.

b. Electronic records may be presented separately and need not be presented at the same time.

c. i. When one or more electronic records are presented alone or in combination with paper documents, the presenter is responsible for providing a notice of completeness to the nominated bank, confirming bank, if any, or to the issuing bank, where a presentation is made directly. The receipt of the notice of completeness will act as notification that the presentation is complete and that the period for examination of the presentation is to commence.

ii. The notice of completeness may be given as an electronic record or paper document and must identify the eUCP credit to which it relates.

iii. Presentation is deemed not to have been made if the notice of completeness is not received.

iv. When a nominated bank, whether acting on its nomination or not, forwards or makes available electronic records to a confirming bank or issuing bank, a notice of completeness need not be sent.

d. i. Each presentation of an electronic record under an eUCP credit must identify the eUCP credit under which it is presented. This may be by specific reference thereto in the electronic record itself, or in metadata attached or superimposed thereto, or by identification in the covering letter or schedule that accompanies the presentation.

ii. Any presentation of an electronic record not so identified may be treated as not received.

e. i. If the bank to which presentation is to be made is open but its system is unable to receive a transmitted electronic record on the stipulated expiry date and/or the last day for presentation, as the case may be, the bank will be deemed to be closed and the expiry date and/or last day for presentation shall be extended to the next banking day on which such bank is able to receive an electronic record.

ii. In this event, the nominated bank must provide the confirming bank or issuing bank, if any, with a statement on its covering schedule that the presentation of electronic records was made within the time limits extended in accordance with sub-article e6 (e) (i).

iii. If the only electronic record remaining to be presented is the notice of completeness, it may be given by telecommunication or by paper document and will be deemed timely, provided that it is sent before the bank is able to receive an electronic record.

f. An electronic record that cannot be authenticated is deemed not to have been presented.

第 e6 条　交单

a. i. eUCP 信用证必须注明提交电子记录的地点。

ii. 如 eUCP 信用证要求或允许提交电子记录和纸质单据，除必须注明提交电子记录的地点外，还必须注明提交纸质单据的地点。

b. 电子记录可以分别提交，并且无需同时提交。

c. i. 如一份或多份电子记录被单独提交或与纸质单据混合提交，交单人有责任向指定银行、保兑行（如有）或开证行（如直接向开证行交单）提供表明交单结束的通知。该结束通知的收到将作为交单已经完毕、并且交单的审核期限将开始的通知。

ii. 结束通知可以电子记录或纸质单据方式做出，且必须注明其所关联的 eUCP 信用证。

iii. 如果未收到结束通知，将视为未曾交单。

iv. 指定银行无论是否按指定行事，当其向保兑行或开证行转发或提供其获取的电子记录时，无需发送结束通知。

d. i. 在 eUCP 信用证下提交的每份电子记录必须注明其据以交单的 eUCP 信用证。注明方式可以是在电子记录本身中、或是在所附加的或添加的元数据中、或是在随附的交单面函中明确提及。

ii. 任何未如此注明的电子记录交单可被视为未曾收到。

e. i. 如果将接收交单的银行在营业中，但在规定的截止日及/或最迟交单日（视何种情形适用），其系统不能接收传来的电子记录，则视为歇业，截止日及/或最迟交单日应延展至银行能够接收电子记录的下一个银行工作日。

ii. 在此情况下，指定银行必须在其面函中向保兑行（如有）或开证行声明，电子记录是在根据第 e 6(e)(i) 条顺延的期限内提交的。

iii. 如果尚待提交的电子记录只剩下结束通知，则可以用电讯方式或纸质单据提交，并被视为及时，只要其在该银行能够接收电子记录之前发出。

f. 不能被证实的电子记录将被视为未曾提交。

Article e13

ADDITIONAL DISCLAIMER OF LIABILITY FOR PRESENTATION OF ELECTRONIC RECORDS UNDER eUCP

a. By satisfying itself as to the apparent authenticity of an electronic record, a bank assumes no

liability for the identity of the sender, source of the information, or its complete and unaltered character other than that which is apparent in the electronic record received by the use of a data processing system for the receipt, authentication, and identification of electronic records.

b. A bank assumes no liability or responsibility for the consequences arising out of the unavailability of a data processing system other than its own.

第 e13 条　根据 eUCP 提交电子记录时的额外免责

a. 除通过使用数据处理系统接收、证实和识别电子记录即可发现者外,银行审核电子记录的表面真实性的行为并不使其对发送人身份、信息来源、完整性或未被更改性承担责任。

b. 银行对除其自身之外的数据处理系统无法运行所产生的后果概不负责。

Article e14

FORCE MAJEURE

A bank assumes no liability or responsibility for the consequences arising out of the interruption of its business, including but not limited to its inability to access a data processing system, or a failure of equipment, software or communications network, caused by Acts of God, riots, civil commotions, insurrections, wars, acts of terrorism, cyberattacks, or by any strikes or lockouts or any other causes, including failure of equipment, software or communications networks, beyond its control.

第 e14 条

不可抗力

对由于天灾、暴动、骚乱、叛乱、战争、恐怖主义行为、网络攻击、或任何罢工、停工或包括设备、软件或通讯网络故障等任何其他的银行无法控制的原因导致的营业中断的后果,包括但不限于无法访问数据处理系统,或者设备、软件或通讯网络故障,银行概不负责。

(十) UNCITRAL Model Law on International Commercial Arbitration《联合国国际贸易法委员会国际商事仲裁示范法》

Article 17A Conditions for granting interim measures

(1) The party requesting an interim measure under article 17(2)(a)、(b) and (c) shall satisfy the arbitral tribunal that:

(a) Harm not adequately reparable by an award of damages is likely to result if the measure is not ordered, and such harm substantially outweighs the harm that is likely to result to the party against whom the measure is directed if the measure is granted; and

(b) There is a reasonable possibility that the requesting party will succeed on the merits of the claim. The determination on this possibility shall not affect the discretion of the arbitral tribunal in making any subse — quent determination.

(2) With regard to a request for an interim measure under article 17(2)(d), the requirements in paragraphs (1)(a) and (b) of this article shall apply only to the extent the arbitral tribunal considers appropriate.

第17A条 准予采取临时措施的条件

(1) 一方当事人请求采取第17(2)(a)、(b)和(c)条所规定的临时措施的,应当使仲裁庭确信:

(a) 不下令采取这种措施可能造成损害,这种损害无法通过判给损害赔偿金而充分补偿,而且远远大于准予采取这种措施而可能对其所针对的当事人造成的损害;以及

(b) 根据索赔请求所依据的案情,请求方当事人相当有可能胜诉。对这种可能性的判定不影响仲裁庭此后作出任何裁定的自由裁量权。

(2) 关于对第17(2)(d)条所规定的临时措施的请求,本条1(a)和(b)款的要求仅在仲裁庭认为适当的情况下适用。

主要参考文献

中 文

◇ 主要著作

[1] 何勤华.西方法律思想史[M].上海：复旦大学出版社,2005.

[2] 蒋琪.中国独立保函法律实务精要与判例详解[M].北京：法律出版社,2020.

[3] 李世刚.法国担保法改革[M].北京：法律出版社,2011.

[4] 林晓镍.金融类案诉讼争点与裁判指引：独立保函纠纷[M].北京：法律出版社,2023.

[5] 刘斌.独立担保的商法构造[M].北京：法律出版社,2022.

[6] 刘艳红.实质刑法观[M].北京：中国人民大学出版社,2019.

[7] 沈达明.法国/德国担保法[M].北京：中国法制出版社,2000.

[8] 王泽鉴.民法学说与判例研究[M].北京：北京大学出版社,2015.

[9] 王振东.现代西方法学流派[M].北京：中国人民大学出版社,2006.

[10] 吴庆宝,孙亦闽.信用证诉讼原理及判例[M].北京：人民法院出版社,2005.

[11] 吴从周.概念法学、利益法学与价值法学：探索一部民法方法论的演变史[M].北京：中国法制出版社,2011.

◇ **主要论文**

[1] 程啸. 民法典物权编担保物权制度的完善[J]. 比较法研究, 2018(2): 52-65.

[2] 高富平. 数据经济的制度基础: 数据全面开放利用模式的构想[J]. 广东社会科学, 2019(5): 5-16, 254.

[3] 古小东. 论独立担保在我国的法律效力[J]. 上海金融, 2006(11): 61-64.

[4] 郭小冬. 论诉讼保全中的利益权衡问题[J]. 西南政法大学学报, 2009(6): 74-83.

[5] 何鹏. 知识产权立法的法理解释: 从功利主义到实用主义[J]. 法制与社会发展, 2019(4): 21-34.

[6] 洪名勇, 钱龙. 多学科视角下的信任及信任机制研究[J]. 江西社会科学, 2013(1): 190-194.

[7] 李国安. 我国独立保函的实践与立法完善[J]. 厦门大学学报(哲学社会科学版), 2005(1): 57-64.

[8] 梁上上. 利益衡量的界碑[J]. 政法论坛, 2006(5): 66-80.

[9] 梁上上. 制度利益衡量的逻辑[J]. 中国法学, 2012(4): 73-87.

[10] 梁上上. 利益的层次结构与利益衡量的展开[J]. 法学研究, 2002(1): 52-65.

[11] 刘斌. 独立保函的独立性: 法理内涵与制度效力——兼评最高人民法院独立保函司法解释[J]. 比较法研究, 2017(5): 26-44.

[12] 刘斌. 美国备用信用证制度的演进与借鉴[J]. 河南财经政法大学学报, 2016(2): 158-166.

[13] 刘风景. 法律互鉴是构建人类命运共同体之良方[J]. 法学论坛, 2018(4): 29-34.

[14] 刘艳红. 人工智能法学研究中的反智化批判[J]. 东方法学, 2019(5): 119-126.

[15] 刘艳红. 侵犯公民个人信息罪法益: 个人法益及新型权利之确

证——以《个人信息保护法(草案)》为视角之分析[J].中国刑事法杂志,2019(5):19-33.

[16] 刘云飞,郑晓泉,朱旭刚.重新审视国内信用证业务[J].中国外汇,2016(16):38-41.

[17] 陆璐.独立保函国内适用难题研究:以信用证欺诈例外规则的引入为视角[J].苏州大学学报(哲学社会科学版),2014(6):84-92.

[18] 陆璐.保函欺诈例外:一例国际商事规则的中国式创新诠释[J].河南师范大学学报(哲学社会科学版),2018(1):72-78.

[19] 陆璐.论独立保函制度下的保全救济[J].法学论坛,2016(6):31-37.

[20] 陆璐.信用证欺诈的认定标准与止付令下达依据[J].江海学刊,2014(3):216-220,239.

[21] 邵作仁,刘涛.信用证结算地位弱化的成因及其策略:以农产品贸易为例[J].WTO经济导刊,2014(5):87-89.

[22] 沈国民.改革开放40年法治中国建设:成就、经验与未来[J].东方法学,2018(6):60-70.

[23] 苏力.法律与科技问题的法理学重构[J].中国社会科学,1999(5):57-71,205.

[24] 汪青松.信任机制演进下的金融交易异变与法律调整进路:基于信息哲学发展和信息技术进步的视角[J].法学评论,2019(5):82-94.

[25] 王利明.民法上的利益位阶及其考量[J].法学家,2014(1):79-90,176-177.

[26] 王晓健,何玥,王丽华,等.可转让信用证的风险防控[J].中国外汇,2019(13):66-67.

[27] 吴泽勇.中国法上的民事诉讼证明标准[J].清华法学,2013(1):73-88.

[28] 夏霖.信用证:充满生机[J].中国外汇,2019(2):50-52.

[29] 谢晖.中国古典法律解释中的目的智慧:追求法律的实用性[J].法学论坛,2005(4):53-65.

[30] 严存生.法的合理性研究[J].法制与社会发展,2002(4):37-49.

[31] 杨国荣.基于"事"的世界[J].哲学研究,2016(11):76-84,129.

[32] 杨建军.国家治理、生存权、发展权改进与人类命运共同体的构建[J].法学论坛,2018(1):14-22.

[33] 郑戈.在鼓励创新与保护人权之间:法律如何回应大数据技术革新的挑战[J].探索与争鸣,2016(7):79-85.

[34] 仲相.论独立保函的适用范围与法律效力[J].人民司法,2011(11):84-86.

[35] 周翠.行为保全问题研究:对《民事诉讼法》第100-105条的解释[J].法律科学,2015(4):92-106.

[36] 周仲飞,李敬伟.金融科技背景下金融监管范式的转变[J].法学研究,2018(5):3-19.

[37] 朱飞.金融法裁判的利益衡量方法[J].法律方法,2018(3):422-440.

◇ **主要译著**

[1] 马克思.资本论[M].曾令先,卞彬,金永,译.北京:人民出版社,1975.

[2] 孟德斯鸠.论法的精神[M].许明龙,译.北京:商务印书馆.2017.

[3] 伊夫,居荣.法国商法[M].罗结珍,译.北京:法律出版社.2004.

[4] 亚力克斯·塔普斯科特.区块链革命:比特币底层技术如何改变货币、商业和世界[M].凯尔,孙铭,周沁元,译.北京:中信出版社,2016.

[5] 波斯纳.法律的经济分析[M].蒋兆康,译.北京:中国大百科全书出版社.2003.

[6] 北川善太郎.日本民法体系[M].李毅多,仇京春,译.北京:科学出版社.1995.

[7] 弗里德里希·冯·哈耶克.经济、科学与政治:哈耶克论文演讲集[M].冯克利,译.江苏:江苏人民出版社.2003.

[8] 洛克.政府论(下篇)[M].叶启芳,翟菊农,译.北京:商务印书馆,1982.

[9] 亚当·斯密.国富论[M].胡长明,译.重庆:重庆出版社.2015.

外 文

◇ Table of Cases

● England and Wales

Alexander v. Rayson. [1936] 1 K.B. 169. p.216.

Alfred Dunhill Limited and Another v. Sunoptic S.A. and Another. [1979] F.S.R. 337. p.156, 159.

American Cyanamid Co. Appellants v. Ethicon Ltd. Respondents. [1975] A.C. 396. p.157-161, 166, 169, 171.

Anderson Ltd v. Daniel. [1924] 1 KB 138. p.198.

Anns v. Merton London Borough Council. [1978] A.C. 728. p.170.

Aratra Potato Co. v. Taylor Johnson Garrett. [1995] 4 All E.R. 695. p.191.

Balfour Beatty Civil Engineering Ltd. v. Technical & General Guarantee. [2000] C.L.C. 252. p.148-150, 155, 162.

Banque Saudi Fransi v. Lear Siegler Services. [2006] 1 Lloyd's Rep 273. (QB); [2007] 2 Lloyd's Rep 47 (CA). p.177.

Bennett v. Bennett. [1952] 1 K.B. 260. p.191.

Bolivinter Oil S.A. v. Chase Manhattan Bank, Commercial Bank of Syria and General Company of Homs Refinery. [1984] 1 Lloyd's Rep 251. p.123-127, 131, 254.

Brown Jenkinson & Co. Ltd. v. Percy Dalton (London) Ltd. [1957] 2 Q.B. 621. p.52.

Byserische Aktiengesellschaft v. National Bank of Pakistan. [1997] 1 Lloyd's Rep 59. p.24.

Cambridge Nutrition Ltd v. BBC. [1990] 3 All ER 523. p.158-159.

Cf. Johnson v. Moreton. [1980] A.C. 36. p.188.

Cheall v. A.P.E.X. [1983] 1 Q.B. 126. p.189.

Cleaver v. Mutual Reserve Fund Life Association. [1892] 1 Q.B. 147,152. p.191.

Clovertogs Ltd. v. Jean Scenes Ltd.. (unreported) 5 March 1982. p.149.

Consolidated Oil Ltd. v. American Express Bank Ltd. [2002] CLC 488. p.261.

Cross v. Kirkby. [2000] All ER (D) 212. p.192.

Czarnikow-Rionda Sugar Trading Inc. v. Standard Bank London Ltd. [1999] 2 Lloyd's Rep 187. p.141, 168-180, 249, 254.

De Falco v. Crawley BC. [1980] 1 Q.B. 460 (CA). p.159.

Derry v. Peek. (1889) L.R. 14 App. Cas. 337. p.51-56, 85.

Discount Records Ltd v. Barclays Bank Ltd. and Barclays Bank International Ltd. [1975] Lloyd's Rep 444. p.47, 101-109, 133.

Donald H. Scott & Co. Ltd. v. Barclays Bank Ltd. [1923] 2 K.B. 1. p.21.

Douglas v. Hello Ltd. [2001] Q.B. 967. p.159.

Edgington v. Fitzmaurice. (1885) 29 Ch D 459. p.57.

Edward Owen Engineering Ltd. v. Barclays Bank International Ltd. [1978] Q.B. 159. p.49, 59-61, 136-138, 176.

Egyptian International Foreign Trade Co. v. Soplex Wholesale Supplies. [1984] 1 Lloyd's Rep 102. p.240.

Emmanuel Francis v. The Royal Borough of Kensington and Chelsea. [2003] WL 933 (CA). p.159.

Equitable Trust Co. of New York v. Dawson Partner Ltd. (1927) 27 Ll.L.R. 49. p.19-20, 35.

Fender v. St. John Mildmay. [1938] A.C. 1. p.189.

Foster v. Driscoll. [1920] 2 K.B. 287. p.225.

Gian Singh & Co. Ltd. v. Banque de L'Indochine. [1974] 2 Lloyd's Rep 1. p.19, 47, 105-109, 176, 184, 229, 248-264, 271.

Glencore International AG & Anor v. Bank of China. [1996] C.L.C. 95. p.37-38.

Gray v. Barr. [1971] 2 Q.B. 554. p.189.

Gray v. Thames Trains Ltd. [2009] 1 AC 1339. p.194.

Group Josi Re v. Walbrook Insurance Co. Ltd. [1996] 1 W.L.R. 1152, 1162. p.147, 166, 208-213, 218-224, 229-231.

Hamzeh Malas & Sons v. British Imex Industrial Ltd. [1958] 2 Q.B. 127. p.32, 39, 96.

Haseldine v. Hosken. [1933] 1 K.B. 822. p.191.

Heskell v. Continental Express Ltd. (1950) 83 Ll L Rep 438 (col 2). p.241.

Hewison v. Meridian Shipping Services PTE Ltd. [2003] ICR 766. p.192.

Holman v. Johnson. (1775) 1 Cowp 341. p.192.

Hong Kong and Shanghai Banking Corpn v. Kloeckner & Co. AG. [1990] 2 QB 514. p.150.

J M Allan (Merchandising) Limited v. Cloke. [1963] 2 QB 340. p.197, 199, 226.

J v. S-T (Formerly J) (Transsexual). [1997] 1 F.L.R. 402. p.189.

JH Raynor & Co. Ltd. v. Hambro's Bank Ltd. [1983] Q.B. 711. p.36.

Kleinwort Benson v. Lincoln City Council. [1999] 2 AC 349. p.199.

Kreditbank Cassel GmbH v. Schenkers Ltd. [1927] 1 KB 826. p.241.

Kvaerner John Brown Ltd. v. Midland Bank plc. [1998] C. L. C. 446. p.168-169.

Kwei Tek Chao v. British Traders and Shippers. [1954] 1 QB 459. p.240.

Leisure Data v. Bell. [1988] F.S.R. 367. p.159.

M.A. Sassoon & Sons Ltd. v. International Banking Corporation. [1927] AC 711. p.21.

Mahonia Ltd. v. JP Morgan Chase Bank (No.1). [2003] EWHC 1927 (Comm); [2003] 2 Lloyd's Rep 911 and (No.2). [2004] EWHC 1938 (Comm). p.186, 200, 213-226, 231-234, 266.

Marles v. Philip Trant & Sons. [1954] 1 Q.B. 29. p.191.

Monkland v. Jack Barclay. [1951] 2 K.B. 252. p.189.

Montrod Ltd v. Grundkötter Fleischvertriebs GmbH. [2001] EWCA Civ 1954, [2002] 1 W.L.R 1975. p.186, 236, 242-243, 246-253, 262, 268-280.

Morguard Bank of Canada v. Reigate Resource Ltd. and Canada Treust Co. (1985) 40 Alta 1. R (2d) 77. p.202.

NWL Ltd. v. Woods. [1979] 1 WLR 1294. p.158.

Phoenix General Insurance Co. of Greece SA v. Halvanon Insurance Co. Ltd. [1988] QB 216. p.196.

Polhill v. Walter. (1832) 3 B & Ad 114. p.54.

R. D. Harbottle Ltd. v. National Westminster Bank Ltd. [1978] Q.B. 146. p.163, 170.

Re Mahmoud v. Spahani. [1921] 2 KB 716. p.192, 227.

Safa Ltd. v. Banque Du Caire. [2000] 2 Lloyd's Rep 600. p.146-155, 174-182, 235, 267.

Scott v. Brown, Doering, McNab & Co. [1892] 2 Q.B. 724. p.217.

Seaconsar Far East Ltd. v. Bank Markazi Jomhouri Islami Iran. [1993] 3 W.L.R. 756 (HL), [1993] 1 Lloyd's Rep 236 (CA). p.35-36.

Series 5 Software v. Clarke & Ors. [1996] 1 All ER 853. p.158.

Sirius International Insurance Co. v. FAI General Insurance Ltd. [2004] 1 WLR 3251 (HL), [2003] 1 W.L.R. 2214 (CA). p.40-41.

Siskina, The (H.L.). [1978] 1 Lloyd's Rep 1. p.158, 170.

Solo Industries UK Ltd v. Canara Bank. [2001] 1 W.L.R 1800. p.143-147, 151, 177, 182.

Standard Chartered Bank v. Pakistan National Shipping Corp and others (No 2). [2003] 1 A.C. 959 (HL), [2000] 1 Lloyd's Rep 218 (CA), [1998] 1 Lloyd's Rep 684 (QB). p.54-55, 238.

Stein v. Hambros Bank of Northern Commerce. (1921) 9 Ll.L.R 433. p.21.

Stone & Rolls Ltd. v. Moore Stephens. [2009] 1 A. C. 1391. p.193-194, 200.

Themehelp Ltd. v. West. [1996] Q.B. 84. p.135-141, 161-169, 261,

275-276.

Tinsley v. Milligan. [1994] 1 AC 340. p.184, 190, 200.

Tukan Timber Ltd. v. Barclays Bank Plc. [1987] 1 Lloyd's Rep 171. p.31, 165.

United City Merchants v. Royal Bank of Canada(The American Accord). [1983] A.C. 168 (HL); [1982] Q.B. 208 (CA). p.44-46, 110-1113, 184-185, 205-209, 219, 232, 237, 241-245, 253-261, 266-271.

United Trading Corp SA v. Allied Arab Bank Ltd. [1985] 2 Lloyd's Rep 554 (CA). p.129-131, 153-161, 166.

Urquhard Lindsay & Co. Ltd. v. Eastern Bank Ltd. [1922] 1 KB 318. p.19, 31.

Waugh v. Morris. (1872-1873) LR 8 QB 202. p.189.

Wetherell v. Jones. (1832) 3 B & Ad 221; 110 ER 82. p.189.

Wilson Smithett & Cope Ltd. v. Terruzzi. [1976] Q.B. 683. p.197.

- The United States

American Bell International v. Islamic Republic of Iran. (1979) 474 F. Supp. 420. p.86-87.

Asbury Park & Ocean Grove Bank v. National City Bank of New York. (1942) 35 N.Y.S. 2d 985. p.82-83, 93.

Dymanics Corp. of America v. Citizens & Southern Nat'l Bank. (1973) 356 F. Supp. 911. p.87.

Higgins v. Steinharderter. (1919) 175 NYS 279. p.63.

Intraworld Industries v. Girard Trust Bank. (1975) 336 A. 2d 316. p.81, 113.

Jaffe v. Bank of Am. N.A.. (2010) U.S. App. LEXIS 18496. P.97.

Maurice O'Meara v. National Park Bank. (1925) 146 NE 636. p.67-71, 122.

Mid-America Tire v. PTZ Trading Ltd. Import and Export Agent. 2000. Ohio App. LEXIS 5402; (2000) 43 U.C.C. Rep Serv. 2d (Callaghan) 964.

p.93.

New Orleans Brass v. Whitney National Bank and the Louisiana Stadium and Exposition District. (2002) La. App. LEXIS 1764. p.94.

New York Life Insurance Co. v. Hartford National Bank & Trust Co. (1977) 378 A 2d 562. p.80, 132.

NMC Enterprises v. Columbia Broadcasting System Inc. (1974) 14 U.C.C. REP.SERV.1427. p.84.

Old Colony Trust Co. v. Lawyers' Title & Trust Co. (1924) 297 F 152. p.65-67, 70, 99.

Sava Gumarska in Kemijska Industria D.D. v. Advanced Polymer Scis.. Inc., (2004) Tex. App. LEXIS 958. p.97.

SEC v. Capital Gains Research Bureau Inc. (1963) 375 US 180. p.88.

Spliethoff's Bevrachtingskantoor BV v. Bank of China Limited. [2015] EWHC 999.p.1001.

Sztejn v. J. Henry Schroder banking Corporation. (1941) N.Y.S.2d 631. p. 13, 45-46, 49, 65, 68-79, 96-97, 117, 178, 221.

United Bank Ltd. v. Cambridge Sporting Goods Corp. (1976) 392 N.Y.S. 2d 265. p.88.

Yango Pastoral Co. Pty. Ltd. v. First Chicago Australia Ltd. (1978) 139 C. L.R. 410. p.188.

● Singapore

Lambias (Importers and Exporters) Co. Pte Ltd. v. Hong Kong and Shanghai Banking Corp. [1993] 2 SLR 751. p.251-252, 269, 273-274.

Beam Technologies v. Standard Chartered Bank. [2002] 2 SLR 155, [12]; aff'd [2003] 1 SLR 597. p.239-246, 256.

◇ Legislation & Conventions

Bills of Exchange Act 1882.

Bretton Woods Agreement Act 1945.

Fraud Act 2006.

Insurance Companies Act 1982.

Marine Insurance Act 1906.

The Civil Procedure Rules 1998, SI 1998/3132.

The Uniform Commercial Code (1972 version).

The Uniform Commercial Code (1995 version).

The Uniform Commercial Code (2004 version).

United Nation Convention on Independent Guarantees and Stand-by Letters of Credit (United Nation, 2000).

The Uniform Customs and Practice for Documentary Credits 400 (International Chamber of Commerce, 1983).

The Uniform Customs and Practice for Documentary Credits 500 (International Chamber of Commerce, 1993).

The Uniform Customs and Practice for Documentary Credits 600 (International Chamber of Commerce, 2007).

International Standby Practices (International Chamber of Commerce, 1999).

Uniform Rules for Demand Guarantees (URDG 458) (International Chamber of Commerce, 1992).

Uniform Rules for Demand Guarantees (URDG 758) (International Chamber of Commerce, 2010).

◇ Law Commission Reports

Illegal Transactions: the Effect of Illegality on Contracts and Trusts (CP 154). 21/01/1999.

The Illegality Defence: A Consultative Report (CP 189). 23/01/2009.

The Illegality Defence (LC 320). 17/03/2010.

◇ Articles

Adodo E. Nondocumentary Requirements in Letters of Credit Transactions: What is the Bank's Obligation Today? [J]. Journal of Business Law, 2008: 103.

Adodo E. A Presentee Bank's Duty When Examining a Tender of Documents under the Uniform Customs and Practice for Documentary Credits 600[J]. Journal of International Banking Law and Regulation, 2009: 566.

Adrian A.S. Zuckerman. Case Comment: Interlocutory Injunctions on the Merits[J]. Law Quarterly Review, 2009: 196.

Aharoni D., Johnson, A. Fraud and Discounted Deferred Payment Documentary Credits: The Banco Santander Case[J]. Journal of International Banking Law and Regulation, 2000: 22.

Akinladejo O.H. Advance Fee Fraud: Trends and Issues in the Caribbean [J]. Journey of Financial Crime, Vol.14(3) 2000: 320.

Barnes J. UCP 600 and Bank Responsibility for Fraud[J]. DC Insight, Vol. 13(1) 2007: 4.

Bertrams R.F. Bank Guarantees in International Trade[J]. International Trade Law & Regulation, 1997: 111.

Bollen R. An Overview of the Operation of International Payment Systems with Special Reference to Australian Practice: Part 1 [J]. Journal of International Banking Law and Regulation, 2007: 373.

Bridge M. Innocent Misrepresentation in Contract [J]. Current Legal Problems, Vol.57 2007: 277.

Burjaq M. A Reaction from the Middle East[J]. DC Insight, Vol.13(1) 2007: 9.

Chatterjee C. Letters of Credit Transactions and Discrepant Documents: An Analysis of the Judicial Guidelines Developed by the English Courts[J]. Journal of International Banking Law, 1996: 510.

Chin L., Wong Y. Autonomy A Nullity Exception at Last? [J]. Lloyd's Maritime and Commercial Law Quarterly, 2004: 14.

Chong W.S. The Abusive Calling of Performance Bonds[J]. Journal of Business Law, 1990: 414.

Chuah J. Documentary Credit — Principle of Autonomy — Derogation[J]. Journal of International Maritime Law, Vol.9(3) 1990: 215.

Chuah J. Documentary Credits and Illegality in the Underlying Transaction [J]. Journal of International Maritime Law, Vol.9(6) 2003: 518.

Chuah J. The Principle of Autonomy and New Uses for Letters of Credit [J]. Student Law Review, Vol.53 2008: 44.

Collyer G. UCP 600 An Analysis of Articles 7-13[J]. Standard Chartered Newsletter, Vol.3 2007: 3.

Davies P.S. The Illegality Defence: Two Steps Forward, One Step Back? [J]. Conveyancer and Property Lawyer, 2007: 182.

Davies P.S. Legislative Comment: The Illegality Defence: Turning Back the Clock[J]. Conveyancer and Property Lawyer, 2010: 282.

Debattista C. Performance Bonds and Letters of Credit: A Cracked Mirror Image[J]. Journal of Business Law, 2010: 289.

Debattista C. The New UCP 600-Changes to the Tender of the Seller's Shipping Documents under Letters of Credit[J]. Journal of Business Law, 2007: 329.

Debattista C. The New UCP600-Changes to the Tender of the Seller's Shipping Documents under Page13 Letters of Credit[J]. Journal of Business Law, 2007: 329.

Delany H. Practice-interim Injunctions-adequacy of Damages and Other Discretionary Factors[J]. Dublin University Law Journal, Vol.15 1993: 228.

Doise D. The 2007 Revision of the Uniform Customs and Practice for Documentary Credits (UCP 600) [J]. International Business Law Journal, 2007: 106.

Dolan J.F. Standby Letters of Credit and Fraud (Is The Standby Only Another Invention of the Goldsmiths in Lombard Street?)[J]. Cardozo Law Review, Vol.7 1985: 1.

Dolan J.F. Letter-of-Credit Disputes Between the Issuer and Its Customer: The Issuer's Rights Under the Misnamed "Bifurcated Standard"[J]. Banking Law Journal, Vol.105 1988: 380.

Dolan J.F. Letters of Credit: A Comparison of UCP 500 and the New US Article 5[J]. Journal of Business Law, 1999: 521.

Dolan J.F. Negotiation Credits under UCP 600[J]. DC Insight, Vol.13(1) 2007: 4.

Donnelly K. Nothing for Nothing: A Nullity Exception in Letters of Credit? [J]. Journal of Business Law, 2008: 316.

Dow Restitution of Payments on Cheques with Forged Drawers' Signatures: Loss Allocation under English Law[J]. Restitution Law Review, 1996: 27.

Downes P. UCP 600: Not So Strict Compliance [J]. Journal of International Banking and Financial Law, Vol.4 2007: 196.

Ellinger E.P. The UCP-500: Considering a New Revision[J]. Lloyd's Maritime and Commercial Law Quarterly, 2004: 30.

Ellinger E.P. Use of Some ICC Guidelines[J]. Journal of Business Law, 2004: 705.

Ellinger E.P. The UCP 500 Considering a New Revision[J]. Lloyd's Maritime and Commercial Law Quarterly, 2005: 30.

Ellinger E.P. The Uniform Customs and Practice for Documentary Credits (UCP): Their Development and the Current Revisions[J]. Lloyd's Maritime and Commercial Law Quarterly, 2007: 152.

Ellinger E.P. Expert Evidence in Banking Law[J]. Journal of International Banking Law and Regulation, 2008: 557.

Ellinger E.P. The Beneficiary's Bank in Documentary Credit Transactions

[J]. Law Quarterly Review, 2008: 299.

Enonchong N. Effects of Illegality: A Comparative Study in French and. English Law [J]. International and Comparative Law Quarterly, Vol. 44 1995: 196.

Enonchong N. The Autonomy Principle of Letters of Credit: An Illegality Exception? [J]. Lloyd's Maritime and Commercial Law Quarterly, 2006: 404.

Fellinger G.A. Letters of Credit: The Autonomy Principle and the Fraud Exception[J]. Journal of Banking and Finance Law and Practice, Vol.1 1990: 4.

Ford M. Where L/C is Weak-and Strong[J]. available at http://www.iccbooks.com/Home/LCUse.aspx. 2004 (last accessed January, 2011).

Ganotaki A. Documentary Credits: Another Original Story[J]. Lloyd's Maritime and Commercial Law Quarterly, 2003: 151.

Gao X., Buckley, R.P. A Comparative Analysis of the Standard of Fraud Required Under the Fraud Rule in Letter of Credit Law [J]. Oxford U Comparative L Forum, 2003: 3.

Goode R. Reflections on Letters of Credit-I[J]. Journal of Business Law, 1980: 291.

Goode R. Reflections on Letters of Credit III: Recovery of Money Paid against Non-Conforming Documents[J]. Journal of Business Law, 1980: 443.

Goode R. Guide to the ICC Rules for Demand Guarantees [J]. ICC publication Na. 510, 1992: 19.

Goode R. Abstract Payment Obligations and the Rules of the International Chamber of Commerce [J]. St Louis University Law Journal, Vol. 39 1995: 725.

Goode R. Rule, Practice, and Pragmatism in Transactional Commercial Law[J]. International and Comparative Law Quarterly, Vol.54 2005: 539.

Graham G.B., Geva B. Standby Credits in Canada[J]. Canadian Business Law Journal, Vol.9 1984: 180.

Gray C. Interim Injunctions since American Cyanamid[J]. Cambridge Law

Journal, Vol.40 1981: 307.

Hare C. Not so Black and White: The Limits of the Autonomy Principle [J]. Cambridge Law Journal, Vol.63(02) 2004: 288.

Harfield H. Enjoining Letter of Credit Transactions [J]. Banking Law Journal, Vol.95(7) 1978: 596.

Harfield H. The Increasing Domestic Use of the Letter of Credit [J]. 4 U. C.C.L.J. 1972: 251.

Hooley R. Fraud and Letters of Credit: Is There A Nullity Exception? [J]. Cambridge Law Journal, Vol. 61(02) 2002: 379.

Horn N. Bank Guarantees, Standby Letters of Credit, and Performance Bonds in International Trade, in The Law of International Trade Financing [M]. Boston: Kluwer law Press, 1989: 32.

Horowitz D. Banco Santander and the UCP 600 [J]. Journal of Business Law, 2008: 508.

Isaac M., Barnett, M. International Trade Finance: Letters of Credit, UCP 600 and Examination of Documents [J]. Journal of International Banking Law and Regulation, 2007: 660.

Jack B. Justice, Letters of Credit: Expectations and Frustrations (Pt.1) [J]. Banking Law Journal, Vol.94 1977: 424.

Jack B. Justice, Letters of Credit: Expectations and Frustrations (Pt.2) [J]. Banking Law Journal, Vol.94 1977: 493.

James E. B. Letters of Credit Trends [J]. January Letter of Credit Update, 1997: 5.

Keay A. Whither American Cyanamid?: Interim Injunctions in the 21st Century [J]. Civil Justice Quarterly, Vol.23 2004: 132.

Kerry L. Macintosh, Letters of Credit: Dishonour When an Required Document Fails co Conform to the Section 7-507(b) Warranty [J]. J.L. & Commerce, Vol.6 1986: 1.

Kim C. Mixed Reactions to UCP 600 Draft [J]. L.C. Views, Vol.45

2006: 28.

Koh P. Some Issues in Misrepresentation[J]. Journal of Business Law, 2008): 123.

Kozolchyk B. The Emerging Law of Standby Letters of Credit and Bank Guarantees[J]. Arizona Law Review Vol. 24 1982: 319.

Kozolchyk B. Strict Compliance and the Reasonable Document Checker[J]. Brooklyn Law Review, Vol. 56 1990: 45.

Kozolchyk B. Bank Guaranees and Letters of Credit: Time for a Return to the Fold[J]. 11 U.Pa J.Int'l Bus.L.1. 1990.

Kozolchyk B. The Financial Standby Letters of Credit[J]. International Business Law Journal, 1995: 405.

Mann J. The Role of Letters of Credit in Payment Transactions[J]. Michigan Law Review, Vol.98 1999—2000: 2494.

Mann R.J. The Role of Letters of Credit in Payment Transactions[J]. Michigan Law Review, Vol.99 2000: 2494.

Martin J. Interim Injunctions: American Cyanamid Comes of Age[J]. The King's College Law Journal, Vol.4 1993: 52.

Megrah M. Risk Aspects of the Irrevocable Documentary Credit[J]. Arizona Law Review, Vol.24 1982: 255

Mugasha A. Enjoining the Beneficiary's Claim on a Letter of Credit or Bank Guarantee[J]. Journal of Business Law, 2004: 515.

Murphy J.D. Documentary Credits and Rejected Documents[J]. Lloyd's Maritime and Commercial Law Quarterly, 1992: 26.

Neo D. A Nullity Exception in Letter of Credit Transactions[J]. Singapore Journal of Legal Studies, 2004: 46.

Odeke A. Double Invoicing in International Trade: The Fraud and Nullity Exceptions in Letters of Credit — Are the America Accord and the UCP 500 Crooks' Charters? [J]. Denning Law Journal, Vol.12 2006: 115.

Parson R. UCP 600 A New Lease of Life for Documentary Credits? Part 1

［J］. Finance and Credit Law, Vol.1 2007: 1.

Parson R. UCP 600 A New Lease of Life for Documentary Credits? Part 2 ［J］. Finance & Credit Law, Vol.2 2007: 1.

Paterson S., Johnson, A. Fraud and Documentary Credits［J］. International Banking Law and Regulation, 2001: 37.

Pealer C. The Use of Standby Letters of Credit in Public and Affordable Housing Projects ［J］. Journal of Affordable Housing & Community Development Law, 2005: 276.

Phillips J. Interim Injunctions and Intellectual Property: A Review of American Cyanamid v. Ethicon in the Light of Series 5 Software［J］. Journal of Business Law, 1997: 486.

Profazi G., Chuah, J. An Analysis of Acceptance and Deferred Payment Credits in Civil and Common Law［J］. Journal of International Maritime Law, Vol.13 2007: 330.

Raiser M. Rousso A., Steves F., Teksoz, U. Trust in Transition: Cross-country and Firm Evidence［J］. Journal of Law, Economics & Organization, 2008: 407.

Sappideen R. International Commercial Letters of Credit: Balancing the Rights of Buyers and Sellers in Insolvency［J］. Journal of Business Law, 2006: 133.

Scott I.R. Re-assessing American Cyanamid［J］. Civil Justice Quarterly, Vol.21 2002): 190.

Sheehan D. Rights of Recourse in Documentary (and other) Credit Transactions［J］. Journal of Business Law, 2005: 326.

Stein J. An Update on the Bankruptcy Law of Large Letters of Credit for Leases［J］. Real Property, Trust and Estate Law Journal, 2009: 299.

Steinert J. and Pelling, A., Interlocutory Relief: Interpreting American Cyanamid ［J］. International Company and Commercial Law Review, 1997: 178.

Symons E. L. Letter of Credit: Fraud, Good Faith and the Basis for Injunctive Relief[J]. Tulane Law Review, Vol.54 1980: 338.

Todd P. Non-genuine Shipping Documents and Nullities[J]. Lloyd's Maritime and Commercial Law Quarterly, 2008: 547.

Tompkinson D. and Mei, H. Rights Use Them or Lose Them: Laches, Waiver, Affirmation and Estoppel[J]. International Technology Law Review, 1998: 118.

Tritton G. and Edenborough, M. Case Comment: American Cyanamid Revisited[J]. European Intellectual Property Review, 1996: 234.

Ulph, J. The UCP 600: Documentary Credits in the 21st Century[J]. Journal of Business Law, 2007: 355.

Ward, Wight. Tortious Liability of the Advising Bank[J]. Journal of International Banking Law, 1995: 136.

Ward, Wight. The Liability of U.K. Banks for Financial Advice — Recent Developments[J]. Journal of International Banking Law, 1996: 472.

Ward A. and Wight R. The Liability of Banks in Documentary Credit Transactions under English Law[J]. Journal of International Banking Law, 1998: 387.

Watts, J., Reynolds, L. A New Approach to Interim Injunctions?[J]. Computer and Telecommunications Law Review, Vol.2 1996: 66.

Zuckerman A. Interim Injunctions on the Merits[J]. Law Quarterly Reports, Vol.107 1991: 197.